쇼트 게임 바이블

학력

서울고등학교 졸업

호주 Monash Univ. 대학 및 대학원 졸업(석사)

(B.A.hons.(1991) & M.A. in Economics&Asian Studies(1993))

호주 University of Melbourne / Bond University Ph.D

(Economics & Anthropology, W/D(1995))

호주 Griffith University, Certificate in Golf Management 수료

뉴질랜드 National Sports Institution, Diploma in Sports 수료

PGA

Australasian, Southpacific 투어 프로.

호주, 뉴질랜드 PGA Class 'AA' 정회원

PGA of Europe (뉴질랜드 Associated Member).

한국 PGA 멤버

경력

2001~2005년 호서대학교 체육과학부 골프학과 겸임교수

2003~2005년 Golf Digest Academy 원장

2005~2007년 Jack Nicklaus Golf Centers & Academy

(현) 이신PGA골프아카데미 & 커뮤니티 원장

(현) Academy The Field 대표

방송경력

YTN, SBS Golf, MBC–ESPN, KBS sky sports 레슨 프로그램

출연 및 진행

현 JTBC 골프 해설위원

– 레슨 프로그램

　라이브레슨70, 프리미엄 라이브 레슨, 골프 다이제스트 아카데

　미, 투어스페셜, 용품천하, 투어멘터리 외 다수

– 이벤트 프로그램

　퀸즈컵, 초원회원권, 드림챌린지 외 다수

– 중계 프로그램(전 세계 모든 투어 해설)

　PGA TOUR, LPGA, KPGA, KLPGA, JGTO, JLPGA, European

　Tour, LET, Australasian Tour, Asian Tour, Sunshine Tour

– 자체 제작 프로그램

　2010 시크릿노트, 2011 시크릿노트

쇼트 게임 바이블

이신 (JTBC 골프 해설위원) 지음

가림출판사

성 백 유

골프 마니아 여러분!

이 책을 읽고 계신 독자들을 이렇게 불러보고 싶다. 골프를 좀 더 잘 치기 위해, 골프와 좀 더 친해지기 위해 이 책을 선택하신 분들이기 때문이다.

사실 요즘 한국의 골프 마니아들은 혼란스럽다. 골프 세계가 너무나 복잡하면서도 다양하기 때문이다. 세계에서 가장 많은 종류의 클럽이 수입되고 있는 골프용품 시장, 수십 종이 발간되는 골프 잡지, 그리고 아마추어조차도 도전하고 있는 골프 교습서가 골퍼들을 피곤하게 하고 있다. 이는 골프가 남녀노소를 가리지 않고 직접 즐길 수 있는, 세상에서 가장 재미있는 스포츠이기 때문이라고 생각한다.

한국뿐 아니라 미국, 일본, 유럽을 가보더라도 서점 스포츠 코너에 가장 많은 종류의 책이 비치된 분야가 바로 골프이다. 매년 수십 권씩 출간되고 있는 골프 교습서 중에서 어떤 것을 골라야 하느냐 하는 문제는 골퍼에게 행복한 고민이 아닐 수 없다. 골프계에 종사하고 있는 나 역시 어떤 책이 가장 효율적이고 잘 쓰인 것인지 우열을 가리기 어려울 정도니까 말이다.

나는 이신 프로의 책을 읽고 있는 여러분을 '행운아'라 표현하고 싶다. 이신 프로는 호주·뉴질랜드 PGA Class 'AA' 정회원 프로로 활약하면서 체계적인 골프 교습 방법을 터득한 정통 교습가 중 한 명이다. 이신 프로는 2006년에 출간한 종합 교습서 《더 퍼펙트》에 이어 쇼트 게임의 모든 기술을 서술한 이 책을 출간하였다.

이신 프로는 현재 JTBC 골프에서 JLPGA, KLPGA 중계 그리고 실전 레슨 프로그램을 진행하고 있다. 이처럼 이론만이 아니라 필드 레슨 현장에서의 경험을 토대로 아이디어를 얻어 출간한 이 책을 완독하고 이해하면 그린 주변의 플레이가 한층 더 완벽해질 것이다.

프로 골퍼들은 흔히 '퍼팅 실수는 1타, 아이언은 0.5타, 드라이버는 0타'라고 한다. 그만큼 쇼트 게임의 중요성을 강조하는 말이다. 아마추어 골퍼들 중에서도 싱글 핸디캡 골퍼들은 그린 주변에서 하는 플레이가 완벽에 가깝다. 내리막 경사에서는 회전을 걸어 공을 척척 세우고 오르막 경사에서는 퍼팅하듯 어프로치를 한다.

강속구를 잘 던지는 투수일지라도 변화구를 던지지 못하는 야구 선수는 좋은 성적을 내기 어렵다. 골프도 마찬가지이다. 샷이 아무리 좋더라도 그린 주변에서 이른바 '설거지'를 할 줄 모른다면 그 골퍼의 점수는 불을 보듯 뻔하다. 특히 빠른 그린이나 단단한 코스에서 승부는 보나마나이다.

《쇼트 게임 바이블》을 선택한 여러분의 골프는 이제 완벽에 가까워지리라 확신한다.

KPGA 투어 프로 **최 광 수**

노력이란 단어는 스포츠 선수에게 가장 잘 어울리는 단어이다. 이신 프로에게 노력이라는 단어는 지치지 않는 힘을 제공하는 열정의 표현이 아닌가 싶다.

골프 경기에서 한 번 우승을 하면 두 번째 우승은 쉽게 찾아온다. 첫 번째 책이 밑바탕이 되어 두 번째 책을 만드는 계기가 되었는지는 모르겠지만, 골프에서 우승하는 것만큼이나 두 번째 출간이 쉬운 것만은 아닐 것이라 생각한다.

1권에서 이신 프로는 현대 골프의 맥을 잘 짚어주는 좋은 글을 선보였다. 이것은 주변의 많은 투어 프로들이 이신 프로의 책을 극찬하고 있는 이유일 것이다. 방송에서 꾸준하게 엿보이는 노력은 많은 프로들 사이에서 회자되고 있다. 가장 훌륭한 교습가의 모습까지 보여주고 있어 이신 프로의 모습은 더욱 빛이 난다.

두 번째 책으로 쇼트 게임에 관한 이신 프로만의 노하우를 알 수 있어 기분이 좋다. 선수 생활을 하다보면 그린 주변에서 하는 쇼트 게임의 중요성을 누구나 느끼게 된다. 이론도 좋지만 선수들의 경험이 더욱 소중한 밑거름이 된다. 그런 의미에서 이신 프로의 경험이 담겨져 있을 이 책을 생각하면 무조건 믿음이 간다.

나는 이신 프로와 많은 경기를 할 기회가 있었다. 이신 프로가 퍼팅과 그린 주변의 플레이에 탁월한 기량을 가지고 있는 것은 외국에서 오랜 선수 생활을 하며 노력한 산물일 것이다.

이신 프로는 시합에서 어려운 그린 주변 플레이를 자신이 원하는 분위기로 이끈다고 말한다. 어려운 상황을 자신이 원하는 분위기로 바꾸는 것이 쇼트 게임을 잘할 수 있는 이유라고 했다. 볼을 멋지게 핀에 붙여 좋은 결과를 만들 때 듣는 힘찬 응원과 박수 소리를 상상하며 플레이 분위기를 긍정적으로 만든다는 이야기였다. 좋지 못한 상황을 좋은 상황으로 바꾸어내는 긍정적인 생각이 우선되어야 한다는 지혜로운 말이다.

요즘 나에게 이신 프로의 중계 해설은 좋은 약이 되고 있다. 이신 프로는 특히 그때그때 상황에 따른 선수들의 심리를 매우 잘 표현하는 것 같다. 더군다나 그린 주변에서 선수들이 선택할 수 있는 몇 가지 샷을 막힘 없이 열거할 때 많은 경험이 있는 프로라는 생각이 저절로 든다.

내가 이미지 트레이닝을 할 때마다 이신 프로는 좋은 모델이 되고 있다. 물론 좋은 샷은 많은 노력이 뒤따라야 하지만, 생각 속으로 이미지 트레이닝을 하는 것만으로도 실력 향상에 도움이 된다. 그러한 이미지 트레이닝에 도움을 주는 이신 프로의 해설을 나는 누구보다 좋아한다.

좋은 글은 좋은 생각에서 나온다고 이신 프로와 전화 통화를 한 적이 있다. 좋은 생각은 좋은 사람만이 할 수 있을 텐데 이신 프로가 그런 사람이 아닌가 싶다. 이론과 실전을 모두 아우르고 있는 이신 프로의 글이 많은 골퍼들에게 다시 한번 할 수 있다는 용기와 희망을 주고, 좋은 평가를 받게 되리라 확신한다.

《쇼트 게임 바이블》을 내며

골프를 즐기는 우리의 환경은 골프장의 화려한 시설에 비해 매우 열악하다. 그린은 늘 닫혀 있으며, 벙커 연습장 역시 어프로치조차 할 수 없고 겉모습만 화려하다.

티잉 그라운드에 올라가기 전까지 할 수 있는 것은 단지 매트 위에서 몇 차례 하는 연습 스윙뿐이다. 그나마 시즌이 되어 그린이 열려야 몇 차례 볼을 그린에 굴려본 후 라운드를 나갈 수 있다. 막상 라운드를 나가면 그린이나 그 주변에서는 왜 그리도 빠르게 플레이를 진행하는지 가끔은 답답하기도 하다. 빠르게 진행한다는 이유로 그린 1m 옆에 핀을 꽂아두는 어이없는 행동을 해도 세계에서 가장 비싼 그린피를 지급하며 열악한 환경에서 골프를 치는 것이 우리나라에서 골퍼들이 누릴 수 있는 전부이기도 하다.

사실 골프에서 중요하다고 말하는 쇼트 게임의 기량을 실전에서 펼쳐야 하는데, 골퍼를 위한 골프장보다 골프장을 위한 골퍼들이 있는 현실이 안타깝기만 하다.

그린 주변에서는 예기치 못한 여러 가지 상황들이 늘 벌어진다. 기본기를 바탕으로 응용력을 더해야 하는 순간 가장 중요한 것은 여유일 것이다. 그런데 이미 볼을 그린에 올리지 못하고 한 번 실수를 한 샷을 완벽하게 리커버리해야 하는 상황에서 급하게 플레이하면 또 다른 실수를 낳게 된다.

골프에서 여유는 경험에서 나온다. 경험은 많은 실수 후에 완벽함을 만들어준다. 골프를 잘하려면 여러 가지 상황을 경험해보는 것이 좋다.

이 책은 쇼트 게임 이론편과 5개의 파트로 구분하여 구성하였다. 이론편은 웨지를 이용한 스윙의 기본을 주로 다루되, 1권《더 퍼펙트》와 같은 틀로 기록했다. 5개의 파트는 칩 샷, 피치 샷, 퍼팅, 벙커 샷, 트러

> **그린 주변에서는 예기치 못한 여러 가지 상황들이
> 늘 벌어진다. 기본기를 바탕으로 응용력을 더해야
> 하는 순간 가장 중요한 것은 여유일 것이다.**

블 샷으로 나누고, 실전에서 하는 기본 자세는 물론 어려운 상황에서 꼭 기억해야 하는 핵심 내용을 소제목으로 열거하여 기억하기 쉽게 했다. 또한 투어 프로들이 경험한 것을 이론과 조화하려 애썼으며, 안정적인 샷을 하기 위한 '마음의 여유'와 같은 심리적인 면도 다루어보았다. 그 중 트러블 샷은 특수한 상황에서 플레이하는 기본자세를 중심으로 서술하였다. 문제가 있는 샷도 완벽하게 플레이하기 원하는 골퍼들의 욕구를 충족시켜줄 수 있으리라 확신한다.

　쇼트 게임 이론은 정상적인 샷의 축소판이므로 모든 스윙이 하나의 틀 안에서 이루어진다. 스윙의 크기와 속도는 다르겠지만 하나로 연결된다. 물론, 여기에 감각이라는 기술 외적인 요소를 첨가해야 하지만, 탄탄한 이론 위에 플레이 감각을 익히도록 하는 것이 이 책을 쓰는 목적이기도 하다.

　골프는 수많은 상황에서 벌어지는 자연과의 싸움이라고 한다. 자연에 순응하며 플레이해야 하지만 '투어'는 사실 전쟁과도 같다. 자연 환경을 이기지 못하면 챔피언이 될 수 없는 것이 스포츠의 세계이다.

　그린 주변의 다양한 상황을 열거한다면 한 권의 책으로도 모자랄 만큼 많다. 하지만 그 많은 것을 다루기에는 너무 방대하므로, 골퍼들에게 가장 중요하고도 기본적인 테크닉 원론과 선수로서 경험한 것을 바탕으로 기록한 것을 위안으로 삼는다.

　1권 《더 퍼펙트》를 낼 때는 준비하는 시간이 많지 않아 사뭇 마음에 걸렸다. 내가 경험한 것을 책으로 엮었을 때 완벽하지 않은 준비 과정으로 인해 과연 출간을 후회하지 않을까 하는 염려 때문이었다. 나는 내가 쓰는 책이 상업적이 되거나 그렇게 변질되는 것을 거부했다. 단지 내용으로 실력을 인정받고 싶었기

> **" 제2의 성인식을 준비하는 마음으로
> 도전을 두려워하지 않는
> 인생을 보내고 싶다. "**

때문이다. 그리고 여전히 그 생각에는 큰 변화 없이 이렇게 두 번째 책을 내게 되었다.

나는 1권의 《더 퍼펙트》에서 퍼펙트의 의미를 완벽이라기보다는 노력이라는 단어로 표현했었다. 완벽하기란 불가능하지만 노력은 누구나 할 수 있는 신이 주신 최고의 선물이라는 생각에서였다.

그리고 2권의 《쇼트 게임 바이블》에서는 완벽에 가까워지기 위해 노력하는 과정에서 지금의 이 열정이 식지 않기를 바라는 마음을 담았다.

1권을 출간하고 시간이 어느 정도 흐른 지금 나는 많은 방송 활동을 하고 있고, 대외적으로 선의의 경쟁자가 생길 만큼 감사한 자리에까지 이르렀다. 그리고 지금의 열정과 초심을 잃지 않으려고 늘 노력하고 있다.

이 책을 준비하면서 나는 실패와 두려움 저 너머에 있는 또 다른 세상을 보고자 도전하며 행복을 꿈꾸고 있다. 제2의 성인식을 준비하는 마음으로 도전을 두려워하지 않는 인생을 보내고 싶다. 그래서 이 두 번째 책이 내게는 용기가 된다. 이 책을 읽는 모든 분들도 그러했으면 좋겠다.

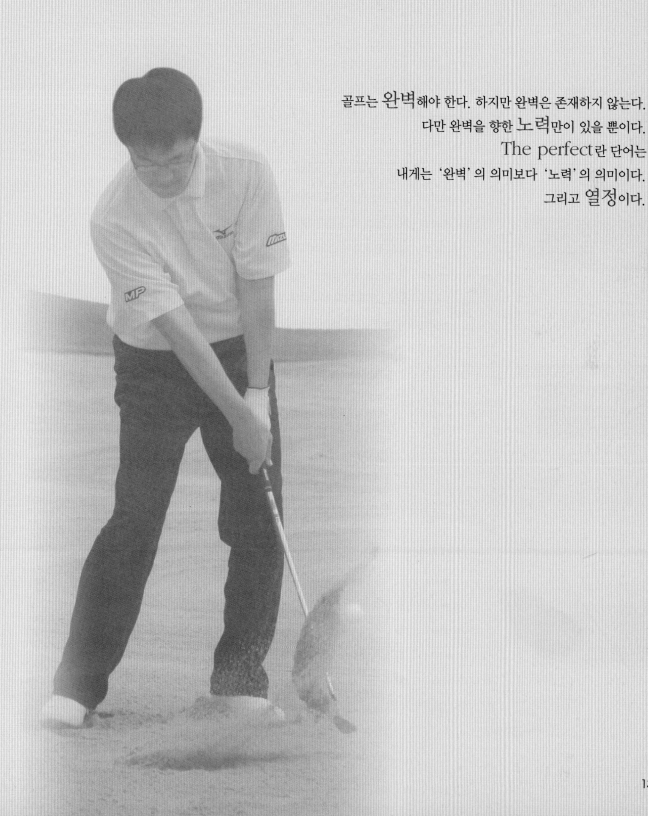

골프는 **완벽**해야 한다. 하지만 완벽은 존재하지 않는다.
다만 완벽을 향한 **노력**만이 있을 뿐이다.
The perfect란 단어는
내게는 '완벽'의 의미보다 '노력'의 의미이다.
그리고 **열정**이다.

차 례

Part 3   피치 샷

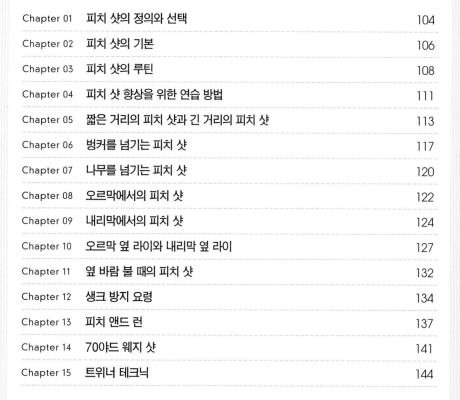

차 례

Part 4 퍼팅

Part 5 벙커 샷

Part 6 트러블 샷

Part

1

쇼트 게임 이론

Chapter 01

쇼트 게임의 정의와 이해

골프 경기 전체에 쇼트 게임이 차지하고 있는 비중은 60%를 넘는다. 퍼팅 점수도 파(par)의 절반을 차지하고 있고, 그린 주변에서 실수한 모든 샷도 완벽하게 리커버리(recovery)해야 한다. 그래서 우리는 쇼트 게임에 많은 시간과 노력을 기울인다.

쇼트 게임은 실수한 샷이 다른 실수로 이어지지 않도록 완벽하게 처리해야 할 의무가 있는 샷이다. 의무가 따른다는 것은 그만큼 중압감을 많이 받는다는 뜻이다. 기본적인 테크닉을 감각(feeling)으로 나타내야 하고, 경기 외적인 응용력, 상황 판단, 순간 결정, 선택한 결과에 따라 자신 있게 수행할 수 있는 강인한 정신력이 함께 해야 하는 샷이 바로 쇼트 게임이다.

쇼트 게임은 퍼팅 샷, 벙커 샷, 칩 샷, 피치 샷, 그린 주변 상황에 따른 샷 그리고 주변 상황과 더불어 클럽을 이용하여 고도의 테크닉을 사용해야 하는 트러블 샷 등으로 구분한다.

퍼팅은 유일하게 볼을 띄우는 샷이 아니라, 지면에 붙여 보내는 기술을 익히며 거리감과 방향에 충실하고 그린의 기울기를 생각하며 중력의 법칙에 가장 효율적으로 대처하며 홀을 마무리하는 것이다.

벙커는 해저드(hazard)로서 골프의 난이도를 좀 더 높이기 위해 만든 모래 웅덩이로 된 장애물이다. 벙커에서는 잔디가 아닌 모래 위에 있는 볼을 홀에 붙여야 하는데, 이때 클럽이 모래 위에 닿으면 안 된다. 벙커에서는 볼을 직접 가격하기보다는 볼의 뒷부분인 모래를 가격하여 폭발 샷(explosion shot)을 구사하는 기술이 필요하다. 부드러운 모래 위에서는 안정된 스탠스를 하기 어렵기 때문에 반드시 감각을 익히고 기본에 충실하면서 기술을 연마해야 한다.

칩 샷은 낮은 탄도와 볼이 구르는 거리를 동시에 계산하여야 한다. 거리감을 익히는 것도 중요하지만, 볼이 떨어지는 지점을 정확히 계산하고 선택한 클럽을 사용할 때 볼이 얼마나 구르는지를 익히는 샷이다. 여기에 여러 가지 상황에 맞는 빠른 판단, 응용력 그

리고 자신감을 더해야 한다.

피치 샷은 높은 탄도로 그린을 공략하는 샷인데, 높은 탄도는 그린을 공략하기는 쉬우나 정확한 거리까지 볼을 보낼 수 있는 확률이 칩 샷을 할 때보다 떨어지기 때문에 상당한 연습이 필요하다. 쉬우면서도 타고난 재능까지 더해져야 하는 어려운 샷이 피치 샷이라고 할 수 있다. 흔히 탄도가 높아야 볼의 제어력(spin의 의미)이 크다고 생각하지만, 사실은 중간이나 낮은 탄도에서 볼 회전량이 많다. 피치 샷에서 그린에 볼이 멈추는 것은 스핀보다 탄도에 의한 것이라고 설명해야 한다.

그린 주변 플레이는 여러 가지 상황에 따른 응용력이 필요하다. 칩 샷이나 피치 샷, 범프 앤드 런(bump & run)이나 8번 또는 7번 아이언을 이용한 칩 퍼트나 3번 우드로 그린 주변 러프에서 볼을 그린으로 굴리는 모든 행위들을 그린 주변 플레이로 정의할 수 있다. 볼이 놓인 라이나 잔디의 결, 잔디의 길이, 그린 에지 슬로프나 여러 가지 상황에 따라 하는 샷이므로 많은 경험을 필요로 한다.

쇼트 게임에서 중요한 또 다른 사항은 볼의 위치와 클럽 선택이다. 정석적인 스윙을 할 때는 클럽을 하나만 선택하는 것이 이상적이지만, 여러 가지 변형된 라이의 쇼트 게임에서는 볼의 위치나 클럽 선택도 다양하다.

러닝 어프로치(running approach)를 위해서는 셋업한 상태에서 볼의 위치를 오른발 쪽으로 옮겨 놓아야 하며, 같은 러닝 어프로치를 하더라도 약간의 탄도를 내기 위해서는 볼을 스탠스 중앙으로 옮겨 놓아야 한다. 이것은 클럽이 내려오는 각도와 볼의 위치가 조화를 이룰 때 계산된 탄도(proper trajectory)가 만들어지기 때문이다.

클럽 선택도 중요하다. 같은 상황의 같은 거리에서 만약 샌드 웨지나 56도 웨지를 선택하였다면 잔디의 결이 반대로 누워 있는 경우에는 52도 웨지나 피칭 웨지를 선택해야한다. 잔디의 결이 볼의 접촉점에 영향을 주기 때문에 클럽의 로프트로 임팩트를 대신해야 하기 때문이다. 이처럼 상황에 따른 판단을 위해 경험이 상당히 중요한 것이 바로 쇼트 게임이다.

완벽한 쇼트 게임을 할 수 있도록 몇 가지를 제안해본다.

첫째, 기본에 충실해야 한다. 감각이 필요한 쇼트 게임에서는 기본이 감각을 만들기 때문이다. 쇼트 게임은 실수를 용납하지 않는다. 이미 실수한 샷을 리커버리해야 하기 때문이다. 실수한 샷이 되살아 날 때 골프의 또 다른 매력을 느낄 수 있을 것이다.

둘째, 순간의 실수를 용납하지 않아야 한다. 이것은 샷을 실수해서도 안 되지만, 기본 동작, 감각, 상황 판단, 순간 결정, 선택, 응용력 등 매 순간에 하는 결정을 실수하지 말아야 한다는 의미이다. 여기에 담대함이 어우러져야 완벽한 결과를 얻을 수 있다.

셋째, 강한 정신력을 길러야 한다. 오랜 경험은 마음의 여유와 강한 정신력을 동반한다. 그래서 골프를 구력 스포츠라고 부른다. 큰 근육을 이용하는 스윙을 할 때 느끼는 긴장감은 반복되는 근육의 기억 효과로 극복할 수 있다. 하지만 대체로 적은 근육을 사용하며 감각을 필요로 하는 쇼트 게임에서는 강한 정신력이 우선되어야 한다. 우승을 눈앞에 둔 상황에서는 특히 정신력으로 모든 어려움을 극복해야 한다. 이는 이론적으로 설명하기보다는 경기 외적인 요소로 분류해야 하지만, 스포츠에서 이미 가장 중요한 부분이되고 있다.

골프 구력이 오래된 아마추어 플레이어는 드라이버 샷의 거리보다는 정확도를 중시한다. 그리고 쇼트 게임의 리커버리 확률을 높이는 데 중점을 둔다. 프로 레벨은 드라이버샷의 거리와 쇼트 게임의 탁월한 리커버리 능력을 보여주어야 한다. 다시 말해, 공격과 방어를 적절히 하는 골퍼가 좋은 스코어를 얻는다. 그래서 쇼트 게임은 방어를 하기 위한 샷이라고도 설명하며, 6:4 정도의 공격과 방어가 가장 좋다고 한다.

골프 감각을 가지기 위해서는 쇼트 게임의 정의를 정확히 이해하여 기본적인 것을 익히는 데 시간을 투자해야 한다. 이러한 연습을 반복할 때 감각이 길러져서 여러 가지 상황에서 응용력을 높여 좋은 결과를 얻을 수 있다는 믿음을 가져야 한다.

Chapter 02

어드레스의 정의와 그립의 중요성

필자는 『더 퍼펙트』에서 어드레스의 정의를 '볼에 다가서는 것'이라고 하였다. 쇼트 게임에서도 어드레스는 볼에 다가서는 것을 의미하지만, 정상적인 샷과는 다르게 볼이 놓인 상황에 따라 형태를 달리 해야 하므로, 볼이 놓인 상황에 따라 몸이 볼에 다가서는 자세라고 정의할 수 있다.

가장 기본적인 어드레스는 소문자 'y' 형태이다. 소문자 y 자세를 해야 하는 이유는 볼을 오른발 쪽에 놓아 다운 블로(down blow)로 맞혀야 클럽(SW, PW)을 제 각도로 유효하게 사용할 수 있으며, 클럽을 잡은 양손이 임팩트 시 클럽 헤드보다 먼저 타깃 방향으로 지나가야 가장 좋은 결과를 얻을 수 있기 때문이다.

쇼트 게임에서는 백 스윙과 다운 스윙을 할 때 클럽이 내려오는 각(angle of approach)을 중요하게 여긴다. 52도, 56도, 60도 등 다양한 웨지 클럽들의 각을 충분히 이용하기 위해서는 클럽이 내려오는 각을 이용해 탄도를 만드는 것이 가장 이상적이라고 할 수 있기 때문이다.

손목을 쓰지 않는 수평적인 다운 스윙 방법은 토핑을 유발하기 쉬우며 제어력을 만들기 어렵기 때문에 국내 잔디에서 경기할 때는 좋을지 모르지만, 양잔디에서는 많은 문제를 일으킨다. 그러므로 국내 잔디이든, 국외 양잔디이든 클럽의 형태를 최대한 이용하는 기술을 사용하는 것이 좋다. 클럽의 특성으로 볼 때 웨지는 바운스가 있으므로 볼을 쓸어 치기보다는 각을 이용하고, 바운스로 자연스럽게 임팩트한 후 빠져 나가야 하기 때문이다. 바운스가 많으면 토핑이 많아지는 이유가 되기도 한다.

이러한 이유는 어드레스를 할 때 지면에 놓는 클럽 헤드를 약간 오픈하고, 소문자 y의 자세를 하는 원인과 같다. 소문자 y 자세는 일찍 각을 만들어 클럽을 위로 올리기 쉬우며 클럽을 내리는 각에서도 좋은 터치감과 임팩트를 가져다 줄 수 있다.

웨지의 용도는 원래 벙커용이었다. 진 사라젠(Zene Sarazen)이 만든 샌드 웨지는 벙커를 탈출하기 위해 헤드의 크기를 늘리고 헤드 중앙 토 쪽으로 무게를 실어 임팩트 시 토

쪽이 원활하게 다운 스윙이 되는 클럽이다. 벙커에서 클럽을 오픈하여 임팩트 시 토 쪽 헤드가 직각이 되도록 과학적으로 설계하였는데, 오늘날은 벙커뿐 아니라 쇼트 게임에서도 사용되고 있다.

기존 쇼트 게임에서도 클럽이 어느 정도 오픈된 각으로 어드레스해야 하는 이유는 바로 클럽 헤드의 설계 때문이다. 클럽 솔 부분을 단단한 지면에 자연스럽게 놓을 때 헤드가 열려지는 것을 보면 이 사실을 쉽게 알 수 있다.

머리의 위치를 볼 뒤쪽에 놓는 것은 드라이버 샷이나 아이언 샷에서 오는 잘못된 습관이다. 쇼트 게임에서는 정면에서 볼 때 머리를 볼 위에 두어야 한다. 클럽이 내려오는 각을 최대한 정확하게 하여 임팩트하기 위해서이다. 머리를 볼 뒤에 두면 탄도로 거리감이 상실되며, 바운스로 리딩 에지가 볼 중간에 맞아 토핑이 많이 유발된다.

옆면에서 어드레스를 할 때는 등각도(spine angle)와 어깨 위치를 점검해야 한다. 쇼트 게임은 철저히 등축을 이용한 양팔과 어깨의 움직임이기 때문에 무게 중심이 앞뒤로 흐트러지거나 없어진다면 또 다른 실수를 연발하게 된다.

무릎 아래 다리는 지면과 수직인 상태로 두는 것이 가장 이상적이고, 허리 밑 하체의 자세를 조절하여 지면으로 무게를 많이 실어주는 것이 상당히 중요하다. 어깨의 위치도 스탠스 발끝에 두는 것이 좋다. 뒤에 두면 터치감을 정확하게 느낄 수 없게 된다.

등각도는 정확하게 볼을 임팩트하는지를 알려주는 중요한 요소이다. 등각도를 유지하려면 머리 끝부터 꼬리뼈 부분까지 강한 축을 만드는 힘이 있어야 한다.

어드레스 자세에서 가장 중요한 것은 양 어깨와 축이 흔들리지 않은 상태에서 클럽을 잡은 양손을 부드럽게 리드하는 것이다. 이것은 연습을 많이 해야 가능하고, 많은 투어 프로들도 이러한 수준으로 올라가기 위해 무수한 시간을 쇼트 게임에 투자한다. 드라이버 샷이 한 번의 스윙을 해야 한다면 쇼트 게임은 열 번의 스윙이 필요하다.

어드레스에서는 스탠스의 역할도 상당히 중요하다. 대부분 어드레스는 오픈 스탠스를 하는데, 클럽을 리드해야 하는 다운 스윙에서 아웃인(out to in) 궤도를 선호하기 때문이다. 이는 클럽 헤드 설계 시 토 쪽에 무게를 많이 실어두는 이유와 연관이 있다. 어드레스에서 오픈한 클럽 페이스가 올라가는 각과 내려오는 각(angle of approach)을 이용해 토 쪽이 자연스럽게 닫히게 하기 위해서는 다운 스윙이 좋다. 이때 임팩트 시 토 쪽이 자연스럽게 직각이 되는데, 그것을 가장 좋은 결과로 만드는 것이 바로 스탠스라고 할 수 있다. 오픈 스탠스를 하는 이유는 여기에 있다.

클럽을 잡은 양손은 각을 만들어 토를 약간 드는 듯한 자세를 하고 양손이 지면과 수

직을 이루는 듯한 느낌이 드는 낮은 자세를 하는 것이 좋다. 솔 부분의 안쪽인 힐 사이드 쪽으로 임팩트하면 강한 쇼트 게임을 할 수 있다. 한국의 최상호 프로나 짐 퓨릭(Jim Furyk)이 하는 자세는 많이 낮은 듯 보이지만, 스핀양을 늘리고 강한 임팩트를 하는 데는 탁월한 셋업 동작이라고 할 수 있다. 이 동작은 백 스윙으로 가져가는 클럽의 길을 양쪽 허벅지 부분에 밀착시켜 올리는 일정한 궤도를 만드는 데도 좋은 자세이다.

과거에는 하나의 클럽만으로 쇼트 게임을 많이 하기도 했지만, 지금은 로프트별로 다양한 클럽이 개발되어 있어 다양한 클럽으로 상황에 맞는 볼을 처리하는 것을 원칙으로 하고 있다. 프로 골퍼들이 가방 안에 2~3개의 웨지를 넣어 가지고 다니는 이유도 여기에 있다.

임팩트 시 손목을 쓰지 않고 클럽을 가져갈 것인지, 아니면 손목을 이용하여 어느 정도 각을 잡고 내려올 것인지에 관한 많은 질문들이 쏟아지고 있다. 그만큼 경험에 의한 교습 방법이 주류를 이루고 있는 상황이기 때문이다.

그립의 중요성

일반적인 클럽을 잡는 그립과 쇼트 게임을 할 때 잡는 그립의 차이점은 컨트롤에 있다. 드라이버나 아이언을 잡은 그립의 중요성은 클럽 헤드와 샤프트 강도를 조화롭게 하여 헤드의 무게감을 얼마나 잘 느끼며 자유자재로 휘두르느냐 즉 스윙하느냐에 있다. 이것은 95% 이상 좋은 풀 스윙의 퍼포먼스를 끌어내기 위한 스윙의 정의로 그립을 이야기한다.

쇼트 게임에서는 그립을 짧게 잡는 방법을 대다수의 테크닉션이나 교습가들이 우선적으로 다루고 있는데, 철저히 타깃 거리와 방향을 조절하고 스윙 템포를 일정하게 유지해야 하는 쇼트 게임에서는 30~80% 정도의 스윙이 가장 이상적인 템포로 성공할 확률이 높기 때문이다. 이러한 점에서 쇼트 게임에서는 그립을 길게 잡기보다는 약간 짧게 잡는 것을 원칙으로 하고 있다. PGA 매뉴얼(US PGA Teaching Manual)에서는 클럽 선택에 따라 그립을 짧게 잡는 것을 그립의 중요한 네 가지 'P' 가운데 'Placement'로 구분해두었는데, 이는 쇼트 게임 그립에서는 매우 중요한 첫 번째 사항이다.

셋업 자세에서도 드라이버 샷이나 아이언 샷의 경우 정면에서 볼 때 대문자 'Y' 동작을 하는 것이 스윙의 양축을 만드는 현대 스윙에서 가장 이상적인 자세라고 할 수 있다. 쇼트 게임에서 셋업 자세는 로프트가 큰 클럽을 이용하고, 다운 블로 테크닉을 적절히 구사해 탄도와 스핀을 만들고, 볼의 위치를 오른쪽으로 가져가야 하기 때문에 소문자 y

의 자세를 하는 것이 바람직하다. 임팩트 순간은 클럽 헤드보다 그립을 잡은 양손이 볼 위를 먼저 지나가야 하기 때문에 강한 그립보다는 적당한 스퀘어를 유지하는 그립이 적합하다. 이것을 흔히 '핸드퍼스트'라고 이야기하는데, 실제로는 'Hand first' 보다는 'Hand forward pressing'이라는 말이 더 옳은 표현이다.

그립을 짧게 잡으면 그립 밑 부분이 얇게 되고 지나친 스트롱 그립은 로프트를 적절히 사용할 수 없으므로, 밑으로 내려잡는 그립과 소문자 y 모양의 셋업 자세에서는 스퀘어가 이상적인 그립이라고 할 수 있다.

쇼트 게임에서 정상적인 스윙은 100%보다는 80%의 스윙이 좋고, 그린 주변에서는 거리에 맞는 스윙 템포를 가져가야 하기 때문에 그립을 잡은 악력(pressure point)이 상당히 중요하다. 레슨을 하는 많은 국내 교습가들은 그립을 상당히 부드럽게 잡는 것을 선호한다. 이유는 간단하다. 잔디의 종류 때문이다.

국내 잔디는 대부분이 중지로 잎사귀가 넓은 금잔디 종류이다. 금잔디 위에 떠 있는 볼은 부드러운 그립과 헤드 무게감으로 볼을 살며시 떠내는 방법이 좋다. 디벗을 낸다 하더라도 잎사귀만 상하고, 일정하게 떼어 내기 어렵기 때문이다.

하지만 국외 교습가들은 그립을 강하게 잡는 것을 원칙으로 하고 있다. 흔히 양잔디, 벤트, 켄터키벤트 등으로 불리는 잔디가 바닥에 붙어 있어서 라이가 매우 타이트하므로 디벗을 내면서 강하게 가격해야 정확하고 일정한 임팩트가 되며, 그립이 비틀리지 않기 때문이다. 여기서 가장 차이가 나는 것은 스핀이다. 그래서 클럽 헤드를 임팩트 시 비틀어지지 않을 정도로 잡는 것이 그립의 악력을 위해 가장 중요하다.

이때 반드시 점검해야 할 사항으로는 첫째, 그립을 잡은 왼손 가운뎃손가락부터 새끼손가락으로 클럽을 조절할 수 있는 악력이며, 둘째, 오른손 한가운데 손바닥으로 왼손을 감쌀 때 그립이 비틀어지지 않도록 그립을 강하게 잡았는가 하는 것이다. 셋째는 오른손 엄지손가락과 집게손가락의 악력인데 드라이버나 아이언으로 스윙할 때는 클럽에 대는 듯한 것만으로도 충분하지만, 쇼트 게임에서는 그립을 잡은 양손이 밑으로 많이 내려가 있고 그립이 얇아져 있는 상황이므로, 오른손 엄지손가락과 집게손가락에도 힘을 주어 클럽이 비틀거리지 않을 정도로 강하게 잡아야 한다.

볼의 방향을 정확하게 하고 큰 디벗을 내는 쇼트 아이언 샷에서 엄지손가락과 집게손가락의 역할은 매우 중요하다. 이러한 이유에서라도 강한 스트롱 그립보다는 스퀘어 그립이 효율적이다. 셋업 시 왼쪽 손목을 아래로 내리는 코킹의 각도도 중요하지만, 강한 그립으로 왼쪽 손목이 꺾이는 벤딩 그립은 로프트가 많은 클럽에서는 좋지 않다. 스트롱

어드레스에서는 안정감이 우선되어야 한다. 철저한 기본기를 어드레스에서부터 배우는 것이 좋다.

그립은 클럽의 로프트가 많이 열리며 임팩트 시 토핑의 원인이 되기도 한다.

클럽 설계에서 중요한 바운스와의 관계에서 그립이 갖는 의미는 더 중요하다고 할 수 있다. 바운스의 역할은 임팩트 시 클럽이 지면과 맞닿으면서 볼을 부드럽게 가격하며 튕겨 오르게 하고, 지면을 클럽이 부드럽게 빠져 나가게 하는 데 있다. 그러므로 그립과 바운스의 관계를 반드시 이해해야 한다.

그립은 가급적이면 베이스볼 타입(baseball grip or ten finger grip)보다는 오버래핑 타입(overlapping grip or vardon grip)이 좋으며, 손가락을 끼는 인터로킹 타입(interlocking grip)도 습관에 따라서는 유효하다. 플레이어에 따라 개인차가 있겠지만, 오버래핑 타입의 그립이 효율적인 것에는 변함이 없을 것이다. 여러 가지 상황의 쇼트 게임은 어느 정도 강하게 클럽을 리드해 가면서 어느 정도 그립을 부드럽게 다루는 기술이 모두 필요하기 때문이다.

골프에서 그립의 변형은 큰 문제를 야기한다. 어느 순간에는 오버래핑 타입을 하고, 또 다른 순간에는 베이스볼 타입을 하는 것은 감각을 떨어뜨리고 심리적인 불안감을 키우기 때문에 일관된 그립을 해야 한다. 그립을 스퀘어 형태에서 위크(weak) 형태로 바꾸는 것도 매우 위험한 방법이므로, 상황에 따라 스탠스를 이용하여 변형된 라이에서 문제점을 극복하는 것이 바람직하다. 늘 일관된 그립이 우선 되어야 함을 기억하기 바란다.

Chapter 03

웨지 샷과 백 스윙의 이해

어드레스를 간략히 정리해보면 일반적인 드라이버 샷이나 아이언 샷은 자신의 어깨너비만큼 스탠스를 하는 것이 좋다. 큰 스윙을 위한 하체 고정이 필요하기 때문이며, 풀 스윙을 통해 자세를 견고하게 해야 하기 때문이다. 하지만 웨지를 사용할 때는 어깨보다는 다소 좁게 스탠스를 하는 것이 컨트롤을 하거나 볼을 제어하기에 적합하다. 스탠스의 모양도 오픈하여 릴리스를 크게 하거나 상황에 따라 비구선에 도움을 주어야 한다. 그립의 악력은 조금은 강하게 하며, 체중은 발끝으로 가져가고, 남은 거리에 따라 체중의 60~70%를 왼발에 미리 실어두는 것이 좋다.

볼의 위치는 오른발 쪽으로 가져간다. 오픈 스탠스를 할 때 볼이 더 오른쪽에 있는 느낌이 있으므로 안정감이 생기고 클럽 페이스가 닫힐 확률이 높아지므로 볼에 클럽을 가져갈 때 약간 오픈되게 셋업한다. 그러면 클럽 페이스가 닫히는 현상도 방지되고 임팩트 순간 스퀘어가 되어 좋은 결과를 가져 오며, 특히 다운 블로로 타격해야 하는 웨지 샷에서는 더 없이 좋은 어드레스가 된다.

머리는 볼을 뒤에서 내려다보는 위치가 아니라 볼 위에서 정면으로 내려다보는 위치가 이상적이며, 시선은 양 눈으로 볼을 바라볼 수 있어야 한다.

일반적인 긴 클럽의 백 스윙은 각 클럽마다 정해져 있는 비거리를 얻을 수 있도록 큰 스윙을 토대로 하는 정상적인 풀 스윙을 필요로 한다. 미들 아이언이나 쇼트 아이언의 경우는 정확한 거리와 함께 방향을 얻기 위한 절제된 컨트롤 백 스윙을 필요로 한다. 이것은 힘보다는 조절된 스윙이 필요하다는 이야기이다. 특히 쇼트 웨지를 선택했을 때는 반드시 핀이 위치한 방향과 거리가 정확히 맞는 샷을 구사해야 한다. 플레이어가 가지고 있는 감각도 어쩌면 이 부분에서는 가장 많이 실력을 발휘해야 한다.

백 스윙 초기 단계는 클럽을 잡은 그립과 왼쪽 어깨가 함께 움직이는 것이 이상적이다. 하체를 사용하는 동작이 무리하게 된다면 스웨이나 몸의 중심이 무너져 정확한 임팩트를 할 수 없기 때문이다. 교습가에 따라 웨지 샷에서 몸과 클럽이 함께 움직이는 원피

백 스윙의 크기는 거리를 결정지으며, 위치는 방향을 결정짓는다.

스 테이크어웨이(one piece take away)를 선호하는데, 사실 웨지 샷은 볼을 홀에 완벽하게 붙여야 하는 중압감이 더 강하기 때문에 불안을 초래하여 더 좋지 않은 결과가 발생하기도 한다.

그러므로 그립과 왼쪽 어깨를 이용하여 턴을 시작하며 클럽의 높이를 타깃 방향에 수평으로 가져가기보다는 스리쿼터나 그보다 조금 더 적은 백 스윙을 가져가는 것이 가장 바람직하다. 스윙의 크기가 정해져야 하는 웨지 샷에서는 백 스윙의 위치에서 그 크기가 가장 잘 나타난다. 56도나 52도 웨지 또는 피칭 웨지를 사용하여 100m 안쪽에서 자신에게 맞는 백 스윙의 크기로 스윙하는 것이 가장 이상적이다. 하체 또한 큰 클럽을 사용할 때보다는 적게 회전하게 되는데, 미리 체중을 왼발에 실어둔 상황에서 무리한 체중 이동은 불필요하다. 스탠스도 넓게 하는 것이 아니기 때문에 균형을 고려한 적절한 하체의 움직임이 필요하다.

하지만 반드시 기억해야 할 것은 드라이버나 롱 아이언보다도 하체의 무게를 더 무겁고 더 강하게 지면에 누르고 있어야 하는 것인데, 웨지 샷은 임팩트 순간 강한 디벗을 내어 스핀양을 증가시켜야 할 필요가 있기 때문이다. 상황에 따라 볼을 가까운 거리에 보낼 때에 주춤하는 자세는 바로 실수로 연결되기 때문에 등각도와 더불어 강한 하체의 버팀목이 웨지 샷에는 반드시 필요하다.

강한 디벗과 스핀양을 높이기 위해 백 스윙 초기 단계에 코킹을 빨리 해야 한다. 웨지는 다른 클럽보다 길이가 짧기 때문에 스윙 시 그려지는 원이 작으므로 빨리 코킹해야 한다. 몸의 움직임은 이 순간에 자연스럽게 줄어들며 팔과 왼쪽 어깨의 움직임을 다시 한 번 느낄 수 있다. 이때 반드시 어깨의 움직임이 필요한 이유는 몸이 경직되지 않기 위해서이며 컨트롤을 하기 위한 부드러움이 반드시 수반되어야 하기 때문이다.

웨지 샷의 백 스윙은 리듬과 템포도 상당히 중요한 요소이다. 리듬의 정의는 'the rotate of swing'으로, 템포는 'sequence of movements'로 정의한다. 긴 클럽은 거리가 우선되기 때문에 일정하고 빠른 스피드가 필요하다. 반대로 웨지 샷에서는 거리와 상황에 따라 백 스윙의 스피드가 달라지므로 많은 연습으로 자신만의 리듬과 템포를 반드시 익혀야 한다.

Chapter 04

웨지 샷과 다운 스윙의 이해

긴 클럽의 다운 스윙은 전환의 단계를 거쳐 축적된 파워를 손실 없이 임팩트하게 한다. 게다가 파워와 스피드를 더 올려주기 때문에 다운 스윙은 임팩트와 더불어 많은 교습가들과 투어 프로들에게 늘 연구의 대상이 되고 있다. 스피드를 올리고 임팩트를 스퀘어로 가져가기 위해 백 스윙으로 가져갔던 클럽을 올라간 백 스윙으로 가는 길보다 자신의 몸 안 쪽으로 붙여 다운 스윙으로 리드하는 레이트 히팅(late hitting, delay hit, hinging action)의 일반적인 방법과 호머 켈리(Homer Kelly)의 『Golf Machine』에서 다루고 있는 일찍 손목을 풀어 가져가는 방법의 'natural golf'와 같은 연구가 바로 여기에 해당된다. 한때 최고의 이론으로 주목받던 스윙 플랜(swing plane)과 같은 것들이 이 다운 스윙에 연관된다. 그만큼 클럽의 리드를 통해 모았던 힘을 잘 분배하기 위한 플레이어들의 노력이라고 볼 수 있다.

현대 스윙에서 다루는 투 피벗 시스템(two pivot system, level swing, body turn) 이론도 다운 스윙에서 모았던 힘을 어떻게 가져가는지를 설명하고 있다. 현대의 스윙은 백 스윙의 축을 만들고 피니시 동작에서 또 다른 축을 만들어 몸을 최대한 수평으로 하여 두 개의 축을 중심으로 회전하는 것인데, 다운 스윙 시 몸의 클럽을 잡은 두 팔이 몸통의 축에 의하여 회전하는 것이다.

세계적인 교습가 데이비드 리드베터(David Leadbetter)는 강아지가 꼬리를 흔드는 것은 네 개의 다리가 강한 축을 만들고 꼬리가 그 힘에 흔들리는 것이라고 비유하면서 이 이론을 골프에 적용하여 유명 투어 프로들을 지도하고 있다. 그래서 많은 교습가들이 다운 스윙 시 힘을 받기 위해 왼발부터 무릎과 허리 그리고 어깨와 클럽이 차례로 내려와야 한다(chain of action)고 설명하기도 하며, 현대에서는 클럽의 경량화로 스윙 축을 중심으로 몸이 수평으로 한 번에 다 같이 회전하며 다운 스윙을 리드해야 한다고 설명하기도 한다.

하지만 과거와 현대의 이론 모두 웨지 샷에서는 다운 스윙의 다른 큰 변화를 설명하지 못하고 있다. 이유는 간단하다. 클럽의 길이가 가장 짧으므로 큰 스윙의 동작처럼 섬세함을 필요로 하지 않기 때문이다. 게다가 클럽을 '컨트롤한다'는 이유로 더 짧게 잡기 때문이다. 그렇다고 기술 없이 다운 스윙을 할 수 있다는 것은 아니다.

백 스윙 시 톱의 위치는 정면 동작에서 볼 때 오른쪽 팔꿈치가 보일 수 있는 정도가 적합하다. 바로 이 팔꿈치의 리드가 웨지를 사용할 때는 상당히 중요하다. 적절한 하체의 리드와 함께 클럽을 잡은 오른쪽 팔꿈치는 전방으로 약간 수직 하강하며 다운 스윙을 리드한다. 이는 스윙 궤도와 연관이 있는데, 백 스윙 시 클럽을 아웃사이드(outside) 궤도로 들어 가파른 각을 만들었던 상태를 유지하여 다운 블로로 내려 와야 하기 때문이다. 또한 모았던 힘을 분배하는 것이 아니라 스윙의 크기와 클럽 헤드를 정확히 임팩트로 가져가기 위해 궤도를 이탈하지 말아야 하며, 웨지 샷을 통해 얻을 수 있는 거리도 모두 100m 내외이기 때문이다.

다운 스윙이 어려운 것은 가파른 딜레이 히트(delay hit)나 힌징 액션(hinging action)보다도 내려오는 오른쪽 팔꿈치를 임팩트와 함께 팔로

다운 스윙은 좋은 임팩트는 물론 좋은 방향에도 영향을 미친다.
인사이드 궤도로 잘 내려오고 있다.

스루 직전까지 가져가는 동작이 어렵기 때문이다. 웨지는 풀 스윙을 통해 그린을 공격하기도 하지만, 80%의 스윙 또는 볼의 탄도를 높거나 낮게 가져가는 기술 샷을 같이 해야 한다. 오른쪽 팔꿈치가 피니시에서 높으면 높은 볼이 되며, 가슴과 수평이거나 펀치 샷처럼 고도의 테크닉을 필요로 할 때에는 몸의 왼쪽으로 낮게 클럽과 팔꿈치를 리드해야 한다.

다운 스윙에서 하체의 리드는 상당히 중요하다. 강한 다운 블로 샷을 구사하기 위해서는 반드시 체중 이동을 해야 하는데, 미리 체중을 어느 정도 왼발에 실어 둔 경우는 체중 이동이 토핑이나 너무 두꺼운 샷이 되어 더 곤란해지기도 한다.

볼을 높고 부드럽게 안착시키고 100m 정도의 최대 거리를 얻기 원한다면 볼의 위치나 기본적인 테크닉 모두 일반적인 샷에 가깝게 하는 것이 좋다. 하지만 웨지를 사용하여 80%의 기본적인 스윙으로 공격할 때는 무리한 체중 이동과 하체의 회전보다는 상체를 중심으로 컨트롤하는 다운 스윙이 좋다.

하체는 상체의 꼬임과 강한 다운 스윙을 버틸 수 있어야 하고, 무릎도 너무 펴는 것보다는 탄력을 받을 정도로 굽혀야 한다. 왼쪽 다리가 리드되어 다운 스윙을 할 때는 볼이 놓여 있는 라이가 자신의 스탠스보다 높은 경우이거나 볼이 디벗에 있는 경우 등 상황에 따라 하체의 리드가 필요하다는 것도 기억하자.

장비가 발전하였으므로 많은 투어 프로들은 100%의 웨지 샷보다는 컨트롤을 위한 80%의 스윙이 주가 된다는 것을 기억해야 한다. 다시 말해, 다운 스윙의 쓰임도 80%가 가장 이상적이라는 것을 인식해야 한다.

Chapter 05

웨지 샷과 임팩트의 이해

웨지의 어드레스는 소문자 y의 형태가 가장 이상적이라고 앞에서 설명했다. 클럽 페이스에 로프트가 있고, 강력한 다운 블로 샷을 구사하기 위해 볼이 오른쪽으로 놓여야 하며, 스탠스를 오픈하여 클럽을 리드하여야 하기 때문이다. 임팩트의 모습은 체중이 왼쪽에 다 실려 있는 상황에서 소문자 y의 형태로 가져가면 가장 이상적이다. 좋은 임팩트를 위해 가장 중요한 것은 클럽을 잡은 양손이 볼을 맞히기 전에 타깃 방향으로 진행되어야 한다는 것이다.

상체의 리드를 중요하게 여기고 체중이 미리 왼발에 실려 있는 상태이기 때문에 볼을 임팩트 순간 뒤에서 볼 필요가 없으며, 체중 이동이 완벽하게 진행된 상황에서 볼을 위에서 아래로 내려보는 위치에 머리를 두는 것이 중요하다.

상체와 팔을 이용하는 컨트롤 샷을 하다가 임팩트 순간 오른손의 리드에 머리를 볼 뒤에 두는 것이 너무 강하고 빠르게 되면 눌러치는 스쿠핑(scooping) 현상이 나타나는데, 한지형 잔디인 벤트나 일본의 고라이 잔디 같은 경우는 강력한 스핀을 만들어 도움을 주지만, 한국형 금잔디, 중지(야지)인 경우는 이러한 테크닉이 클럽을 닫히게 하여 거리감과 방향에 실수를 유발시키기도 한다.

이러한 경우 스핀이 많이 걸리고 탄도가 높아져 볼이 그린에 떨어진 후 백 스핀이 되어 거리감에 실수가 나오기도 한다. 그래서 많은 투어 프로들이 이러한 방법보다는 일정하면서 얇게 디벗을 떠내는 임팩트를 좋아하며, 한 번에 주저함 없이 쓸어 치는 타법의 임팩트를 위해 연습한다.

짧은 웨지의 경우 긴 클럽보다는 덜하지만 높은 탄도로 머리가 들리는 경우도 상당히 많기 때문에 임팩트 시 헤드업을 조심해야 한다. 머리가 들리면 볼이 심하게 토핑이 되기도 하며, 로프트가 큰 클럽에서는 비구선이 많이 흐트러지기도 하기 때문이다.

필자는 제자들이 좋은 임팩트를 할 수 있도록 임팩트 시의 머리 위치를 다음과 같이 설명한다. 드라이버를 사용할 때는 클럽이 길기 때문에 원활한 릴리스를 하기 위해서는 머리가 반드시 뒤에 있어야 하는데, 웨지를 사용할 때는 임팩트 순간 오른쪽 귀가 볼 위에 있는 느낌으로 가져가라고 한다. 이때 상체는 이미 왼발 위에 중심을 잡고 있고, 다운스윙에서처럼 오른쪽 팔꿈치가 몸의 중심까지 리드되고 있으며, 상체가 왼쪽으로 이미 진행되어 강한 등축이 유지되면서 머리가 들리지 않기 때문이다.

하체는 임팩트 시 왼쪽으로 체중이 다 이동되어 있는 상황이기 때문에 무릎을 곧게 펴기보다는 어드레스 때와 거의 비슷한 정도로 굽히는 것이 가장 좋다. 드라이버를 사용하는 경우 볼이 티 위에 올려져 있기 때문에 큰 스윙 아크를 위해 무릎을 펴기도 하지만, 웨지를 사용하는 경우에는 강한 디벗을 만들기 때문에 임팩트 순간 몸의 모든 정렬선과 각도를 어드레스 때 그대로 유지하는 것이 좋다. 왼발은 지면을 밟는 느낌이 들도록 하는 것이 좋으며, 발가락이 들리거나 체중이 뒤로 빠지면 생크가 유발될 수도 있다.

좋은 임팩트를 위해 왼쪽 발가락으로 샌드 웨지 페이스를 옆으로 뉘여 밟고 임팩트에서 피니시까지 가져가보자. 그러면 지면을 밟아야 힘을 얻을 수 있음을 발견하게 될 것이다.

임팩트 시 만들어지는 디벗은 자신의 스윙 궤도와 클럽의 상태(솔, 바운스, 라이)를 알려주기 때문에 웨지 샷에서 많은 실수가 나온다면 이 디벗을 파악하여 자신의 단점을 교정하는 것이 좋다.

디벗이 왼쪽으로 나면 궤도가 아웃투인이라는 것을 짐작할 수 있으며, 디벗 안쪽이 깊게 파인다면 클럽 라이가 너무 업라이트하다는 증거이다. 디벗이 상당히 깊게 파인다면 바운스가 적은 웨지라는 것을 알 수 있다.

좋은 임팩트는 좋은 디벗을 만들어낸다. 가장 좋은 임팩트는 볼이 먼저 맞아야 하며, 볼의 중간 정도 위치에서부터 타깃 방향으로 디벗이 생겨야 스핀, 터치감, 방향이 모두 좋아진다. 그래서 웨지는 임팩트 이후에도 클럽 페이스를 낮게 가져가 10~20cm 정도의 디벗을 앞쪽에 만들어야 한다. 디벗을 만드는 순간 클럽이 멈추는 듯한 느낌이 든다면 강하게 눌러 치는 터치가 되었다는 것을 뜻하며, 볼이 뜬다는 것을 의미하기도 한다. 얇게 디벗을 떠내며 자연스럽게 임팩트 존(impact zone)을 빠져 나가는 느낌이 들었다면 중간 탄도나 낮은 탄도의 기술 샷이 가능하고, 낮은 탄도에서 나오는 스핀양이 훨씬 많아진다.

세계 100대 교습가 중의 한 명인 캐나다 출신의 헨리 브런튼(Henry Brunton)은 많은 스핀양과 좋은 임팩트를 위해 스윙 아크 중 볼을 맞히는 최저점에서 임팩트가 이루어져야 한다고 설명하고 있다. 임팩트 시 자신의 턱과 클럽을 잡은 양손이 위아래로 가장 멀리 떨어지는 느낌이 들거나 그립이 무릎 쪽으로 지나갈 때 가장 좋은 터치감과 임팩트를 만들 수 있고, 가장 많은 백 스핀양이 만들어진다고 한다. 웨지 샷으로 스핀과 높은 탄도로 공략할 때는 핀의 뒤쪽으로 공격하며 백 스핀을 이용해 볼을 핀에 붙이는 것이 좋다. 가장 좋은 스핀은 2~3번의 바운스 이후 볼을 핀에 바로 세우는 것인데, 일정한 임팩트 디벗을 만들 때는 볼이 먼저 맞아 그린 방향으로 디벗이 생기는 임팩트를 구사하는 테크닉이 좋다는 것을 기억하자.

골프 기술은 좋은 임팩트를 만들기 위해서이다.
완벽한 임팩트가 되는 동작은 기본에서부터 시작된다.

Chapter 06

팔로스루와 피니시의 이해

웨지 샷에서 대부분의 실수는 스윙의 크기를 조절해야 하기 때문에 임팩트 이후 팔로스루(follow through)가 완벽하게 이루어지지 않을 때 나타난다. 너무 조심스럽게 스윙의 크기를 조절하려 하다보니 불안감이 조성되고 자신감을 잃어 임팩트 이후 클럽을 릴리스하는 것을 생략하거나 지나치게 사용하는 데서 기인한다. 이는 그린 위의 퍼팅과도 같은 문제인데 한 번의 긴 퍼트가 홀을 지나가면 남은 거리의 반대편 짧은 거리의 퍼트는 아주 짧게 되어 3퍼트가 된다. 남은 짧은 거리의 퍼트는 임팩트 후 스트로크를 앞으로 밀지 못하고 심리적인 부담감으로 클럽에 제동이 걸리는데, 웨지 샷도 이와 같은 현상이 생긴다. 거리 차이가 있지만 짧은 거리에서도 그 거리에 맞는 팔로스루 또는 릴리스가 필요하다는 것을 기억해야 한다.

웨지 샷은 상체와 팔의 부드러운 스윙으로 볼을 가격하지만 거리, 컨트롤, 힘을 모두 스윙의 크기가 지배한다는 것 또한 명심해야 한다.

가까운 거리에서 하는 샷은 반드시 홀에 가깝게 또는 한 번에 홀인해야 한다는 부담감이 크게 느껴질 수 있다. 이 부담감이 자신감을 상실시키는데, 이를 해결하려면 릴리스의 제어력을 높여 스윙의 크기를 조절함으로써 스윙을 콤팩트하게 구사해야 한다.

이처럼 릴리스에서 타격 거리를 제어하는 능력이 잦은 실수를 유발하는 것은 양손을 자연스럽게 쓰지 않거나 지나치게 사용한 데서 찾을 수 있다. 좌우대칭으로 크기가 같은 스윙과 더불어 이런 경우는 임팩트 이후 몸의 회전 동작을 사용함으로써 제어력을 만들어 팔로스루로 가져가 팔만이 아닌 몸의 움직임에 따라 스윙이 이루어지도록 하면 도움이 된다.

몸을 틀어주는 속도도 샷의 거리를 제어하는 데 도움이 된다. 몸통의 회전이 너무 빠르면 샷의 릴리스가 빠르게 되거나 길어져서 많은 실수로 연결된다. 그러므로 거리에 상관없이 몸의 회전과 속도가 적절하게 사용되어야 한다.

데이비드 리드베터는 특히 이 설명을 자동차의 속도계에 비유했는데, 20야드의 거리는 20마일의 스피드와 몸통의 회전을, 60 야드는 60마일의 스피드와 몸통의 회전을 해야 한다고 했다.

조금 더 구체적으로 설명한다면 웨지 샷 팔로스루에서는 몸통과 더불어 오른쪽 어깨의 사용도 중요하다. 오른쪽 어깨는 지면을 향해 밑으로 떨어뜨리기보다는 타깃을 향해 수평으로 회전시켜야 높은 탄도와 낮은 탄도를 자유롭게 구사할 수 있다. 지나치게 오른쪽 어깨를 지면으로 떨어뜨리면 클럽 페이스가 임팩트를 거쳐 급히 닫히거나 강하게 디벗을 내어 볼의 진행 방향과 임팩트에 많은 영향을 주기 때문이다. 그러므로 오른쪽 어깨를 수평으로 타깃 방향으로 보내 몸을 바로 세울 필요가 있다. 정면을 향한 가슴 높이 정도의 팔로스루를 할 때는 양 팔꿈치를 같은 높이에 두어야 한다. 그러면 중압감을 덜 수 있는 좋은 몸통 스윙이 되며, 피니시에서 볼의 탄도가 만들어지기도 한다. 그래서 웨지 샷의 가장 좋은 팔로스루를 할 때는 백 스윙의 크기를 대칭으로 가져가야 한다고 한다. 스윙 속도를 일관성 있게 할 수 있을 뿐만 아니라, 임팩트 순간 클럽을 가속시켜 정확하게 볼을 맞추며 섬세한 타격 거리로 릴리스 제어력을 확보할 수 있기 때문이다. 이는 타격 거리 제어력을 확보하는 연습 방법으로도 쓰인다. 임팩트까지 상체의 원활한 스윙은 팔로스루에서는 몸통과 함께 타깃 방향을 보며 세워

피니시 동작은 전체 스윙의 리듬과 템포를 알 수가 있다. 여유로운 피니시가 가장 좋은 결과를 가져온다.

주는 것까지 포함된다고 할 수 있다.

피니시의 정의는 '볼을 향하여' 몸을 틀어주는 것이라고 할 수 있다. 그러므로 하프 피벗과 백 스윙과 릴리스의 대칭을 이루며 스윙의 크기도 모두 비슷한 기술이라는 것을 알 수 있다. 팔과 상체의 원활한 움직임이 주가 되며, 임팩트 이후 몸통과 함께 제어력을 높여 거리와 방향을 정확하게 하고 중압감을 이기는 기술이다. 몸통이 타깃을 향하여 바로 서는 피니시를 만드는 것도 같은 유형이다.

이처럼 피니시는 몸의 중앙을 중심으로 해서 오른쪽으로 백 스윙이 시작되어 왼쪽으로 움직이는 팔로스루, 그리고 피니시까지 스윙이 백 스윙 때의 모양과 반대 방향으로 대칭되어야 한다.

피니시는 스윙의 균형미를 보여주고, 피니시의 위치에 따라 볼의 탄도와 방향이 결정되기도 한다. 몸을 전방으로 틀어준 상태에서 클럽을 잡은 양손의 위치를 상황에 따라 낮게 가져가기도 하며 높게 가져가기도 하는 기술 샷을 익히면 볼을 컨트롤하는 자신감이 한층 커질 것이다.

피니시 동작에서는 하체의 쓰임도 상당히 중요하다. 드라이버 샷은 볼을 올려치는 어퍼 블로(upper blow)의 스윙을 해야 한다. 볼을 띄우기 위해 다리로 지면을 누르는 경우도 있고 자연스럽게 체중을 같이 올리는 경우도 있는데, 이러한 현상은 특히 몸의 중심이 다리가 아닌 엉덩이에 있는 여성 플레이어에게 많이 나타난다. 하지만 다운 블로의 타법을 구사하는 웨지 샷에서는 반드시 지면을 밟고 체중을 앞쪽에 실어야 한다. 거리에 따라 스윙의 크기와 스피드로 상체의 무게감을 하체가 버텨주어야 하기 때문인데, 특히 피니시 동작에서는 이러한 하체의 역할이 더 없이 필요하다. 임팩트 때 지면을 눌렀던 힘을 그대로 피니시에서도 유지하는 것이 가장 좋다.

짧은 거리에서의 웨지 샷은 항상 스윙의 크기로 컨트롤하고, 백 스윙 톱에서의 높이와 피니시가 끝나는 높이가 대칭이 되도록 스윙해주자.

Chapter 07

웨지 클럽의 이해

골프는 모두 14개의 클럽을 사용하도록 규정하고 있다. 쇼트 게임을 위해서는 피칭 웨지를 제외하고 2~3개 정도의 웨지를 프로들은 선호한다. 구체적으로는 가장 기본이 되는 56~58도의 웨지와 피칭 웨지와 샌드 웨지 중간 정도의 52, 53도의 웨지(approach, fringe wedge) 그리고 빠른 그린과 볼을 높게 띄우는 샷에 용이한 60도 웨지로 흔히 우리가 로브 웨지(lob wedge)라 부르는 클럽이다.

톰 카이트(Tom Kite)가 3개의 웨지를 사용하기 시작하면서 많은 프로들의 다양한 클럽 선택이 보편화되기 시작했는데, 톰은 3번 아이언을 실질적으로 2번 아이언의 중간으로(3번 아이언의 로프트가 21도면 20도로), 4번 아이언을 3번 아이언의 중간으로(로프트가 24도면 22도나 23도로) 로프트를 변화시키는 반면에 웨지 한 개를 더 추가하기도 했다.

여기에 현대 골프는 장비의 발달로 드라이버 샷의 비거리가 늘어나면서 손쉽게 웨지를 선택하게 되었는데, 미셸 위(Michelle Wi)의 경우 4개의 웨지를 골프 백에 넣어 다니기도 한다.

좋은 쇼트 게임을 펼치기 위해 과거에는 하나의 웨지를 이용하여 볼의 위치나 클럽 페이스의 각을 달리하여 거리를 맞추는 방법의 기술을 구사했지만, 현대에 와서는 새로운 형태의 골프장, 클럽 장비의 발달, 볼의 혁신, 그린의 상황에 따른 여러 가지 웨지를 선택하고 있다.

특히 볼의 위치를 달리 하여 탄도를 조절하던 과거보다 웨지를 폭넓게 선택하는 것은 볼의 위치 변화 없이 같은 스윙을 하여 클럽의 로프트에 의한 거리를 얻을 수 있다는 점이 골퍼들에게 많은 매력을 느끼게 한다.

과거에 벙커용으로 사용되던 샌드 웨지가 지금은 트러블을 해결하거나 리커버리하거나 볼을 떠 올리는 샷을 하는 데 좋은 클럽이 되었다.

과거에는 샌드 웨지의 리딩 에지가 약간 앞으로 돌출되었거나 솔 부분이 둥글게 설계되어 리딩 에지가 지면에 닿을 때 솔이 약간 뜨고, 모래 속에서 부드럽게 미끄러져 빠져

쇼트 게임에서는 다양한 클럽을 선택하는 지혜가 필요하다. 드라이버보다 아이언은 거리가 정해져 있지만 쇼트 게임에서는 상황에 따라 다르게 선택되어질 때가 많기 때문이다.

나가며 깊게 파고들지 않게 만들어졌다. 현대에는 깊은 러프나 맨땅 등 여러 그린 주변 상황에 맞도록 클럽이 변형되어 리딩 에지가 스퀘어로 되어 있는 것도 있고, 바운스 밑면이 좁거나 듀얼 웨지와 같이 타이트하게 설계되어 지면에서 효력을 발휘하는 웨지 등이 다양하게 발전되어 오고 있다.

플레이어에 따라서 여러 종류의 웨지를 벙커나 잔디의 결에 따라 사용해보며 선택하는 것이 좋으나, 필자 개인적으로는 리딩 에지가 일직선상으로 되어 있는 것(square)보다는 구즈넥(goose neck)과 같이 약간 둥근 것을 좋아한다. 클럽 페이스를 오픈했을 때 리딩 에지가 일직선상에 있는 것보다는 둥근 구즈넥 스타일이 볼에 더 가까이 있기 때문이다. 시각적으로도 안정감이 있고 클럽 페이스를 볼 밑으로 더 깊게 넣어 스핀양을 늘릴 수 있기 때문이기도 하다.

일직선상의 스트레이트 에지를 더 좋아하는 플레이어도 많으나, 필자는 둥근 에지가 특히 사이드 경사면에서 뛰어난 효과가 있어 선호한다. 스퀘어는 방향성이 좋을 수는 있으나, 토나 힐 사이드로 어드레스하고 싶어지는 경향이 있어 푸시 아웃되는 원인이 되기도 한다.

골프 클럽은 볼을 치기 위해 있는 것인지 모르지만, 골프에 더 깊이 빠져보면 볼을 치기보다 스윙을 하기 위한 것이라는 생각이 들 것이다.

클럽의 무게와 플레이어의 힘은 스윙할 수 있도록 적당한 비율을 이루고 있어야 하는데, 7번 아이언은 총중량이 420g이다. 클럽 번호가 높을수록 조금씩 무거워지고 낮을수록 조금씩 가벼워진다. 드라이버가 가장 가볍고, 웨지 종류로 갈수록 무거워진다. 그립과 샤프트 그리고 클럽 헤드의 비율도 상당히 중요한데, 클럽 헤드의 비율 무게를 스윙 웨이트라고 한다.

아이언의 경우 D0, D1의 헤드 무게가 기준이라고 한다면, 웨지 종류는 D5 이상을 사용할 때 스윙 웨이트가 이상적이다. 클럽 헤드의 끝이 너무 무거우면 클럽을 휘두르거나 조절하기가 어렵고, 반대로 너무 가벼우면 클럽을 휘두르거나 조절하는 것은 쉽지만 비거리를 얻기가 어렵다.

스윙 웨이트 역시 플레이어의 신체적인 조건과 스윙 스피드에 따라 많은 차이가 있다. 근력이 좋거나 스피드가 빠른 사람이 너무 가벼운 클럽을 사용하는 것은 잘못된 선택이라 할 수 있다.

웨지의 경우 클럽 헤드의 무게는 거리와 탄도를 늘려주는 역할을 한다. 무거운 클럽 헤드를 빠르게 가져가는 것은 스윙과 컨트롤에 무리가 따르므로 적절한 자신만의 리듬과 템포가 필요하다.

웨지를 선택할 때 또 다른 중요한 포인트는 라이 각이다. 라이 각은 솔 부분이 지면에 닿았을 때 샤프트와 솔 부분의 연장선이 이루는 각도이다. 웨지는 로프트가 크기 때문에 특히 라이 각이 자신의 몸에 맞지 않으면 솔 부분이 밑면에 적합하게 맞지 않아 정확한 방향과 타점에 많은 영향을 준다. 토가 많이 들리면 라이 각이 너무 업라이트하게 되고, 볼의 비구선이 왼쪽으로 많이 향하게 된다. 쇼트 게임의 거의 모든 스탠스를 오픈한다고 본다면 볼이 상당히 왼쪽으로 날아갈 확률이 높아지기 때문에 정확한 스퀘어 라이를 점검해볼 필요가 있다. 특히 디벗은 안쪽 힐 사이드 쪽에 깊게 발생하게 된다. 이 경우 뒤 땅 느낌의 둔탁한 샷이 되는 느낌이 들기도 한다. 그나마 볼은 상당히 멀리 뜰 수 있는 경우도 있는데, 이런 형태의 웨지를 가장 잘 사용하는 선수가 바로 최상호 프로이다. 최상호 프로는 업라이트한 웨지를 이용해 어드레스를 플랫하게 하여 클럽 페이스 안쪽으로 임팩트를 가져가는 지혜로운 골퍼이다.

반대로 어드레스가 너무 플랫한 경우는 볼이 오른쪽으로 나갈 확률이 많아지며, 토 쪽으로 타점이 쏠려 손이 아플 정도의 기분 나쁜 타구감이 생기기도 한다. 볼이 스퀘어보다는 조금 덜 뜨는 느낌이 들고 어드레스 자세를 상당히 낮춰야 하는 문제점이 발생되기도 한다.

Chapter 08

중압감을 이기는 정석 플레이 연습 방법

쇼트 게임은 정석적인 테크닉보다 상황에 맞는 감각이 더 중요하다고 한다. 하지만 그 것은 단지 이론적이거나 투어 경험이 없는 교습가들이 하는 말일 뿐이다. 많은 투어 프 로들은 어려운 쇼트 게임에서 더 정석적인 플레이를 원한다. 감각보다는 정석적인 방법 이 실수한 샷을 회복해야 한다는 중압감을 이겨내게 하고, 기본적인 기술이 습득되어야 감각이 동반되기 때문이다.

우리나라는 한창 더운 여름철에는 잔디 위에서 쇼트 게임을 쉽게 할 수 있으나, 겨울 과 봄, 늦은 가을에는 잔디의 뿌리에 힘이 없어 상당히 어렵게 플레이하는 것이 사실이 다. 또 뒤땅성의 볼이 너무 많이 나오기 때문에 아이언 샷은 물론 그린 주변 플레이에서 제대로 실력 발휘를 하지 못한다.

대부분의 로우 아마추어나 프로 선수들은 이 시기에는 샌드 웨지보다 피칭 웨지, 9번 또는 8번이나 7번 아이언을 선택하는 경우가 많다. 로프트가 서 있는 클럽을 이용해서 실 수를 줄일 수 있기 때문이다. 그린이 얼어 있거나 솔 부분이 지면과 충분히 닿지 못해 많 은 런으로 거리 조절를 실패하게 되는 단점도 있지만, 볼을 그린 위에 올릴 수 있는 정확 성을 생각할 때 로프트가 서 있는 클럽을 선택하는 것이 당연하다고 보아야 할 것이다.

하지만 그래도 샌드 웨지를 고집하는 억척스러운 플레이어도 있다. 다시 한 번 말하지 만, 굳이 샌드 웨지를 선택한다면 정석적인 쇼트 게임의 기술이 필요한데, 아마추어 골 퍼들은 대부분 팔만을 이용하는 원초적인 기술로 쇼트 게임을 하고 있다. 머리를 들지 않고 작은 근육을 써야 하는 쇼트 게임에서는 몸을 움직여서는 안 된다는 철칙이 있기 때문이기도 하지만, 잔디가 무성한 여름에는 잔디 위에 있는 볼은 팔만을 이용해도 처리 하는 데 무리가 없기 때문이다.

그러나 짧은 거리의 퍼팅에 나타나는 입스 현상은 쇼트 게임 때도 나타난다. 팔만을 이용해 플레이할 때 긴장 상태에서 나타나는 현상은 퍼팅 입스 때와 같이 제대로 된 임 팩트를 할 수 없기 때문에 뒤땅보다는 토핑에 가까운 볼이 만들어지는 어이없는 결과가 생긴다.

바로 이 시점에서 상체의 주요 동작이 이루어져야 하는데, 쇼트 게임 시 몸을 거의 움직이지 않는 백 스트로크 이후 임팩트를 거쳐 타깃 방향으로 '회전이 절반'으로 이루어지도록 하는 동작을 '하프 피벗'이라고 한다. 이는 다운 스윙을 주도해서 토핑을 배제하고 좀 더 충분한 다운 스윙으로 백 스핀을 걸어주는 효과를 발휘하며, 긴장 상태에서도 팔만을 이용하는 방법에 비해 입스 현상 같이 어이없는 샷에 도움을 준다. 이러한 방법의 샷은 큰 샷으로 연결되어도 볼의 탄도를 적절히 이용하여 높고 낮음을 자유자재로 할 수 있는 기술 샷, 볼의 탄도에 의한 스핀 샷을 구사하는 데 많은 도움을 주는 기술 샷이라 할 수 있다. 물론 중압감을 이기면서 말이다.

하프 피벗을 만들려면 우선 볼이 놓여 있는 상황을 파악하여 볼의 위치를 점검해야 한다. 체중은 왼발로 가져가야 하는데, 이는 하향 타법으로 볼에 접근하기 쉽게 하고, 상체의 응용 동작과 수평 회전을 쉽게 해주기 때문이다.

백 스윙 시 팔과 어깨만을 이용해서 백 스트로크를 해야 하고, 리듬을 타는 듯한 하체 동작은 불필요하다. 자칫하다가는 토핑을 유발하는 원인이 되기 때문이다.

임팩트 때까지 몸을 정적으로 움직여야 하며, 오른쪽 어깨를 볼 방향을 향해 너무 밑으로 집어 넣으려 하지 말아야 한다. 그렇지 않으면 클럽 페이스가 열려 생크와 같은 실수나 토핑, 푸시 성향의 샷이 발생한다.

팔로스루에서는 타깃 방향으로 몸통을 수평으로 회전하며, 오른쪽 어깨를 왼쪽 어깨와 거의 같은 높이로 유지하며 타깃을 향해 상체를 틀어주어야 한다. 이때 눈은 볼이 놓여 있는 라이가 아니라 목표 방향을 보고 있어야 한다. 이런 정석적인 테크닉을 습득하여 중압감을 없앨 수 있도록 반복적으로 연습하기 바란다.

미국 PGA 투어나 유럽피언 투어, 호주 투어, 아시안 투어에서 활동하고 있는 세계 정상의 투어 프로 선수 80% 이상이 모두 정석적인 방법으로 실수한 샷을 리커버리하는 모습을 볼 수 있다. 기술적인 부분에서도 원초적 스타일보다는 좀 더 과학적으로 접근하는 샷을 보급하는 것이 이제는 필요한 단계라고 본다. 쇼트 게임의 정석적인 기술은 플레이어 모두에게 가장 절실히 필요하다.

골퍼에게는 한 번의 실수가 두 번이 되어서는 안 되는 마스터 샷이 이루어져야 한다. 계절의 한계를 극복하고, 특히 겨울철과 같은 어려운 코스 환경에서 실수를 거듭하기보다는 제대로 된 테크닉을 소화해낸다면 완벽한 기술이 조화를 이루어 행복한 골퍼가 될 수 있을 것이다.

하루에 20분 정도는 쇼트 게임 연습에 시간을 투자해보자. 프로 선수가 되려면 몇 배의 시간이 필요하겠지만, 정석적인 기술과 감각 훈련을 유지하는 데도 최소한의 시간이 필요하다.

기술적 이해보다 앞서야 하는 것이 투어에서는 중압감을 이기는 것이다. 휴식과 여유를 가질 수 있다면 중압감을 쉽게 이겨낼 수가 있다.

Chapter 09

쇼트 게임 향상을 위한 효과적인 연습 방법

꾸준히 반복적으로 연습하라

늘 일정한 리듬감을 가지려면 연습만이 최선의 방법이라고 많은 교습가들은 말한다. 많은 시간을 할애해 한 번 연습하는 것보다는 짧은 시간을 연습하더라도 꾸준히 반복적으로 연습하는 것이 실전에 더 좋다는 이야기이다. 데이브 펠츠(Dave Pelz)는 좋은 습관을 만들려면 1만 번의 반복 연습이 필요하고, 그것을 자신의 것으로 만들기 위해서는 2만 번의 반복이 더 필요하다고 했다.

실전이든 연습이든 모든 골프의 스윙 동작은 자신의 스타일과 일치하는 리듬에 맞아야 한다. 플레이 자체가 빠르든 느리든 자신의 머릿속으로 하는 상상과 어느 정도 같은 속도를 유지하는 것이 중요하다. 꾸준한 반복 연습은 실전에서 집중력은 물론 응용력을 키워주고 리듬감을 찾아준다.

루틴을 만들어 훈련하라

골프를 배우는 초기 단계에서는 사실 쇼트 게임의 중요성을 모르고 지나가게 된다. 연습의 대부분이 7번 아이언 또는 드라이버에 국한되어 있을 것이다. 하지만 어느 정도 경험이 쌓이고 잘해보겠다는 의욕과 함께 스트레스가 생기면서 쇼트 게임의 중요성을 알게 된다.

이 단계에 접어들었다면 연습을 하기 전에 어떠한 테크닉을 구사하면서 무엇을 바꾸어야 하는지, 정확하게 스윙을 했을 때의 느낌이 어떠한지에 대해 피드백을 하여 자신의 기량을 꾸준히 점검하는 습관부터 길러야 한다.

지속적으로 좋은 샷을 하기 위해서는 무엇보다 자신의 기술

반복적인 스윙 연습은 반드시 필요한 루틴이다.

에 대한 확신과 자신감이 있어야 한다. 쇼트 게임과 퍼팅 모두 자신만의 일관된 습관을 가지는 것이 매우 중요한데, 지속적으로 좋은 샷을 구사하기 전에 하는 일관된 행동을 루틴(routine)이라고 한다. 루틴은 반드시 일정한 시간 안에 해야 하며, 빠르거나 느리거나의 차이보다는 일정한 리듬과 템포를 유지해야 한다. 물론 연습 과정에서 자신만의 루틴을 만들어야 한다.

일반적으로 스윙을 연습할 때 위밍업 과정에서는 샌드 웨지나 피칭 웨지로 몸을 풀어주고, 아이언은 연습 시간의 50% 정도, 드라이버나 우드 또는 유틸리티 클럽은 연습 시간의 20% 정도를 할애해야 한다. 쿨 다운(cool down) 단계에서 다시 웨지나 짧은 클럽으로 연습을 마무리하는 것도 하나의 연습 루틴으로 정의할 수 있다.

쇼트 게임이 중요하게 인식될 때 습관화된 연습 루틴이 반드시 필요하다. 볼을 굴리는 샷과 띄우는 샷을 확실히 구별하는 연습, 거리에 대한 감각을 느끼는 연습 퍼팅, 그린에서 일관된 순서로 플레이하는 연습 등 모든 것이 연습 루틴에 포함된다. 실전에서 플레이가 이루어지는 과정을 머릿속에 담아두고 그것을 연습하여 자신만의 루틴을 만들어두는 것이 바람직하다.

데이브 펠츠는 이러한 행동들을 유동선이라고 표현했다. 에이밍(aiming)선상에 서서 클럽과 볼이 모두 몸의 근육이 움직이는 방향과 동일하게 움직이기 때문인데, 루틴은 근육 사용이라는 적은 의미와 더불어 경사도나 그린의 기본자세를 살피는 동선, 연습할 때 늘 반복적으로 하는 행동들과 같은 큰 의미로 해석하고 있기도 하다.

클럽을 자신에게 적응시켜라

클럽이 자신에게 익숙하다는 것은 매우 중요하다. 어드레스를 했을 때 심리적인 편안함을 주기 때문이다. 평소에 익숙하지 않은 퍼터를 사용하게 되는 경우 셋업에서부터 다소 생소한 느낌으로 스트로크를 하게 되고, 거리감과 터치감도 확신이 떨어진다. 클럽에 맞추어 하는 스윙과 스트로크는 매우 어렵게 진행된다. 클럽을 자신에게 적응시키기 위해서는 사실 시간이 필요하다. 그러한 시간은 연습과 정비례한다. 많은 유명한 프로들은 그 과정을 거쳐 자신만의 확실한 기술과 스트로크 방법

때로는 클럽을 길게 또는 짧게 잡아야 하며
상황에 따라 자신의 것으로 만들어야 한다.

을 개발했다.

클럽을 자신의 몸에 적응시키기까지는 많은 실수를 하기 마련이다. 하지만 그러한 실수는 다양한 경험을 하게 한다. 유명한 투어 프로들이 자신만의 기술과 스트로크가 있지만, 그 어떠한 클럽으로도 좋은 플레이를 할 수 있는 것은 바로 이러한 경험들이 있기 때문이다.

샤프트, 그립의 두께와 재질, 클럽 헤드의 로프트와 재질 등 모든 것을 점검해야 하는데, 샤프트는 헤드와 연결된 부분으로 실수한 퍼트에서 헤드의 회전을 최소화하는 역할을 한다.

클럽 헤드의 스윗 스팟에 볼을 정확히 맞히는 것 또한 대단히 중요하다. 예를 들어, 퍼터의 경우 클럽 헤드 토쪽으로 임팩트가 되는 골퍼들은 헤드와 미스 히트 에어리어의 거리가 좀 더 가까운 샤프트, 다시 말해 힐과의 거리가 더 긴 샤프트를 골라야 한다. 토 임팩트 경향이 있는 골퍼가 힐 샤프트(heel-shafted) 퍼터를 사용하면 임팩트에서 실수가 많이 나오며 손으로 전해지는 터치감도 좋지 않다. 그러면 볼이 궤도를 벗어나 약간 오른쪽으로 치우쳐서 굴러가게 된다. 반대로 힐에서 실수가 난다면 L형태의 퍼터가 좋다(Dave Pelz, 『퍼팅 바이블』).

벤 크렌쇼(Ben Crenshaw)와 같이 유연한 샤프트를 사용하는 경우도 있다. 스트로크 시 클럽 헤드를 통해 전해져오는 리듬감을 완벽하게 느끼기 위해서인데, 흑연으로 된 샤프트는 유연하고 가벼워서 리듬감을 확인하는 데 도움이 된다.

그립은 스트로크 시 볼이 굴러가는 흐름과 터치감을 알 수 있게 해주므로 매우 중요하다. 최경주 프로는 매우 두꺼운 그립을 사용함으로써 터치감을 높이고 손목의 쓰임을 방지하여 좋은 퍼트 스트로크를 가지고 있다. 그립의 유형을 자신에게 맞혀 플레이하는 전형적인 좋은 예이기도 하다.

퍼터 헤드의 디자인은 클럽을 다루는 능숙도에 따라 선택해야 한다. 클럽 헤드의 무게는 스트로크의 템포에 영향을 주는데, 클럽 헤드가 무거울수록 스윙이 느려지게 된다. 스트로크를 하는 동안 그립이 천천히 움직이는 적당한 속도가 된다면 클럽 헤드가 무거워도 상관없다.

전문가의 조언을 경청하라

골프는 특성상 자신이 한 스윙을 볼 수 없다. 자신에게 가장 좋은 어드바이저(adviser)는 역시 주변에 있는 자신을 가장 잘 아는 사람과 전문가이다.

세부 훈련계획표를 전문가와 함께 세우고 전문가에게 지도를 받으며 적당한 훈련양을 정하고 훈련 방법을 자신의 것으로 만드는 것이 매우 좋다. 자신의 메모와 전문가의 메모를 비교하여 무엇이 가장 먼저 선행되어야 하는지를 파악하고 교정과 연습을 계속하여 쇼트 게임의 기량을 향상해야 한다.

힘을 빼는 기본원리, 근육의 움직임을 자제하는 트레이닝, 불필요한 힘을 제어하는 방법, 손목의 꺾임 각도, 어깨의 수직 운동 등 세밀한 부분은 자신의 감각에 의존하기보다 전문가에게 예리하게 지적을 받는 것이 바람직하다. 감각과 스윙 분석은 별개이기 때문이다.

전문가의 조언 및 지도 후에는 날카로운 터치감과 쇼트 게임에서 필요한 거리 계산법을 스스로 익혀야 한다. 추측은 쇼트 게임에는 금물이므로, 무엇이든 정확하게 파악하는 습관을 만들어야 한다. 반드시 전문가에게 도움을 받아야 하는 또 다른 부분은 실수를 분석하는 것이다. 스스로 실수를 분석하다가는 더 많은 실수가 유발될지도 모르기 때문이다. 실수에 대한 것은 자신의 판단보다 전문가의 세밀한 분석을 따르기 바란다.

스크린 골프를 활용하라

골프는 과학이라는 말을 많이 한다. 하지만 요즘처럼 과학적으로 골프를 즐기는 세상

스크린 골프는 편안한 옷차림으로 즐길 수 있어서 좋다. 형식을 지켜야 하지만 가끔은 편안함을 추구하고 싶을 때가 있다. 하지만 '안전'은 기억해야 한다.

이 이렇게 빨리 오리라는 생각은 아무도 하지 못했다. 그 대표적인 주자가 바로 스크린 골프이다.

이제는 분석과 훈련의 도구로 컴퓨터 게임인 스크린 골프가 사용된다. 형편없는 소프트웨어들이 판을 친다지만, 오랜 시간 활용도를 높여 세밀한 부분까지 도와주며 거의 99% 정확한 데이터를 제공하는 스크린 골프를 활용하는 것 또한 매우 좋은 연습 방법이 되고 있다. 한국과 같이 실전 연습을 할 장소가 마땅치 않거나, 기후 변화에 민감한 겨울과 여름 장마철에 이러한 연습 방법은 훌륭한 훈련 여건을 만들어준다.

필자도 처음에는 스크린 골프를 반대하였다. 아이들이나 즐기는 컴퓨터 게임으로 인식했던 것이 사실이다. 최경주 프로 또한 필자와 같은 생각을 하다가 스크린 골프에 푹 빠지면서 최경주 재단에 스크린 골프 시설을 만들었다. 이유는 정확도가 실전과 거의 차이가 없기 때문이다. 물론 필자의 경우도 스크린을 접해본 후 신뢰가 생겼다.

스크린이라는 작은 공간에서 느끼는 감정이 투어 프로들이 세계 여러 명문 코스에서 실제로 플레이할 때 느끼는 감정과 별반 차이가 없다는 것이 사실 놀랍기도 했다. 로브 샷과 라이에 대한 연습 등 고난이도 기술을 필요로 하는 모든 쇼트 게임의 연습이 99%의 정확도를 가진다는 것이 새삼 놀라울 따름이다.

필자가 경험했던 스크린(full swing screen)은 미국에서 다년간 실험과 경험을 거쳐 놀이가 아닌 골프 플레이가 가능한 것이었다. 연습장 모드로 전환되는 소프트웨어는 시간과 공간, 기후의 변화를 의식하지 않고 연습할 수 있어서 좋았다. 로브 웨지의 거리도 평소에 연습할 때처럼 정확도가 거의 완벽에 가까웠으며, 라이의 변화를 읽고 플레이하는 것도 매우 탁월했다.

스크린 골프는 무엇보다 연습장 모드에서 다양한 각도의 쇼트 게임을 할 수 있다는 것이 최고의 장점이다. 물론 벙커 샷과 같이 기술을 요하는 샷들은 아직도 많은 연구와 기술이 필요할 수 있겠으나, 칩 샷, 피치 샷, 로브 샷, 퍼팅 등 쇼트 게임 전 분야에 걸쳐 매우 만족할 만한 연습 도구임은 사실이다.

스크린 골프의 장점은 바로 감을 익히는 훈련 도구로는 최고라는 것이다. 스크린의 정확도도 믿을 만하지만, 혼자 스윙의 폭을 조절하거나 빠르거나 느린 템포를 익히는 데 최고의 도구가 되고 있다. 사소한 아이디어로 최고의 상품을 만들 수 있듯 스크린으로 하는 연습도 자신의 기량을 키워준다는 믿음을 가지기 바란다.

GPS시스템을 이용하여 거리감을 익히는 연습을 하라

정확한 거리감을 인체가 느끼는 것은 매우 어렵다. 하지만 반복되는 훈련과 골프는 구력이라는 경험을 바탕으로 모든 골퍼들이 거리감을 해소하고 있다. 하지만 컨디션과 지형에 따라 거리감을 정확히 익히는 것이 어려울 때가 있다. 코스에서는 캐디의 조언이 많은 도움이 되는 것이 사실이기도 하나, 초보자를 만나는 경우 즐거워야 하는 골프가 스트레스가 되기도 한다.

많은 골퍼들은 근거리에서는 걸음걸이를 세어 거리감을 익히고 있고, 100m 안쪽 거리는 모두 감을 바탕으로 골프를 즐기고 있을 것이다.

필자는 선수 생활을 하는 동안 많은 시간을 거리감을 익히는 연습에 할애했다. 좋은 스코어를 얻어 투어에서 살아남는 유일한 방법이라고 생각했기 때문이며, 역시 이 거리에서 정확한 샷을 구사하는 골퍼가 세계적으로 높은 순위를 유지하고 있기 때문이다.

타이거 우즈(Tiger Woods)도 그렇고 한국의 신지애 선수도 이 거리에서는 누구도 따르지 못할 만큼 높은 성공률을 보여 주고 있다. 그리고 그것이 바탕이 되어 세계 최고의 선수 자리에 올랐다.

스윙의 크기를 일정하게 하여 연습하는 것이 자신만의 거리를 익히는 데 도움이 되고 있으나, 정확한 거리를 파악하기 위해서는 GPS(Global Positioning System) 거리기를 이

거리감은 고수로 가는 지름길이다. 캐디의 조언 없이 간단한 기계만으로 거리감이 완벽해질 수 있다.

용하여 연습하는 것이 훨씬 효과적이다. 현재 많은 골퍼들이 사용하고 있는 이글룩스 (eaglelux) GPS 수신기는 세 개 이상의 GPS 위성으로부터 신호를 수신하여 수신기의 위치를 결정한다. 위성에서 보내온 신호와 수신기에서 받은 신호의 시간차를 측정하면 위성과 수신기 사이의 거리를 알 수 있는데, 이때 송신된 신호에는 위성의 위치에 대한 정보가 들어 있다. 최소한 위성 세 개와의 거리와 각 위성의 위치를 알면 삼변측량과 같은 방법을 이용해 수신기의 위치를 정확하게 계산할 수 있다. 그러나 시계가 완전히 정확하지 않기 때문에 오차를 보정하고자 보통 네 개 이상의 위성을 이용해 위치를 결정한다.

감각으로 익히는 거리보다는 GPS 거리기를 이용하면 지형의 고도나 핀의 위치와 상관없이 정확한 거리를 계산할 수 있다. 특히 국내외 모든 골프 코스의 정보가 다 들어 있어 처음 가는 코스에서도 거리를 정확하게 파악할 수 있다.

최고가 되기 위해 과학적인 시스템을 이용하는 것도 가능한 세상이 되었다. 많은 사람들은 과거 아날로그 시대에 관한 아련한 추억을 가지고 있다. 하지만 디지털화된 문명을 이용하면 매우 간단한 원리로 세상을 편하게 살 수 있다. 특히 산악 지형의 코스가 많은 한국에서는 오르막 또는 내리막에서 거리를 맞추기가 어려운데, 정확하게 거리를 파악하기 위해 과학의 힘을 이용하는 것도 지혜로운 방법이라 생각한다.

Chapter 10

퍼팅의 신비

어느 골프 서적에서 모든 스포츠를 통틀어 가장 생명과 밀접한 관계가 있는 것이 골프라는 글을 읽은 적이 있다. 짧은 거리에서의 퍼팅은 인간의 생명을 단축시킬 수도 있다는 연구 논문이었는데, 필자에게는 약간의 충격이기도 했다. 시합에서도 역시 가장 어려운 부분이 퍼팅이기에 어쩌면 피부로 와 닿을 만큼 동감하는 글이었다.

1m가 되지 않는 거리에서의 퍼팅은 참 많은 생각을 하게 한다. 분명 왼쪽으로 휘어지는 라이도 그 거리에만 서면 직선으로 보이고 심할 때는 오른쪽으로 보이기도 하니, 그 순간에 받는 스트레스가 인간의 생명을 단축시킨다는 연구 논문이 어느 정도 근거가 있어 보인다. 퍼팅은 기술에 의한 과학보다 감각에 근접한다는 이론도 아마 퍼팅 시 플레이어가 느끼는 스트레스 때문일 것이다.

좋은 선수는 두 가지로 나뉜다. 스윙이 좋은 선수와 퍼팅이 좋은 선수이다. 장타나 쇼트 게임이 좋은 것은 특기라 평하지만, 좋은 선수의 기준은 아니라고 한다. 스윙이 좋은 데다 퍼팅까지 좋다면 세계적인 선수임이 분명할 것이다.

퍼팅에 철칙이 있다면 그것은 아마도 2퍼트일 것이다. 파 72 중 반에 해당되는 36이 바로 퍼팅으로 인한 스코어이기에 2퍼트만 된다면 이븐(even)은 유지할 수 있기 때문이

다. 그러나 퍼팅이 어려운 이유는 짧은 거리에서의 퍼팅은 스트레스와 압박감이 동반되며 정적인 상태에서 최대한 집중해야 하는 노련미가 있어야 하기 때문이다. 스윙은 반복적으로 연습하면 어느 정도의 단계에 도달할 수 있지만, 퍼팅은 숙달한 후에도 경기 외적인 것에 크게 영향을 받으므로 경험과 자신감을 필요로 한다.

퍼팅에서는 거리에 대한 판단이 매우 중요하다. 3퍼트의 주된 원인은 잘못된 거리 판단인데 짧거나 긴 퍼팅은 경기의 흐름을 끊어놓는 경우가 많기 때문이다.

거리 판단 감각은 사실 연습을 통해 얻는 것이 제일 좋다. 어느 정도 힘을 주어야 볼이 얼마만큼 굴러가는지는 자신만이 알 수 있으므로, 초보자나 중급자에게 가장 중요한 것은 정확한 거리 판단 능력을 기르는 것이다. 기본적으로 퍼팅의 셋업은 두 발의 스탠스를 11자 모양으로 하며, 볼의 위치는 스탠스 중앙이나 볼 한 개 정도만큼 왼발 쪽에 둔다. 또한 체중의 중심은 두 발의 앞쪽에 두고 볼의 윗부분을 직접 내려다보며, 양 무릎은 거의 수직 상태를 유지해야 한다.

그립은 오른손이나 왼손이 아래에 내려가 있는 크로스(cross handed) 스타일이 있는데, 선호도에 따라 선택할 수 있다. 크로스 스타일은 프레드 커플스(Frederick Steph Couples)나 박세리 선수가 사용하며 왼쪽 손등의 굽힘을 방지할 수 있는 장점이 있다.

퍼팅은 쉬워 보이면서도 사실은 골프에서 가장 어려운 부분이다. 스트레스가 생명 단축에 영향을 준다면 그것을 극복할 수 있는 답을 기술적인 면에서 찾기보다는 심리적인 면에서 찾아야 할 것이다. 훌륭한 선수에게는 볼을 넣을 수 있다는 자신감과 볼이 들어가시 않아도 편한 마음을 유지할 수 있는 능력이 있다.

자신감을 가지고 마음을 편히 하려면 골프를 즐기는 것이 선행되어야 한다. OK(give)를 받기보다는 반드시 홀 아웃을 해보는 연습도 필요하다. OK만 받다가는 정말 시합에서 짧은 거리를 남겨 놓고 생명이 단축될지도 모르니까 말이다. 그린에서 플레이 감각을 늘 유지하기 위해서는 매일 최소한 10분 정도는 연습해야 한다. 그 10분의 연습이 생명 단축을 막아준다고 생각하면 20분을 투자해도 그리 아깝지 않을 것이다.

글을 쓰는 것이 직업인 사람들에게도 서경(writers cramps)이라고 하는 병이 있다고 한다. 글을 쓰려고 하면 경련이 일어 몸을 움직일 수 없게 되는 병이다. 원인은 심리적인 이유에서이다. 골프는 홀에 볼을 넣어야 경기가 끝이 난다. 퍼팅에 실패하더라도 다음 홀에서 플러스로 전환할 수 있는 여유와 배짱이 있다면 생명이 연장되지 않을까?

Chapter 11

벙커에서의 플레이

중계를 하다보면 투어 프로들이 빠른 그린을 공략하기 위해 페어웨이 벙커에서 공격하는 것을 종종 볼 수 있다. 잔디보다는 강한 스핀을 구사해 빠른 그린을 공략하기 위한 코스 매니지먼트이다. 그린 주변 벙커 플레이도 마찬가지로 그린의 여러 가지 주변 상황을 점검하여 벙커에 볼을 넣어 핀을 공략함으로써 파로 마무리하는 전략을 갖고 있기도 하다. 이 정도의 기술과 코스 매니지먼트를 가지고 있는 것은 분명 세계적인 선수들의 이야기이겠지만, 어쩌면 이러한 전략이 모든 골퍼들의 목표가 되어야 하는지도 모른다.

골프 경기를 할 때 플레이어들에게 가장 부담스러운 것은 바로 해저드이다. 코스의 특성상 난이도를 결정하고 스코어를 결정하는 것이 해저드라고 할 수 있는데, 해저드는 크게 워터해저드(water hazard)와 벙커(bunker)로 나뉜다.

워터해저드에서는 상황에 따라 그대로 플레이가 가능할 때도 있지만, 거의 벌타를 받고 룰에 따라 정해진 장소에 드롭 후 플레이해야 한다. 벙커의 경우는 비가 와서 물이 벙커에 가득 고이지 않은 경우를 제외하고는 벌타 없이 곧바로 플레이할 수 있다는 것이 장점이다. 워터해저드에서는 벌타 없이 그대로 플레이하는 것과 벙커에서는 단지 클럽을 지면에 댈 수 없다는 것이 일반적인 샷과 다른 점이다.

페어웨이에 익숙해진 플레이어들에게는 해저드 특히 벙커에서의 플레이가 그리 쉬운 것만은 아니다. 벙커를 탈출해야 할 뿐 아니라, 그린 주변에서의 플레이는 대부분 볼을 홀에 붙여 스코어로 직접 연결해야 하는 쇼트 게임의 특성과 같기 때문이다.

잔디와 모래의 특성은 각 나라마다 조금씩 다르다. 유럽의 모래는 심한 바람으로 매우 고운 입자로 되어 있어 바람에 잘 날리는 특성이 있는데, 그 모래가 웅덩이 안에 쌓이면서 자연스러운 벙커의 형태가 만들어졌다는 것을 생각하면 벙커의 특성도 어느 정도 파악된다.

동남아시아의 모래는 스콜(열대 지방에서 대류에 의하여 나타나는 세찬 소나기로 강풍, 천둥, 번개 따위를 수반하는 경우가 많다)에도 큰 문제가 없도록 입자가 크고 배수가 잘되는 특징이 있다. 그러나 간혹 조개껍데기나 입자가 고르지 못한 모래로 이루어진 벙커도 있다. 우리나라의 모래는 입자가 크고 무거운 편이고, 벙커는 모래가 많은 것이 특징이다. 다른 나라와 비교할 때 벙커의 수가 많고 모래가 깊이 쌓여 있으므로 우리나라 벙커 플레이는 다소 어려운 것이 사실이다.

국제적인 명문 골프장의 벙커를 보면 매우 하얀색의 모래가 쌓여 있는데, 대리석 가루를 고운 입자로 만든 마블(marble)의 일종이다. 국제적인 골프장은 이러한 특성의 모래로 이루어진 벙커로 바뀌어가고 있는 추세이다.

벙커에서의 플레이는 안정된 자세를 가장 기본적으로 해야 한다. 일반 페어웨이와는 다르게 모래 속에 발을 묻고 스탠스를 하여 스윙해야 하는데, 그 이유는 크게 세 가지로 말할 수 있다. 첫째, 안정된 샷을 구사하기 위해서이며, 둘째, 볼의 2~3인치 뒤를 가격해 폭발 샷(explosion shot)을 유도하기 위해 볼보다 낮은 지면으로 클럽이 지나갈 수 있도록 동일한 고도를 유지하고자 함이다. 마지막은 벙커 플레이에서는 클럽이 지면에 닿으면 안 되므로 신체 가운데서 유일하게 모래와 접촉하는 발을 이용해 모래의 특성을 살피기 위해서이다.

볼의 위치는 볼이 놓여 있는 상태에 따라 약간의 차이가 있으나, 볼이 부드럽게 뜨고 그린에 올라가서는 많이 구르지 않아야 하기 때문에 스탠스 중앙 또는 약간 왼발 쪽에 놓는 것이 바람직하다. 그립은 모래의 성분에 따라 부드럽게 쥐어야 하지만, 모래의 양이 많고 입자가 큰 우리나라의 벙커에서는 임팩트 순간 모래의 저항을 이길 수 있을 정도로 조금 강하게 쥐어야만 벙커를 쉽게 탈출할 수 있다.

벙커 플레이에서는 우선적으로 스탠스를 오픈하여 목표점을 확보해야 하고, 오픈된 웨지의 클럽 페이스로 아웃인 궤도를 유도하며 가격해야 폭발 샷을 만들 수 있다. 이때 그린에 올라간 볼은 스핀도 적고 많이 구르지 않게 되므로, 목표선이 타깃 방향보다는 약간 왼쪽으로 보고 있어야 한다. 이러한 목표선은 스윙 궤도, 웨지의 로프트와 비례해 많은 모래를 폭발할 수 있게 해준다.

벙커 플레이에서 가장 어려운 것은 벙커 탈출보다도 정확한 거리감으로 볼을 홀에 가깝게 붙이는 것이다. 그린 주변에서의 플레이는 쇼트 게임처럼 반드시 볼을 홀에 붙여 한 번의 퍼팅으로 실수한 샷

클럽을 끌고 내려오는 각은 볼을 높게 띄울 수 있게 한다. 어드레스로 돌아간 몸의 중심이 매우 좋아보인다.

을 리커버리해야 하는 부담이 있다. 많은 선수들이 백 스윙의 크기로 거리를 맞추고 있지만, 현대 골프에서는 스윙 속도로 거리를 맞추는 경우도 있다. 과거에 비해 클럽으로 스윙하기가 매우 쉬워졌고, 웨지의 종류나 장비가 비약적으로 발전해왔기 때문이다. 같은 거리의 백 스윙으로 내려오는 다운 스윙의 속도를 달리해 거리를 맞추기도 하는데, 이 방법은 긴장감에서 오는 압박을 어느 정도 해소해준다. 하지만 초보자 또는 중급자는 스윙의 크기로 거리를 조절하는 것이 바람직하며, 속도 조절로 벙커를 탈출하는 것은 아무래도 고급자에게 해당하는 사항이다. 필자도 아직은 스윙 속도보다는 스윙의 크기를 조절하여 벙커 탈출을 시도하고 있으니 골퍼의 개인적인 성향과 특성도 고려해보는 것이 바람직하다.

세계 여러 나라의 골프장을 돌아다녀보면 자연 그대로를 이용하여 만든 골프장들이 많다. 특히 영국이 그러한데, 골프의 유래는 물론 벙커의 유래까지 자연 조건과 관계가 있는 것이 재미있다. 목동들이 바닷가에서 불어오는 바람을 피하기 위해 만든 것이 벙커의 유래이고, 목초 지대에서 목동들이 양을 지키며 놀았던 것이 골프의 시초이다. 골프장의 시초라고 전해지는 세인트 앤드류스(St. Andrews) 골프장은 특히 목동들의 쉼터였던 항아리 벙커(pot bunker)로 유명하다. 심한 바람을 피하기 위해서 만든 것이 벙커였다는 것을 입증이라도 하는 듯한, 플레이어의 키보다도 높고 깊은 수십 개의 항아리 벙커를 보노라면 입이 딱 벌어진다. 브리티시 오픈(The British Open)의 진기록 중에는 17번 홀에서 여섯 번만에 벙커 탈출을 성공한 일본의 토미 나카지마(Tommy Nakajima) 홀도 있다. 이처럼 벙커의 어려움은 코스 구석구석에 존재한다. 완벽한 샷을 해도 가끔은 해저드와 같은 어려운 상황을 만나게 되는 것이 골프라고 한다. 그러나 상황에 따라 적합한 샷을 선택하여 올바른 조화를 이루는 것이 골프의 묘미일 것이다.

심리적인 어려움을 느끼는 벙커에서 마음을 편하게 해보자. 유명했던 투어 프로들도 그러했고 많은 현역 투어 프로들도 가끔은 벙커에서 완벽하게 플레이하지 못한다. 그만큼 벙커 플레이는 어렵기 때문이다.

머리의 미동도 없이 임팩트되었다. 스탠스 지면은 물론 몸의 흐트러짐이 없는 것이 성공 열쇠이다.

Part

2

칩 샷

Chapter 01

칩 샷의 정의와
상황에 따른 선택

　칩 샷은 볼이 공중에 떠 있는 시간보다 그라운드에 더 오래 있는 것으로 영어로는 'more ground time than air time'이라고 한다. 비교적 낮은 탄도의 샷이며, 그라운드에 더 오래 있다는 것은 볼이 구르는 거리가 길다는 것을 의미한다.

　클럽을 제어할 수 있는 훈련 방법을 익히며 클럽이 몸 중심축과 하나가 되게 하지만, 체중을 왼쪽에 두어야 하기 때문에 머리 위치는 볼보다도 약간 타깃 방향으로 두는 자세가 좋다. 느낌상으로는 볼을 내려다볼 때 자신의 오른쪽 귀 밑 방향에 볼을 두는 것이 중요하다. 볼을 쳐올리기보다는(upper blow) 클럽을 밑으로 떨어뜨리며(down blow) 감각적으로 임팩트해야 하기 때문이다. 양 무릎은 절대로 움직여서는 안 되며, 클럽을 잡은 팔과 어깨의 흔들림으로 스윙하는 것이 가장 이상적이다.

용어 해설

● 어프로치 샷(approach shot) : 홀에 접근하기 위해 샷을 하는 모든 쇼트 게임

● 칩 앤드 런(chip and run) : 볼이 가볍게 떠서 일정한 지점에 떨어진 후 구르는 샷

● 러닝 어프로치(running approach) : 볼을 굴려보내는 것에 초점을 맞추는 샷(8번, 9번 아이언 등을 사용)

● 러닝 샷(running shot) : 러닝 어프로치와 같은 의미이며, 40야드 이상 샷이 날아가서 구르는 샷

● 칩 퍼트(chip putt) : 퍼터가 아닌 일반 아이언을 이용하여 퍼팅 스트로크를 하여 굴리는 샷

※ 칩 앤드 런, 러닝 어프로치, 러닝 샷은 칩 샷으로 통일한다.

샷에 따른 선택 상황

퍼팅이 가능할 때는 퍼터를 선택하고, 볼을 굴릴 수 있을 때는 웨지로 볼을 굴리는 상황을 선택하여야 리커버리의 확률이 높아진다. 만약 볼을 굴릴 수 없는 상황이라면 탄도를 높여야 한다. 볼과 핀 사이에 그린 사이드 벙커나 해저드 또는 G. U. R(ground under repair)과 같은 예상치 못한 장애물이 놓여 있다면 볼을 굴리는 칩 샷보다는 높게 띄우는 피치 샷을 선택해야 한다.

하지만 그린 가까이에서 볼 진행 방향의 잔디 상태가 양호할 때는 웨지를 이용해 칩 샷을 한다. 핀의 위치가 2단 그린 바로 앞쪽이나 내리막에 있을 때는 경사도를 이용하여 볼을 굴리는 샷이 성공할 확률이 높다.

그린 주변 에이프런이나 러프의 상태가 좋지 않은 경우는 로프트가 있는 클럽을 선택해야 하며, 칩 샷을 하는 경우는 최후에 사용하는 클럽으로 퍼터가 가장 좋다. 칩 샷은 30m 이내에서 해야 가장 이상적이다.

TIP

칩 샷에는 창의력과 관찰력이 필요하다. 기술을 익히면서 감각적인 훈련도 더불어 하면서 새로운 연습 방법을 찾는 노력도 매우 중요하다. 한 번에 많은 양을 연습하기보다는 일정한 양을 꾸준히 연습하는 것이 효과적이며, 깃대 주변 여러 곳에서 실행하려는 샷을 상상으로 그려보는 훈련도 좋은 방법이다. 짧은 거리의 목표점을 세 군데 정해놓고 클럽을 각기 다르게 선택하여 볼이 떨어지는 지점을 향해 반복 연습해보자. 그러면 거리감도 생기고 각 클럽에 따른 구르기가 쉽게 계산된다.

1 볼의 위치는 소문자 y가 좋다.

2 거리에서도 손목을 쓰지 않으며 백 스윙 해야 한다.

3 그립을 짧게 잡는 것은 컨트롤이다.

4 볼을 의식적으로 뒤에서 볼 필요가 없고 위에서 내려다 보는 위치가 더 좋다.

5 자연스럽게 볼이 날아가는 비구선을 쳐다 본다.

6 상체를 틀어 손만을 사용하지 않도록 한다.

Chapter 02

칩 샷의 준비 자세

볼의 위치는 우측으로 두어야 하며 왼팔과 샤프트가 일직선이 되어 소문자 y와 같은 자세가 되어야 한다. 가까운 칩 샷은 스탠스를 좁게 해야 한다.

클럽을 짧게 그립하라

정확하게 컨트롤하면서 볼에 임팩트하기 위해서는 그립을 짧고 강하게 하는 것이 바람직하다. 그러면 손목을 고정할 수 있으며 클럽이 지면에 닿을 때 비틀리지 않는 정도가 적당하다. 클럽을 잡은 양팔은 '부드럽게' 유지되어야 하고 절대로 경직되어서는 안 된다. 클럽 페이스는 약간 오픈되어야 하는데, 이는 클럽의 특성상 토 쪽이 무겁게 설계되어 있기 때문에 오픈해 두어도 임팩트 순간 토가 먼저 회전하여 직각이 된다.

웨지는 그립 사이즈가 얇은 것보다는 자신의 손과 비례하는 정도 또는 약간 두꺼운 것이 좋다. 그립이 얇으면 임팩트 순간 비틀어지는 확률이 높기 때문이다.

머리 위치를 확인하라

일반적인 샷과는 머리의 위치를 달리한다. 다운 블로로 임팩트하기 위해서는 볼을 뒤에 두기보다 위에서 내려다보는 정중앙에 두는 것이 좋다. 체중을 왼발에 60% 정도 실어두면 머리는 볼의 위쪽에 위치한다. 이는 가슴 정중앙 아래쪽으로 위치시킨다는 말과 같다.

1 어깨의 위치가 매우 좋다.

2 샤프트가 타깃 방향과 수평으로 놓인다.

5 머리의 움직임이 자연스럽다.

6 무릎의 위치도 변함이 없다.

3 클럽이 지나간 길을 그대로 다시 찾아 내려오고 있다.

4 임팩트 순간에도 등각도는 같다.

7 볼이 떨어지는 순간에도 머리 위치는 변함이 없어야 한다.

8 클럽을 계속 유지하는 것이 리듬이다.

체중을 왼쪽에 실어두어라

로프트가 큰 샌드 웨지와 클럽이 짧은 웨지의 경우 볼의 위치를 오른발 쪽으로 두어야 클럽이 다운 블로로 임팩트되는 순간 클럽의 로프트가 역할을 제대로 하게 되며 하향 타격도 쉬워진다. 좋은 임팩트를 위해 체중을 미리 왼발에 60% 정도, 상황에 따라서는 그 이상을 실어두는 것이 바람직하다.

스탠스는 오픈하라

칩 샷의 스트로크는 아주 짧은 시간에 이루어지므로, 임팩트 포지션을 전개할 시간적 여유가 없다. 그러므로 이미 임팩트가 되었다고 가정하며 셋업을 해야 한다. 발, 엉덩이 그리고 어깨의 정렬선은 타깃 방향으로 오픈해 두어야 한다. 또한 클럽 페이스를 대각선으로 백 스윙하여 인사이드 궤도로 가져가야 페이스 하단의 호젤 안쪽 홈선(groove) 부분으로 볼을 먼저 맞힐 수 있다. 이때 클럽 페이스를 대각선으로 비스듬히 가져가야 하기 때문에 오픈 스탠스가 적합하다.

양손의 위치는 볼보다 약간 앞서게 하라

칩 샷 자세 중에 가장 중요한 포인트이다. 임팩트가 되는 순간 클럽 헤드보다 양손이 먼저 지나가야 하기 때문에 준비 과정에서부터 양손이 볼보다 약간 앞쪽에 위치하면 임팩트가 편해지고 안정감이 생긴다. 왼쪽 바지 안쪽 주름선에 그립의 끝이 정렬되도록 하며 왼팔과 클럽 샤프트가 일직선을 이루도록 한다.

양 어깨의 위치를 다시 한 번 확인하라

양 어깨의 위치는 볼에 다가가서 어드레스를 했을 때 수평이라는 느낌이 들어야 한다. 왼쪽 어깨가 올라가 있으면 토핑과 같은 실수를 하게 된다. 웨지 샷에서는 체중을 왼발에 실어두고 있으므로 반드시 양 어깨가 수평을 유지해야 한다.

스탠스의 폭을 좁게 하라

적절한 스윙 템포로 정확하게 볼을 임팩트하기 위해서는 스탠스 폭이 좁아야 한다. 그래야 무릎의 굽힘도 부드러워지며 전반적으로 부드러운 칩 샷을 구사할 수 있다. 다리의 움직임은 최소화하고 무게 중심은 발의 안쪽으로 가져가며, 무릎을 너무 펴거나 곧게 세우는 것을 방심해서는 안 된다.

칩 샷의 루틴

볼이 놓여진 위치를 파악하라

클럽 선택이 결정되는 순간이다. 근거리에 볼이 놓인 상황이 좋다면 샌드 웨지나 웨지를 선택하여 홀과의 거리를 계산함으로써 공격 루트를 결정한다. 볼이 좋지 못한 상황에 놓여 있다면 피칭 웨지나 9번 또는 8번이나 7번 아이언을 선택해야 한다.

볼이 놓여진 라이에 맞게 어드레스하기 위해 준비하는 과정이 루틴이다.

그린 위로 걸어가 주변을 점검하라

그린 위로 올라가 홀의 위치를 파악하며, 그린의 언듈레이션(undulation)이나 홀 3m 내외의 기울기를 유심히 관찰한다. 짧은 거리라면 잔디의 결을 점검해보는 것이 좋으나, 잔디가 길게 자라 아주 느린 그린을 제외하면 한 번의 바운스가 있기 전까지 크게 신경을 쓸 필요가 없다.

거리를 정확히 계산하라

일반적인 방법은 자신의 걸음걸이로 남은 거리를 계산하는 것이 가장 좋다. 클럽이 선택되었다면 이 순간이 볼이 떨어지는 지점을 결정하는 때가 되기도 한다. 어니엘스(Ernie Els)는 자신이 샌드 웨지를 선택하여 칩 샷을 할 때 볼이 3번 바운스되어 남은 거리를 구르면서 홀을 향해 간다고 한다.

이미지를 그려보라

칩 샷을 하기 전에 미리 상상으로 샷을 해보면 실제 샷을 성공시키는 데 탁월한 효과가 있다. 또한 긴장되어 있던 몸의 경직이 풀어져서 여유를 갖게 된다. 볼로 돌아오는 길에 이러한 상상을 이미지로 그려보자.

연습 스윙은 실제와 비슷한 상황을 찾아라

칩 샷을 하기 전에 연습은 필수이다. 볼의 뒤로 물러나서 연습을 하며 준비하겠지만, 시간적 여유가 있다면 볼이 놓인 위치와 비슷한 상황을 만들어 연습하는 것이 가장 이상적이다. 많은 왜글링(waggling)은 손목을 부드럽게 풀어준다.

오른손으로 먼저 클럽을 볼에 가까이 붙여라

양손으로 그립을 취해 볼에 다가서면 왠지 몸이 경직되는 것이 느껴진다. 오른손으로 그립을 먼저 잡고 리딩 에지를 목표선보다 약간 오픈하여 다가서보자.

스탠스를 하여 하체의 무게로 지면을 누르듯
안정된 자세를 하라

샷을 할 때 몸의 균형이 무너지지 않도록 몸을 몇 번 흔들어 하체의 무게를 밑에 두는 동시에 긴장감을 풀어준다.

시선은 홀이 아니라 볼이 떨어지는 지점을 주시하라

집중력을 갖고 볼이 떨어지는 지점이 어디인지 다시 한 번 확인하여 그 지점을 응시한다. 그립을 잡은 상태에서 나사를 조이듯 몸을 다시 한 번 어드레스한다.

자신감을 가져라

자신이 생각하는 것보다 강하고 자신 있게 플레이를 한다. 모든 칩 샷은 3~4m 근거리를 제외하고는 생각보다 볼이 짧은 곳에 떨어진다. 어느 지점을 목표로 하되 목표 지점보다 1m 정도 홀쪽으로 더 가까이 볼을 붙인다는 느낌으로 샷을 한다.

긴장감이 많으면 어프로치는 실수가 된다. 몸통(하프 피벗)을 이용해 긴장감을 이기는 것이 어프로치의 기본이다.

Chapter 04

칩 샷 향상을 위한 연습 방법

오른발은 들고 모든 체중을 왼발 하나에 두고 연습하라

정확한 '콘택트(contact)'를 하기 위해 가장 좋은 연습 방법이다. 상체의 체중도 왼발에 실려 어깨와 팔의 '시계추 운동'을 느낄 수 있으므로 정확한 임팩트 연습이 되며, 자연스럽게 상체의 모든 힘이 빠지는 것을 느낄 수 있다. 오른쪽 발가락을 지면과 수직으로 세워 100% 모든 힘을 왼발에 두면 된다.

볼 뒤쪽으로 음료수 캔이나 작은 페트병을 세워두어라

볼 뒤쪽으로 30cm 정도 떨어진 곳에 캔이나 페트병을 놓고 백 스윙과 다운 스윙 시 각을 만들면 정확한 다운 블로를 연습할 수 있다.

골프 백을 옆으로 눕히고 오른발로 밟으며 연습하라

많은 투어 프로들이 경기 중에 휴식하면서 연습하는 방법이다. 클럽이 내려오는 각이 가파르게 되어 헤드업은 물론 스윙스루(swing through)를 연습할 수 있는 좋은 방법이다.

두 발을 모두 붙이고 스탠스를 하라

불필요한 하체의 움직임을 막기 위한 연습 방법이다. 이 방법으로 연습하면 손목을 전혀 사용하지 않고 어깨의 움직임만으로 스윙할 수 있다. 손목을 사용하지 않기 때문에 백 스핀이 적어 볼이 잘 굴러간다. 실전에서도 응용할 수 있으며 무엇보다도 부드럽고 쉽게 핀을 공략하는 칩 샷을 할 수 있다.

턱을 고정하라

칩 샷에 실수가 많다면 자세를 먼저 점검해볼 필요가 있다. 일반적으로 몸을 많이 움직이는 상황에서 실수가 많이 발생하기 때문이다. 혼자 연습을 하면 턱을 고정할 방법이 없지만 두 사람이 함께 연습할 수 있으면 클럽 샤프트를 턱 밑에 대고 연습해보라. 어드레스가 다시 한 번 타이트해지는 느낌과 더불어 정확한 타점이 만들어지는 것을 느낄 수 있을 것이다.

3번 우드로 칩 샷을 해보라

3번 우드는 주로 볼을 굴리는 상황에서만 선택하는 클럽이다. 그러나 3번 우드로 칩 샷을 하면 왼쪽 손목을 전혀 쓰지 않아도 되는 장점이 있으며, 볼이 클럽 샤프트와 일직선이 되어 편하게 스트로크된다. 퍼팅이 가능한 것은 물론 볼이 굴러가는 거리감이 생기며 특히 그린 주변 러프에서 탁월한 효과가 있다.

왼손만으로 칩 샷을 해보라

손목을 쓰지 않기 위해 노력해도 손목이 전혀 움직여지지 않는 것은 아니다. 그러므로 어느 정도는 손목을 쓰고 나머지 대부분은 팔만으로 스윙을 해야 한다. 칩 샷의 기술을 높이기 위해 왼손 하나만 써보자. 이때 중요한 점은 클럽이 무거워 제어가 안 된다면 자연스럽게 오른쪽 무릎을 타깃 방향으로 보내어 리듬을 타는 것이다. 근력이 좋으면 실전에서 클럽을 쉽게 스윙할 수 있을 것이다.

눈 감고 하는 연습 방법

이 연습은 감각을 발달시키고 칩 샷을 하는 동안 몸이 어떻게 움직이는가를 감지하는 데 도움이 된다. 눈을 감고 칩 샷을 하면 볼을 정확히 맞히기 어렵다. 그러나 그보다는 스윙을 할 때 주가 될 수 있는 손목을 꺾어주고 풀어주는 동작이 자연스럽고 매끄러운 타격을 가능하게 한다. 임팩트 순간 클럽을 어드레스 때의 위치로 다시 가져가도록 해본다.

클럽을 볼 위에 들어 임팩트를 가정해본다.

임팩트 연습을 위해 몸의 위치를 점검해보아야 한다.

팔로스루의 크기를 미리 고려해보면 좋은 결과를 얻을 수 있다.

균형을 잡는 연습도 필요하다. 상체는 반드시 타깃을 향해야 한다.

50개의 볼 연습

한 곳에 목표를 정한 후 50개의 볼을 반복하여 칩 샷하는 방법이다. 이 방법은 시합 때만 연습하지 말고 평소 습관으로 굳혀야 한다. 정확하게 자세를 취해 연습하기보다는 아무 생각 없이 그냥 여러 가지 자세로 편하게 칩 샷을 해보라. 많은 투어 프로들이 칩 샷으로 연습 그린에 볼을 모으는 모습을 자주 볼 수 있는데, 이들은 수백 개의 볼이 여기저기 흩어져 있을 때 아무 생각 없이 중앙의 한 지점으로 볼을 때려서 모은다. 아무 생각이 없는 듯 다리와 손목, 양팔을 자연스럽게 움직이는 것 같은데 칩 샷이 더 정확하다는 사실을 알면 놀라게 될 것이다.

꾸준하게 연습하라

타이거 우즈가 쇼트 게임 연습에 쏟는 시간은 일반 골퍼들의 상상을 초월할 정도이다. 타이거 우즈는 좋지 않은 샷을 만회하는 능력과 자신감, 감각을 기르려면 다른 골퍼들보다 쇼트 게임에 강점을 두는 것이 좋다고 판단했다.

골퍼라면 비거리를 늘리는 방법만 찾지 말고 쇼트 게임에도 시간을 반드시 할애해야 한다. 무엇보다도 감각을 필요로 하는 것이 칩 샷이다. 한 번에 많은 연습을 하기보다는 시간이 짧더라도 꾸준하게 반복적으로 연습하는 것이 중요하다. 주변 모든 것을 연습 도구로 사용할 수 있다는 것을 기억하라.

Chapter 05

오르막 칩 샷과 내리막 칩 샷

오르막 칩 샷

경사도를 우선 점검하라

오르막 경사가 가파른 경우는 일반적인 샷을 할 때처럼 어깨 위치를 지면과 수평이 되게 하고 체중을 오른발에 두어야 한다. 볼을 어느 정도 띄워 플레이할 필요가 있기 때문이다. 낮은 오르막 경사는 어깨를 지면에 맞추기보다 스탠스를 편하게 하며 체중을 왼발로 가져가고 볼을 낮게 띄워 핀을 공략하는 것이 좋다.

볼의 위치를 점검하라

오르막이 가파른 경우 볼을 오른발 쪽으로 너무 많이 가져가면 클럽의 리딩 에지가 경사도에 깊게 임팩트되어 볼이 빠르게 튀어 나가는 현상이 생긴다. 가파른 오르막 경사에서 볼은 스탠스 중앙으로부터 왼쪽에 두어야 한다. 가파르지 않은 일반적인 경사에서는 볼을 오른발 쪽에 두는 것도 지혜로운 방법이다.

셋업에서의 양팔 위치

경사가 가파른 경우는 볼을 스탠스 중앙이나 왼발 쪽에 둔다. 클럽을 잡은 양손도 편하게 스탠스 중앙에서 그립 끝부분까지 왼쪽 다리 안쪽에 두고 스윙의 크기를 고려하여 셋업을 결정한다. 또한 부드러운 스윙을 고려하여 양팔과 볼의 위치를 정한다.

클럽의 선택

일반적으로 샌드 웨지를 선택하지만, 경사가 가파른 경우는 지형에 따른 로프트(de-loft)가 더 크므로 52도 웨지를 선택해도 무난하다. 핀의 위치가 그린 앞에 있다면 샌드 웨지가 좋겠지만, 그린 시작부터 볼이 굴러가는 공간이 있다면 52도 웨지를 선택해도 가

파른 오르막에서는 무난하다. 샌드 웨지를 선택한다면 클럽 페이스를 오픈하는 것보다는 약간 닫는 방법을 시도해본다.

볼이 구른다는 것을 기억하라

오르막에서는 볼이 그린에 떨어진 후 제어력이 생기기보다는 롤링이 많아진다. 볼을 곧바로 멈춰 세우려면 탄도를 높이는 것이 바람직하며, 볼이 안전하게 굴러가게 하려면 볼의 구르기를 반드시 계산해서 볼이 떨어지는 지점을 찾아야 한다.

힘 조절

가파른 오르막에서 샌드 웨지를 선택한 상황에서는 자신이 생각하는 것보다 임팩트를 강하게 하고 스윙을 크게 하는 것이 좋다. 오르막은 실제보다 거리가 짧게 느껴지므로 부드럽게 스윙하다가는 볼이 생각보다 덜 뜨게 되어 실수할 확률이 높기 때문이다.

스윙의 순서

볼의 라이와 홀의 거리를 점검한다. ➡ 스탠스는 오픈한다. ➡ 지면과 어깨가 평행이 되도록 한다. ➡ 경사도에 따라 체중을 분배한다. 대부분은 오른발 중심과 축이 스윙의 주가 된다. ➡ 거리에 맞는 크기로 스윙을 연습한다. ➡ 팔로스루를 높고 길게 가져가며, 실제 거리보다 1/3 정도 더 크게 스윙한다. ➡ 헤드업을 조심하며 볼이 멈출 때까지 피니시를 오래 유지한다.

내리막 칩 샷

에이밍 점검과 내리막은 어려운 칩 샷이라고 생각하라

내리막 라이의 칩 샷은 상당히 어렵다. 그 상황을 받아들여야 더 큰 실수를 하지 않는다. 경사도를 점검하여 스탠스를 해보고 목표 방향을 핀보다 15도 내지는 경사도에 따라 왼쪽으로 많이 에이밍(aiming)해야 한다.

볼의 위치와 스탠스

경사도가 심한 내리막일 경우 거의 모든 것이 오르막일 때와 반대가 되고 로프트가 더

1 어깨가 발가락에 놓이도록 한다.

2 샤프트가 타깃과 수평을 이룬다.

3 어드레스와 같은 등각도이다.

4 클럽을 안쪽으로 리드한다.

5 떨어지는 순간에도 머리는 움직이지 않는다.

6 볼이 멈출 때까지 동작을 멈추어 있는 것이 좋다.

크게 생긴다. 심한 내리막 경사에서는 볼을 오른발 바깥쪽으로 두어도 좋다. 일반적인 칩 샷보다 스탠스를 넓게 하여 자세를 낮추도록 하며, 가파른 내리막이라면 양 무릎의 높이를 같게 하되 왼발로 체중을 버티고 서는 것도 좋은 방법이다.

클럽을 과감하게 선택하라

샌드 웨지는 페이스가 열려 있기 때문에 토핑을 유발할 확률이 높다. 페이스를 닫거나 상황에 따라 피칭 웨지 또는 52도 웨지를 선택하는 것이 좋으나, 롤링이 많아지기 때문에 샌드 웨지를 최대한 땅에 가까이 하여 샷을 하는 것이 중요하다. 스핀양도 매우 많아지기 때문에 홀을 직접 공략해도 좋다.

체중을 왼발에 두어 상체를 지면과 평행하게 하라

내리막 라이에서 하는 동작은 오르막 라이에서 하는 동작과 반대가 된다고 생각하라. 경사도가 심할수록 목표선은 왼쪽이 된다. 샷을 하는 중간에는 체중 이동이 없어야 한다.

지면에 다운 블로로 스윙하라

이 샷은 클럽을 반드시 들어올리기보다 내리막 지형에서 클럽 솔 부분이 그대로 유지된다 생각하고 지면에 다운 블로할 때 가장 좋은 결과가 나온다. 그래서 팔로스루를 절대로 높게 가져가면 안 되고, 지면을 따라 낮게 스윙하거나 왼쪽 옆구리 쪽으로 클럽을 미리 잡아낭기며 팔로스루를 하는 것도 좋은 방법이다.

무릎을 상하로 너무 움직이지 마라

리듬을 타기 위해 무릎을 이용해 리드하면 실수를 할 수 있으므로 팔만 이용하여 스윙한다. 결과를 미리 보려하면 헤드업이 되기 쉬우므로 몸을 최소한 적게 움직여야 한다.

스윙의 순서

볼의 위치를 점검하고 경사도를 살펴본다. ➡ 클럽 없이 자세를 취해 체중을 분배한 후 스윙을 연습해본다. ➡ 목표선이 왼쪽으로 향하게 셋업을 한다. ➡ 스탠스를 넓게 해야 하는 가파른 경사면이라고 한다면 왼발에 체중을 싣고 오른쪽 무릎을 굽혀 왼발에 수평이 되게 한다. 단, 이 샷에서도 헤드업은 절대 금물이다. ➡ 팔로스루를 높게 가져가기보다는 지면을 그대로 낮게 쓸어치듯이 스윙하며 마지막까지 상체를 낮춰준다.

Chapter 06

오르막 옆 라이와
내리막 옆 라이

오르막 옆 라이

볼에 약간 멀리 서서 스탠스를 하라

정상적으로 스탠스를 하면 볼과 상당히 가까운 위치가 된다. 그러면 스윙이 불편해지고 정확한 임팩트를 할 수 없게 된다. 그러므로 볼에 멀리 서서 스윙의 폭을 유지하는 것이 좋다. 클럽 없이 스탠스를 해본 후 클럽을 잡고 실제로 스윙할 수 있는 여유 시간을 만들어야 한다. 스탠스를 하면서 균형있고 안정감 있는 스윙을 확보하는 것이 중요하다.

볼은 스탠스 중앙에 놓아라

가까운 거리에서는 볼을 오른발 쪽에 두어도 상관없지만, 일반적으로는 스탠스 중앙에 위치시킨다. 스윙이 플랫해지기 때문에 볼을 오른발 쪽에 두면 생크가 되거나 왼쪽으로 많이 휘어진다.

옆 라이에서 샷이 어려운 것은 볼이 똑바로 날아가는 것이 아니라 '휘어지기 때문'이다. 경사도에 따라 스윙의 톱이 자연스럽게 플랫해지거나 업라이트해지기 때문에 볼의 위치가 상당히 중요하다. 플랫한 스윙을 할 경우 볼의 위치는 스탠스 중앙이 좋으며, 내리막에서처럼 업라이트가 자연스럽게 된다면 오른발 쪽에 두어야 한다.

체중은 발뒤꿈치와 왼발에 두고 균형을 잡아라

체중을 왼발에 두는 것은 내리막에서 샷을 할 때와 같지만, 이 경우에는 발끝에도 체중이 실리도록 해야 한다. 그래야 균형이 잡히기 때문이다.

클럽을 짧게 쥐고 경사에 따라 스윙하라

볼에 멀리 있더라도 볼이 있는 곳의 경사도 때문에 볼과 거리가 상당히 가까워질 수 있다. 이때는 클럽을 짧게 쥐고 하체로 리드하기보다는 상체로 스윙하는 것이 샷을 성공하는 데 훨씬 유리하다. 경사도 때문에 스윙도 플랫해지므로 길게 그립하여 스윙하면 임팩트가 정확하게 되지 않는다. 백 스윙이 플랫한 경우는 그립을 짧게 쥐어야 한다. 그립을 조금 길게 하는 것이 편하다면 손목으로 각을 만들어 클럽 솔 부분을 지면과 수평이 되게 해야 한다. 이것은 풀 샷을 할 때와 마찬가지이다.

목표선은 오른쪽을 겨냥하라

볼은 경사도의 방향으로 휘어진다. 이 말은 발보다 볼이 높은 곳에 있는 경우 오른쪽에서 왼쪽으로 볼이 휘어진다는 의미이다. 목표선은 오른쪽으로 보는 것이 당연하다. 볼이 스탠스보다 높게 위치해 있다면 목표선을 더 오른쪽으로 옮겨야 한다.

발뒤꿈치를 이용해 중심축을 잡아본다. 클럽 헤드의 밑면을 지면에 거의 닿도록 해야 한다.

스윙을 강하게 하라

클럽을 짧게 그립했고 경사도로 볼이 상당히 가깝게 위치해 있기 때문에 스윙의 폭이 좁아진다. 오르막 경사에서처럼 이 경우도 볼을 좀 더 강하게 스트로크해야 한다. 정상적인 샷을 할 때도 하체보다는 상체로 스윙하기 때문에 비거리가 작다는 것을 응용해보기 바란다.

TIP

로프트가 적은 클럽을 사용하면 볼이 왼쪽으로 가는 빈도가 많다는 것을 염두에 두어야 한다. 플랫한 스윙이라면 볼이 왼쪽으로 날아가므로, 클럽이 오른쪽을 향해야 한다는 것을 잊지 말기 바란다.

내리막 옆 라이

볼에 가까이 서며 스탠스를 하라

볼이 발보다 낮은 위치에 있기 때문에 볼에 가까이 서서 상체를 볼 쪽으로 낮추어 어드레스해야 정확하게 가격하기 쉽다. 이때 가장 중요한 것은 스윙 시 균형이 흐트러져서는 안 된다는 점이다. 스탠스도 어느 정도 넓게 하는 것이 중요하다. 허리를 굽혀 균형을 잡아야 하기 때문에 볼에 가까이 서야 한다는 것을 기억하라.

체중을 왼발에 실어라

볼이 경사도를 따라 왼쪽에서 오른쪽으로 휘어지는 라이이다. 그러므로 왼발에 무게 중심을 두고 목표선으로 향해야 한다. 아울러 앞쪽 허벅지에 상당한 힘을 싣되 경사도에 따라 체중이 앞쪽으로 너무 쏠리지 않게 셋업해야 한다.

허리를 약간 깊게 굽혀라

볼이 낮기 때문에 자연스럽게 이 자세를 해야 하는 상황이다. 등각도에 힘을 줄 필요가 없고, 상체는 체중을 버티며 별 무리 없이 자연스럽게 경사도에 순응하는 부드러운 자세를 해야 한다. 많은 투어 프로들도 이런 경우는 무릎을 많이 구부리며 샷을 한다. '언이븐 라이(uneven lie)'에서는 자신을 처해진 상황이나 지면에 편안하게 내어 맡기는 것이 현명하다.

왼쪽을 겨냥하며 자세를 취하라

경사도에 비구선이 정해진다면 그것은 왼쪽에서 오른쪽으로 휘어지는 라이이다. 경사도에 따라 목표 방향을 왼쪽으로 더 많이 에임하는 경우도 생긴다. 무릎의 높이가 문제 해결에 가장 중요한 부분이 되기도 하며, 스탠스를 넓게 하는 것이 좋은 라이가 되기도 한다. 클럽 페이스를 의식하게 되기도 하는데, 클럽 페이스를 오픈하기보다는 안전하게 직각이 되게 하거나 어느 정도 닫아서 스윙하는 것이 바람직하다.

스윙을 부드럽게 하라

그립을 길게 잡았기 때문에 스윙이 커지므로 비거리가 의외로 많다. 이 경우는 오르막 옆 라이일 때와 반대로 스윙 속도를 줄여야 한다.

볼의 위치가 발보다 매우 낮을 경우

그립 끝으로 왼손이 나올 정도로 그립을 길게 잡아라

이것은 볼과의 거리 문제이다. 클럽이 볼에 정확하게 임팩트되어야 하기에 그립을 길고 강하게 잡을 필요가 있다. 왼손 안쪽으로 그립 끝이 놓이기 때문에 평소보다 헤드의 무게가 무거워지며 스윙의 크기가 커지므로, 그립을 잡은 왼손 끝은 어느 정도 클럽을 통제할 수 있을 정도로 힘을 주어야 한다.

TIP

헤드업이 생각보다 많아진다. 스윙 시 상체가 앞으로 쏠리기 때문에 앞으로 쏠렸던 상체를 임팩트 전에 들어 올리려고 하다가 상체가 들리면서 자연스럽게 머리도 들리기 때문이다. 그래서 스탠스를 넓게 해야 한다.

1 무릎을 구부려 가장 편안한 어드레스를 한다.

2 체중의 균형이 무너지지 않도록 백 스윙한다.

3 양손이 자신의 무릎에 가까이 지나가는 것이 좋다.

4 궤도를 안쪽으로 가져가고 있다.

5 팔만을 이용한 릴리스가 도움이 된다.

6 상체 등각도가 계속 유지된다.

7 머리가 볼을 향하는 것이 자연스럽다.

Chapter 07

러프에서 굴리는 칩 샷

클럽의 선택은 단순하다

러프에서는 샌드 웨지나 52도 어프로치 웨지 외에는 선택하지 않는다. 핀까지의 거리가 많이 남아 있는 경우나 잔디의 결이 반대로 누워 있는 경우 피칭 웨지까지는 사용해도 무방하나 그 외에 다른 클럽은 피하는 것이 좋다.

볼은 스탠스 중앙에 위치하게 하라

러프가 깊지 않다면 볼을 오른발 쪽으로 조금 옮기는 것도 무방하지만, 일반 러프 플레이에서는 스탠스 중앙에 두는 것이 좋다. 볼을 직접 가격할 수 없으므로 볼을 에워싸고 있는 볼의 뒤쪽 잔디를 임팩트하는 것이 안전하기 때문이다. 볼을 오른발 쪽에 두면 오히려 잔디의 저항을 더 이겨내지 못하여 클럽이 감기게 된다.

몸의 정렬선과 클럽 페이스를 모두 오픈하라

클럽이 임팩트되어 잔디의 저항을 어느 정도 이기고 부드럽게 빠져 나가게 하기 위해서는 신체의 정렬선이나 클럽의 헤드를 열어두어야 한다. 그렇지 않으면 잔디의 저항으로 클럽이 릴리스되지 못한다.

반드시 코킹하라

백 스윙을 가파르게 코킹하며 가져간다. 백 스윙 시 클럽 헤드가 잔디에 걸리지 않아야 하며, 클럽이 내려오는 각도가 가파르고 헤드에 무게가 실려야 잔디에 묻혀 있는 볼을 어느 정도 튀어 오르게 할 수 있기 때문이다.

왼손으로 그립을 강하게 잡아라

오른손 그립이 너무 강하면 잔디의 저항을 이기지 못하고 클럽이 잔디에 감기게 되는 확률이 높아진다. 왼손의 가운뎃손가락부터 새끼손가락에 이르는 세 손가락으로 강하게 그립을 했을 때 헤드의 무게감은 물론 저항을 부드럽게 이겨낼 수 있다. 러프가 깊고 억센 경우 임팩트 시 오른손을 놓아버리고 클럽을 릴리스하는 경우를 브리티시 오픈(The British Open)이나 러프의 길이가 가장 긴 US 오픈(US Open)에서 종종 보곤 한다. 클럽을 쥐어 위아래로 왼손을 움직여보자.

벙커 샷과 같은 방법으로 임팩트를 하라

러프에 볼이 놓인 상황에 따라 임팩트의 타점이 달라질 수 있다. 볼이 2/3 이상 잠겨 있는 경우는 깨끗하게 임팩트할 수 없기 때문에 대부분 선수들이 볼의 뒤에 있는 잔디를 가격하는 방법을 선택한다. 벙커에서와 같은 테크닉을 구사하는 것이다. 벙커는 클럽의 리드가 부드럽게 진행되지만, 이 경우에는 클럽이 잔디의 저항을 받아 여러 가지 실수를 할 수 있는 것이 다른 점이다. 벙커에서는 볼을 바로 멈춰 세울 수 있지만, 러프에서는 어느 정도 런을 계산해야 하기 때문에 사실 볼이 정확하게 떨어지는 지점을 찾기 어렵다. 하지만 볼의 뒤쪽 잔디를 치는 것은 벙커에서 플레이할 때와 비슷하다.

팔로스루를 짧고 길게 하라

팔로스루를 길게 하는 것은 어렵다. 가장 큰 원인은 잔디의 저항 때문이다. 임팩트 시

부드러운 그립이 좋다.　　　　클럽 헤드가 잔딧결에 걸리지 말아야 한다.　　　　러프가 깊다면 클럽 헤드의 무게를 이용하는 스윙이 되어야 한다.

볼을 가격하는 시간이 러프 플레이에서는 절대로 길어서는 안 된다. 짧은 임팩트를 만들어내야 러프에서 볼이 빠져 나오기 때문이다. 임팩트가 길면 볼이 감길 확률이 높아질 뿐이다. 여성이 러프 플레이를 어려워하는 것은 바로 이 이유일 것이다. 짧은 임팩트는 짧은 팔로스루를 해야 한다.

잔딧결에 따른 샷 요령

1 한국형 금잔디나 중지에서의 러프 플레이는 하기가 힘들다. 잔디의 뿌리가 약하고 잎이 넓어 한 여름 러프는 특히 플레이하기 어렵다. 클럽은 샌드 웨지를 선택해야 하는데, 그 중에서도 특히 바운스가 둥글고 솔이 넓은 것이 효과적이다. 한국의 잔디는 위로 서 있는 것이 특징이므로, 특히나 예각으로 다운 스윙을 주도해 임팩트해야 한다.

2 양잔디라고 부르는 벤트나 벤트 크리핑과 같은 러프는 볼을 반 정도만 감싸고 있다면 큰 문제가 되지 않지만, 그 이상을 감싸 볼이 보이지 않을 정도라면 플레이 자체가 어렵다. 런이 한국형 잔디보다 빠르게 되기 때문에 볼이 떨어지는 지점을 정확히 맞추기가 어렵다. 그래서 왼손 그립 가운뎃손가락부터 새끼손가락까지 세 손가락의 악력이 상당히 중요하다.

3 러프 위에 볼이 떠 있는 경우는 클럽을 짧게 그립하여 볼만을 임팩트해야 한다. 정상적인 길이의 그립을 하면 클럽 페이스가 볼 밑으로 진행되어 클럽 페이스 중앙보다 위쪽 부분에 볼이 맞기 때문에 클럽을 짧게 쥐는 것이 이상적이다.

4 러프가 핀 쪽으로 누워 있는 경우 런이 많이 발생한다. 볼을 지면과 수평으로 쓸어 치면 되지만, 많은 런으로 거리를 맞추기란 사실 어렵다. 또한 볼만을 의식하다 보면 오히려 토핑이 많이 나오는 샷이 되기도 한다. 그러므로 약하게 스트로크해야 한다.

5 러프가 핀의 반대쪽으로 누워 있는 경우는 피칭 웨지 정도의 클럽을 사용한다. 임팩트 순간 러프의 결에 클럽이 걸리기 때문에 팔로스루를 반드시 가져가는 연습 스윙을 반복한다. 임팩트 순간 클럽을 놓아 릴리스하는 장면이 많이 보이는데, 잔디의 결이 반대로 누워 있는 대부분의 경우에 플레이어의 감각을 엿볼 수 있다. 이때는 강하게 스트로크해야 한다.

6 볼이 보이지 않을 정도의 러프에서는 그립을 강하게 잡기보다 거의 클럽을 놓아준다는 기분으로 잡고 헤드의 무게를 이용해 그곳을 탈출해야 한다. 백 스윙도 가파르게 가져가 예각으로 임팩트하여 볼을 튀어 오르게 해야 한다. 또한 이처럼 깊은 러프에서는 클럽 헤드를 쌀짝 들어주어야 한다. 클럽을 잔디에 얹어 어드레스하다 보면 볼이 움직여 벌타를 받게 되므로 클럽 헤드를 들어 부드럽게 스윙해야 한다.

Chapter 08

12룰과 칩 퍼트 테크닉

12룰의 정의

12룰은 12라는 절대 숫자에서 웨지를 제외한 아이언의 번호를 뺀 후 분수로 환산하여 거리를 계산하는 방법이다. 예를 들어, 칩 퍼트에 사용하는 클럽이 8번일 경우 '12 - 8'을 하여 나온 숫자 4를 1/4로 환산한다. 그리고 볼을 남은 거리의 1/4에 떨어뜨리면 3/4이 굴러간다고 계산한다. 이러한 방식에 대입하면 9번 아이언을 사용할 경우 볼을 남은 거리의 1/3(12 - 9 = 3 → 1/3)에 떨어뜨려 2/3를 굴러가게 함으로써 목표점에 보낼 수 있다. 샌드 웨지는 볼을 남은 거리의 2/3에 떨어뜨려 1/3이 굴러가게 하고, 피칭 웨지는 남은 거리의 1/2에 떨어뜨려 1/2을 굴러가게 하여 깔끔하게 처리할 수 있다.

칩 퍼트

정의

칩 퍼트란 '칩 샷과 퍼트'의 합성어이다. 넓게는 칩 샷이라고 봐야 하지만, 선택한 아이언을 퍼팅 스타일로 스트로크하는 것을 의미한다. 이 샷은 매우 안정감이 있으며, 자신의 발걸음을 세어서 구사하기 때문에 매우 하기 쉽다. 특히 맨땅이나 벙커가 아닌 그린 주변에 모래가 많은 상황에서도 매우 안전하고 탁월한 샷을 할 수 있다.

기본자세

볼이 그린 에지에서 얼마 안 떨어져 있는 경우에는 일반적인 퍼팅으로 쉽게 처리할 수 있는 '칩 퍼트' 기술을 사용하는 것이 좋다. 미들 아이언이나 쇼트 아이언을 사용해도 어느 정도의 롤과 탄도로 핀을 공략할 수 있어서 안전하며, 그린 주변에 스프링 쿨러

와 같은 장애물이 있어도 문제가 없다. 볼을 낮게 띄울 수도 있기 때문에 정확도가 매우
높다.

- 그립은 자신이 가지고 있는 퍼팅 스타일로 한다. 일관성을 유지하기 위해서이다.
- 컨트롤을 위해 그립을 짧게 잡는다.
- 오픈 스탠스를 좁게 한다. 퍼터보다 긴 클럽이지만 안정감이 있다.
- 몸은 롱 퍼팅을 할 때처럼 낮추고 머리는 볼 바로 위쪽에 둔다.
- 어깨는 목표선과 평행하게 한다.
- 체중을 왼쪽에 두어 몸을 약간 목표 쪽으로 기댄 듯이 한다.
- 어깨와 팔로 시계추 스트로크를 한다.
- 그립은 가볍게 한다. 다운 스윙을 할 때는 왼쪽 손목이 타깃 쪽으로 약간 접히거나
  전체적으로 손목이 수동적이어야 한다.

TIP

클럽 헤드를 세우면 헤드 토 쪽이 볼 밑으로 더 들어갈 수 있는 공간이 생기므로 맨땅이
나 모래 위와 같이 좋지 않은 상황에서 칩 퍼트를 하면 효과적이다.

Chapter 09

토핑 샷의 원인과 교정

클럽 헤드의 무게가 적절히 분배되지 않거나 심한 긴장감이 생기면 호흡에서부터 변화가 나타난다. 불규칙한 호흡은 기본자세를 흐트러트리며, 몸의 중심을 무너뜨리고, 그립의 악력에 영향을 주므로 헤드의 무게감을 둔하게 하여 많은 토핑을 유발하는 원인이 된다. 손목의 지나친 사용은 반드시 억제해야 하며, 기본자세를 연습하는 것은 물론 헤드의 무게감을 빠르게 느낄 수 있도록 감각적인 훈련을 해야 한다. 토핑은 잔디의 종류가 다를 때에도 자주 나타난다. 일반적인 한국형 잔디보다는 벤트그라스나 버뮤다와 같은 양잔디 종류에서 볼이 타이트하게 놓여 처리하기가 익숙하지 않을 때 토핑이 나는 경우가 종종 있다.

스탠스가 볼에서 너무 멀리 있는 경우

몸과 손의 간격이 주먹 하나 정도가 되도록 일정하게 유지하며 그립의 길이를 점검해야 한다. 웨지를 사용할 때는 그립을 잡은 양손을 셋업 시 가급적 허벅지에 가까이 두는 것이 좋다.

임팩트 시 왼쪽 어깨가 들린 경우

상체의 자세를 10~15도 정도 오픈하여 셋업함으로써 왼쪽 어깨를 들리지 않게 해야 한다. 왼쪽 어깨가 들리면 클럽의 리드도 다운 블로에서 자연스러운 어퍼블로가 되기 때문에 토핑이 쉽게 발생한다. 쇼트 게임에서는 다운 블로로 스트로크해주는 것이 첫 번째 지혜임을 알아야 한다.

볼의 위치를 지나치게 오른발 쪽에 둔 경우

피치 샷이 아닌 칩 샷에서는 볼의 위치를 오른발 안쪽에 두는 것이 가장 이상적이다. 볼을 지나치게 오른쪽으로 두면 토핑이 나오거나 심한 경우 생크가 되기도 한다. 지형적인 라이에서의 경우가 아닌 일반적인 평지에서는 오른발 안쪽에 볼을 두어 어느 정도 다운 스윙에서 임팩트가 이루어지도록 해야 한다.

체중을 지나치게 뒤에 실은 경우

좋은 어프로치 임팩트는 상체의 무게를 앞으로 두어 리드하는 클럽 헤드의 무게를 느끼게 해주는데, 스윙이 이루어지는 동안 체중이 지나치게 뒤에 있으면 볼과의 거리가 자연스럽게 멀어져 토핑의 원인이 되기도 한다. 그러므로 허벅지 앞쪽에 체중을 두어야 하며, 몸 안쪽으로 쏠리는 느낌으로 스윙을 해야 한다. 볼을 발뒤꿈치로 밟아 체중의 쏠림이 느껴질 때 상체의 회전과 클럽 헤드의 무게감이 느껴지기 때문에 좋은 샷이 이루어진다.

팔과 손목에 힘이 너무 들어간 경우

그립을 부드럽게 잡아 클럽 헤드의 무게를 최대한 느껴야 한다. 긴장하면 자신도 모르게 그립을 세게 잡게 되는데, 그러면 유연성도 그만큼 사라지고 심한 토핑이 생기므로 그립을 잡은 팔과 손목을 가장 부드럽게 유지해야 한다. 그립을 세게 잡은 경우 짧게 잡은 그립을 풀어 길게 잡고 유연성과 헤드의 무게감을 느끼는 연습을 먼저 해야 한다.

임팩트 시 스쿠핑 현상이 나타나는 경우

스쿠핑(scooping)이란 임팩트 이후 왼쪽 손목이 접히는 현상을 말한다. 치핑 시 어드레스는 소문자 y 형태가 되게 하는데, 임팩트 시 클럽이 볼을 맞히는 순간보다 양 손목이 먼저 볼이 있는 지점을 지나가게 하기 위해서이다. 왼쪽 손목이 꺾이거나 접히면 즉 스쿠핑 현상이 나타나면 심한 토핑이 된다. 왼쪽 손목에 나무와 같은 버팀목을 대어 손목이 접히지 않게 하는 것이 스쿠핑을 방지하는 가장 좋은 방법이다.

그립을 지나치게 짧게 잡은 경우

그립을 짧게 쥐는 이유는 컨트롤 때문이다. 불안 요소가 생기면 더욱 짧게 그립을 잡게 되는데, 이 경우 볼과의 거리가 그만큼 가깝게 되기 때문에 토핑의 원인이 되기도 한다. 그립을 짧게 잡는 것이 심리적으로 편하다면 볼과의 거리도 가깝게 해야 한다.

다운 스윙이 빠르게 된 경우

얇은 층의 근육을 이용한 쇼트 게임에서는 일정한 템포의 다운 스윙이 우선되어야 한다. 주말 골퍼나 반복 연습을 하지 않는 사람의 경우 긴장감이 생기고 스윙의 템포가 빨라져서 토핑의 원인이 된다. 그러므로 늘 같은 크기와 같은 템포로 스윙을 할 수 있도록 반복하여 연습해야 한다.

그립을 강하게 잡은 경우

골프를 하는 중에 긴장감이 생길 때 가장 보편적으로 나타나는 증상이 그립을 강하게 잡는 것이다. 그립을 강하게 잡으면 클럽 헤드의 무게감이 가벼워지기 때문에 스윙 템포도 빠르게 되어 토핑의 원인이 된다. 그러므로 그립을 느슨하게 잡고 클럽 헤드의 무게감을 늘려나가는 연습을 반복해야 한다.

어드레스 시 상체가 너무 많이 세워져 있는 경우

어드레스 시 상체가 너무 많이 세워져 있으면 볼과의 거리가 멀어지기 때문에 토핑이 유발된다. 반대로 상체를 심하게 앞으로 낮추는 자세는 뒤땅의 원인이 되기도 한다. 엉덩이에 체중을 실어 상체가 서게 되는 경우도 발생하므로, 기본적인 자세에서 적절한 상체의 등각도가 제대로 유지되었는지도 점검해보아야 한다.

체중이 오른발에 실린 경우

쇼트 게임에서 왼발에 체중을 두고 볼의 위치를 오른발 쪽에 두는 이유는 클럽이 내려오는 각도에서 좋은 임팩트가 이루어지기 때문이다. 52~60도 사이의 웨지를 사용하여 좋은 임팩트를 만드는 최적의 조건은 체중을 적절히 분배하는 것과 다운 스윙 시 임팩트가 이루어지게 하는 것이다. 셋업 시 왼발에 체중을 두는 습관을 길러야 한다.

플레이에 여유가 없는 경우

그린 주변 플레이는 여유를 가지는 것이 좋다. 여유는 볼을 구사하는 여러 가지 상상을 가능하게 하며, 호흡도 고르게 한다. 또한 알맞은 스윙 템포를 유지하는 데 많은 도움을 준다. 한 번의 결정이 긴 샷에 도움이 된다면 그린 주변에서는 다시 한 번 신중하게 생각하는 것이 바람직하다.

Chapter 10

뒤땅성 샷의 원인과 방지 요령

치핑에서의 실수

그라운드 상황이 좋지 못한 경우를 제외하면 심리적 부담이 클 때 뒤땅성의 실수가 많아진다. 자신 있게 스윙을 하지 않거나 특히 임팩트 직전에 머뭇거리면 바로 뒤땅성 샷의 원인이 된다. 토핑 샷이 심리적 부담감이 커서 스윙이 빠른 속도로 이루어지는 동안 나타나는 실수의 유형이라면 뒤땅성 샷은 자신 있게 스윙이 진행되지 않는 경우에 나타나는 실수의 유형이다.

볼과 너무 가까이에서 스탠스를 하는 경우

클럽을 잡은 양손과 몸의 간격은 주먹 하나 정도가 가장 이상적이다. 이 공간이 너무 좁으면 클럽 솔 부분 특히 힐 사이드가 임팩트 직전에 먼저 볼에 접근하면서 심한 뒤땅성 샷을 유발한다. 볼과의 적절한 거리를 유지하면서 그립을 짧게 내려 잡고 어드레스해야 한다.

임팩트 시 오른쪽 어깨가 너무 떨어지는 경우

왼쪽 어깨가 들려 토핑이 나타날 수도 있지만, 이 상황은 이미 클럽이 볼에 맞아 뒤땅이 이루어졌다고 봐야 한다. 임팩트 시 상체를 낮추고 있더라도 양 어깨는 수평 회전을 해야 한다. 이때 스윙 센터를 기준으로 양 어깨가 늘 대칭을 이루며 회전하도록 해야 한다.

스윙이 이루어지는 동안 지나치게 체중을 앞에 두는 경우

흔히 발가락에 체중이 쏠려 있는 경우라고 표현한다. 그만큼 상체를 지나치게 앞에 둔 결과 볼과의 거리가 가까워져서 다운 스윙 시 임팩트가 너무 깊게 되어 뒤땅으로 이어진다. 그러므로 발뒤꿈치에 체중을 실어 상체를 세워야 한다. 지나치면 모자람만 못하고 과하면 약이 되기보다 독이 되는 법이다.

그립을 느슨하게 쥐거나 손목이 휘청거리는 경우

클럽 헤드의 무게감을 지나치게 많이 느끼게 되는 경우이다. 손목이 휘청거릴 정도가 된다면 다운 스윙이 상당히 가파르게 되어 뒤땅성 샷이 되기도 한다. 그립을 세게 쥐어야 하므로, 양손 바닥과 그립 사이에 공간이 생기지 않을 정도로 정밀하게 잡는 연습을 해야 한다. 손목이 휘청거리지 않게 하기 위해서는 지면에 수평으로 쓸어 치는 타법을 구사해 보는 것도 좋다. 특히 오른손 바닥의 생명선이 왼손의 엄지손가락을 감싸며 떨어지지 않게 그립을 강하게 쥐는 것이 좋다.

백 스윙 시 손목을 너무 많이 사용하는 경우

벤트그라스와 버뮤다 같은 잔디에서는 가파른 다운 스윙을 하는 것이 좋지만, 한국형 잔디에서는 손목 사용을 자제하는 것이 플레이에 훨씬 유리하다. 라이가 타이트한 양잔디보다는 한국형 잔디에서는 볼이 많이 떠 있기 때문인데, 흔히 말하는 얼리 코킹(early cocking)을 한국형 잔디에서는 자제하는 것이 뒤땅성 샷을 방지할 확률이 높다. 지나치게 손목을 많이 사용하면 클럽 헤드 중앙으로 볼을 맞히고 리딩 에지로 그라운드를 먼저 맞히게 되므로 뒤땅성 샷의 원인이 된다.

임팩트 시 스쿠핑 현상이 생기는 경우

이 경우는 토핑 샷뿐 아니라 뒤땅성 샷의 이유가 되기도 한다. 손목 사용을 절제하는 것이 좋은 쇼트 게임을 만든다는 것을 기억해야 한다. 이러한 칩 샷은 임팩트 이후 반드시 계속해서 제어력을 만들어주어야 한다.

스윙 템포를 점검하라

뒤땅성 샷은 스윙을 자연스럽게 하지 않고 임팩트 직전 무엇인가 부자연스러움을 느꼈을 때 특히 자주 나타난다. 심리적인 부담감과 자신감이 결여되었을 때 발생하므로, 스윙 템포를 자연스럽게 만드는 것이 바람직하다.

볼 위치를 점검하라

볼이 지나치게 스탠스 중앙이나 왼발 쪽에 놓인 경우에도 뒤땅성의 임팩트가 생긴다. 체중을 미리 왼쪽에 두어 어느 정도 좋은 터치감을 만들야 하지만, 칩 샷처럼 볼을 굴리는 경우에는 반드시 볼을 오른쪽 발 안으로 가져가는 것을 습관화해야 한다. 골프에서는 그만큼 볼의 위치를 기억해두는 것이 중요하다. 불규칙한 페어웨이에서는 응용력을 높여 적절한 볼의 위치를 찾는 것이 뒤땅성 실수를 줄이는 방법이다.

클럽을 다양하게 선택하라

샌드 웨지로 뒤땅성 실수를 하면 왠지 모르게 자신감이 상실되어 계속 뒤땅성 실수가 연발된다. 이러한 경우 피칭 웨지나 9번 또는 8번 아이언과 같은 클럽을 다양하게 선택하여 우선은 심리적 안정을 찾아야 한다.

기본자세와 그립의 악력을 점검하라

심리적인 압박감을 가장 빠르게 해소하는 방법 중 하나는 기본자세를 점검하는 것이다. 기본자세를 점검하다보면 심리적으로 안정감을 찾게 되어 여유가 생기고 자신감도

회복할 수 있기 때문이다. 그립은 단단하게 쥐어야 하지만, 전체적인 기본자세는 힘을 빼면서 유연하게 해야 한다.

가장 안 좋은 라이 또는 같은 상황을 찾아 연습하라

뒤땅 샷이나 토핑 샷은 계속 될 것 같은 느낌이 들기 때문에 어려운 샷이다. 페어웨이 주변에서 현재 볼이 놓여 있는 곳보다 더 좋지 못한 장소를 찾아 연습해보는 것이 바람직하다. 디벗이나 벙커 안의 모래 위에서나 맨땅과 같이 타이트한 라이에서도 연습하여 임팩트 때의 느낌을 감지해야 한다. 때로는 솔잎이나 나뭇잎이 쌓여 있는 곳에서 볼만을 임팩트하여 정확하게 샷을 할 수 있도록 연습 환경을 만들어보는 것도 좋은 방법이다.

긍정적인 생각을 하라

한 번으로 끝나는 다른 실수보다는 토핑이나 뒤땅성 실수는 습관화될 수 있기 때문에 샷을 하기 전에 긍정적인 생각을 하는 것이 바람직하다. 드라이버 샷이나 아이언 샷은 한 번의 실수로 끝날 수 있지만, 토핑과 뒤땅성 실수는 계속 반복될 수 있기 때문에 더욱 조심해야 한다. 계속되는 실수를 줄이려면 기술적인 부분을 개선하기보다 긍정적인 생각부터 해야 한다.

Chapter 11

칩 앤드 런

칩 샷

그린 주변 플레이에서 가장 기본적이면서도 창의력과 관찰력이 필요한 샷이다. 기술과 감각을 익히는 훈련을 비롯해 새로운 연습 방법을 찾는 노력도 필요하다.

한 번에 많은 양을 연습하는 것보다는 역시 꾸준히 연습하는 것이 효과적이며, 깃대 주변 여러 지점에서 하는 샷을 이미지로 그려보는 훈련도 매우 좋다.

홀과의 거리를 점검하고 클럽을 선택하라

대체로 그린 주변 30m 정도 거리에서 칩 샷이 이루어진다. 볼의 위치가 파악되었다면 그린에서 플레이를 시작하는 지점부터 핀까지의 거리를 감안하여 클럽을 선택해야 한다. 이미 말한 바와 같이 칩 샷은 볼이 높이 뜨기보다 지면에 떨어져 구르는 시간이 많은 샷을 가리킨다. 볼이 구르는 거리가 많이 남아 있다면 굳이 샌드 웨지를 선택하기보다는 피칭 웨지나 9번 아이언을 선택하여 칩 앤드 런을 구사해야 한다.

그립을 내려 잡아라

이 기술에서 가장 중요한 것은 볼이 떨어지는 지점을 파악하고 구르기를 계산하는 것이다. 그립을 길게 잡아 클럽 헤드의 무게가 많이 느껴져 임팩트가 강하게 되면 제어력이 약해지고 볼을 보내는 초속이 빨라져 거리감을 잃게 된다. 그립을 내려 잡는 것은 쇼트 게임에서는 거의 모든 샷이 매우 비슷하다. 흔히 이것을 컨트롤이라고 말하는데, 컨트롤은 임팩트를 정확하게 하는 것에 목적이 있지만, 거리감을 정확하게 하는 데도 의미가 있음을 기억해야 한다.

어려운 상황에서는 임팩트 이후에도
머리를 고정하고 있는 것이 좋다.

볼이 놓여 있는 라이를 점검하라

정확한 임팩트를 하는 것은 물론 볼을 어느 정도 띄워 굴리느냐를 선택하기 위해서는 볼이 놓여 있는 라이를 반드시 점검해야 한다. 약간 오르막에 있는 칩 앤드 런을 구사하기 위해서는 클럽을 한 단계 큰 것으로 선택해야 하며, 내리막에 있는 칩 앤드 런을 구사하려면 클럽을 한 단계 작은 것으로 선택해야 한다. 볼이 깨끗한 라이에 놓여 있는지, 아니면 좋지 않은 라이에 놓여 있는지에 따라서도 클럽 선택이 달라지기 때문에 볼이 놓여 있는 상황을 정확하게 파악해야 한다.

핀의 위치를 점검하라

그린은 많은 언듈레이션(undulation)으로 이루어져 있다. 그린의 난이도를 만드는 첫 번째 요소가 바로 이 언듈레이션인데, 이것에 더하여 그린의 스피드가 빨라지면 플레이가 매우 어렵게 된다. 좋은 칩 앤드 런을 구사하기 위해서는 핀의 위치를 점검해야 한다. 핀이 2단 그린 위나 내리막과 같은 경사도에 있으면 칩 앤드 런을 구사할 때 다양한 클럽을 선택해야 하기 때문이다. 특히 핀이 2단 그린 위에 있을 때는 넉넉히 두 클럽 정도 길게 잡아 칩 앤드 런을 구사해야 한다.

그린의 스피드를 점검하라

그린의 빠르기는 쇼트 게임을 할 때 가장 해결하기 어려운 부분 중 하나이다. 여기에 경사도까지 더해지면 정말로 거리 맞추기가 어렵게 된다. 그린에서 볼의 속도가 빠른 경우는 한 단계 작은 클럽을 선택해야 하지만, 느린 경우는 긴 클럽을 선택해야 하는 어려움이 있다. 하지만 이런 경우 클럽의 선택보다는 심리적인 요인으로 기술을 이용하기가 다소 어렵게 된다. 늘 일관된 템포에서 평소보다 조금 더 강하게 또는 더 약하게 스윙을 해야 하므로 많은 실수가 나올 수 있기 때문이다.

스핀을 억제하라

칩 앤드 런을 구사하다 보면 괜한 스핀이 생겨 실수하는 경우가 많다. 지나치게 다운 스윙이 이루어져 스핀이 생기기도 하고 임팩트 순간 클럽 헤드를 닫아 스핀이 생기기도 한다. 지나치게 인사이드 궤도로 볼을 깎아칠 때도 스핀이 많이 생겨 거리에 실수가 생긴다. 좋은 칩 앤드 런에서는 볼이 많이 구르는 것이 더 효과적이기도 하다.

클럽에 따라 볼의 위치를 달리 하라

쇼트 게임에서 많은 사람들은 볼을 늘 오른쪽에 두어야 한다고 생각한다. 정확한 임팩트와 좋은 터치감을 위해서라면 볼을 오른쪽에 두는 것이 바람직할 것이다. 하지만 피칭웨지나 9번 아이언을 사용하여 칩 앤드 런을 구사할 경우에는 볼을 스탠스 중앙에 두는 것이 좋다. 스핀을 억제하기 위해서는 위에서 내려오는 강한 다운 블로보다는 어느 정도 볼을 완만하게 임팩트하는 스탠스 중앙이 위치로 바람직하다.

임팩트 시 양손의 위치를 점검하라

쇼트 게임에서는 그립을 잡은 양손이 먼저 임팩트보다도 타깃 방향으로 진행되어야 좋은 임팩트를 가져 온다. 하지만 칩 앤드 런을 구사할 때는 그립을 잡은 양손이 지나치게 먼저 진행하기보다 거의 비슷한 위치에서 임팩트하는 것이 좋다. 양손의 위치를 점검해볼 정도가 된다면 성공 확률은 더 높아진다.

볼이 떨어지는 지점에 확신을 가져라

거리감을 완벽하게 하기 위해서는 볼이 떨어지는 지점을 파악해야 한다. 목표인 핀을

1 백 스윙의 시작이 부드럽다.

2 샤프트는 타깃과 수평을 이룬다.

3 클럽을 인사이드 궤도로 가져가고 있다.

4 임팩트 순간에도 모든 몸의 각도는 어드레스와 같다.

보기보다는 볼이 떨어지는 지점에 시선을 두고 있다고 확신하는 것이 바람직하다. 시선을 핀에 두면 거리감 상실은 물론 짧거나 긴 샷이 빈번하게 발생한다. 이 단계에서 목표는 핀이 아닌 볼이 맨 처음 떨어지는 지점을 파악하는 것임을 기억해야 한다.

로프트를 늘 일정하게 유지하라

스윙하는 동안 클럽 헤드의 로프트 변화를 최대한 줄여야 한다. 긴장감이 심해지면 손을 사용하는 횟수가 늘어나서 클럽 로프트가 심하게 변화되면서 많은 실수가 유발된다. 일정한 크기의 스윙으로 로프트의 변화를 가장 적게 하는 것이 바람직하다.

이미지 트레이닝

만족스러운 결과를 얻는 방법은 역시 좋은 결과를 미리 상상해보는 것이다. 이러한 상상은 긍정적인 마음과 자신감을 심어주기 때문이다. 상상하던 것을 실행에 옮길 때는 자신감을 갖고 한 번에 시행하는 것이 좋다.

5 상체 등각도를 유지하며 부드럽게 틀어주고 있다.

6 머리의 움직임이 이 순간에는 부드러워야 한다.

7 다리는 거의 움직임이 없다.

8 좋은 밸런스가 좋은 결과를 낳는다.

Chapter 12

범프 앤드 런

용어의 정의

우리나라와 그린 주변 언듈레이션이나 마운틴 코스(mountain course)와 같은 지형에서 많이 사용되는 칩 샷이다. 언덕이나 턱에 볼을 떨어뜨리고 힘이나 스피드를 떨어뜨려(bump) 남은 홀까지 런(run)으로 굴러가게 하는 칩 샷 기술을 '범프 앤드 런(bump and run)'이라고 한다.

자동차의 범퍼는 충격을 완화하는 역할을 한다. 골프에서 범프 앤드 런도 지형을 이용해 볼의 속도를 완충하는 것이라고 생각하면 된다. 하지만 늘 쇼트 게임에 좋은 감각을 유지하기 위해서는 클럽의 용도와 쓰임을 잘 알고 있어야 한다.

범프 앤드 런을 해야 하는 상황

● 오르막이 있고 핀이 앞쪽에 있을 때 볼을 띄우기보다는 오르막 턱에 떨어뜨려 그린에 올린 후 볼이 구르는 스피드를 떨어뜨려 부드럽게 홀에 굴려야 하는 상황
● 내리막 어프로치를 할 때 볼을 그린에 보낼 수 없는 상황인데 그린 초입이 언듈레이션으로 턱이 있는 경우
● 핀 뒤쪽이 가파른 경사로 이루어져 있어서 볼을 핀 뒤로 어프로치해서 언덕에 떨어뜨림으로써 경사도를 따라 홀쪽으로 굴러가게 하는 경우
● 슬라이스나 훅 라이에서 핀 방향이 아닌 경사도 방향의 턱을 맞혀 스피드를 줄여야 하는 경우

클럽 선택

오르막 경사도에서는 피칭 웨지 또는 9번이나 8번 아이언을 이용하여 볼을 보내고자 하는 위치에 낮게 떨어뜨린다. 이런 클럽들은 임팩트되는 순간 샌드 웨지보다 볼이 튀어나가는 초속이 빨라 턱에 맞으면서 스피드가 줄어든다. 샌드 웨지를 사용하면 볼이 부드

럽게 날아가거나 뜨는 경우가 많기 때문에 턱을 맞고 오르막을 올라가는 힘이 없어 오히려 실수가 많이 발생한다.

샷 선행을 위한 순서

● 그린에 올라가서 라이와 턱과 홀까지 거리를 직접 점검해본다.

● 홀과 핀 중간 지점으로부터 삼각형 위치에서 탄도를 그려본다.

● 턱을 맞혀 떨어뜨리는 지점이 결정되면 클럽을 선택한다.

● 클럽은 짧게 쥐고 강하게 그립한다.

● 체중은 왼발에 두며 양손을 '핸드 포워드 프레싱(hand forward pressing)' 한다.

● 스탠스를 좁게 한다.

● 코킹을 가파르게 가져가기보다는 지면과 거의 수평으로 스윙한다.

● 임팩트 이후 타깃을 보는 '하프 피벗 테크닉'을 할 때와 같이 목표 방향으로 상체를 틀어준다.

● 디벗을 내기보다는 쓸어 치는 타법으로 임팩트 순간 헤드를 닫으면서 스윙해도 좋다.

● 8번 또는 7번 아이언을 선택해야 하는 경우는 약간의 탄도를 내준다.

볼이 떨어지는 지점을 파악하여 볼이 구르는 거리를 계산하여야 한다.

Chapter 13

칩 샷의 오류와 교정

쇼트 게임에서 많은 한국 프로들과 교습가들은 손목을 쓰지 않아야 한다고 한다. 한국형 금잔디는 잎이 넓기 때문에 무리하게 클럽을 코킹하여 들어 올리지 않아도 부드럽게 칩 샷을 할 수 있기 때문이다. 즉 손목을 쓰지 않아도 크게 실수하지 않기 때문이다.

하지만 양잔디에서는 이런 방법이 통하지 않고, 손목을 쓰지 않으면 토핑이 생겨 많은 실수가 발생한다. 잔디가 상당히 짧고 볼이 놓인 라이가 타이트하기 때문이다. 이 점을 생각하면 많은 플레이어들의 칩 샷이 시작부터 잘못되어 있는 경우가 있다. 많은 골퍼들이 백 스윙 시 손목을 일직선으로 편 상태에서 클럽 헤드를 뒤로 뺀다. 손목을 쓰지 말라고 하는 레슨의 영향이라 생각한다.

하지만 양잔디에서는 볼을 예각으로 임팩트해야 많은 스핀양이 생기며 정확한 타점이 된다. 손목을 움직이지 않고 백 스윙을 하면 클럽 헤드가 볼의 밑 부분을 깊게 퍼주거나 아래를 맞혀 뒤땅이나 토핑을 유발하는 경우가 많다. 이러한 미스 샷을 방지하려면 팔로 스루 때 손을 클럽 헤드보디 전방에 두어야 한다. 다시 말해 백 스윙 때 먼저 코킹해주어야 한다.

코킹을 해야 하는 이유

칩 샷을 잘하는 사람들은 백 스윙을 할 때는 손목을 꺾고, 임팩트 후에는 손목을 그 상태로 유지한다고 한다. 그러나 대부분의 골퍼들은 이와 반대로 하고 있다. 칩 샷의 목적대로 볼을 홀에 가까이 붙여 한 번만 퍼트를 하기 위해서는 왜 코킹을 해야 하는지 이해해야 한다.

● 미리 코킹하는 경우 클럽의 궤도를 쉽게 유지할 수 있어 좀 더 정확하게 임팩트를 할 수 있다.
● 왼쪽 손목은 수평 상태에서, 오른쪽 손목은 구부린 상태에서 임팩트할 수 있다. 샤

일정한 자세를 하고 볼의 탄도 또한 일정하게 낼 수 있도록 연습해보는 것이 바람직하다.

프트보다 손이 먼저 앞으로 나오면 임팩트가 정확해지는 것은 물론 볼을 맞히는 터치감이 매우 좋아진다.

● 손을 움직여 클럽을 쉽게 조절할 수 있다.

● 피니시 때 클럽 헤드가 손보다 낮은 곳에 있으므로 코킹을 하면 볼이 낮게 날아간 다음 굴러가는 샷을 하여 탄도와 거리를 조절할 수 있다.

● 웨지는 큰 로프트가 있어서 지면으로 쓸어치면 리딩 에지와 바운스가 토핑을 유발한다. 드라이버처럼 로프트가 서 있을 때는 쓸어치듯 볼을 가격해야 하고 웨지와 같이 큰 로프트가 있는 경우는 가파른 각으로 내려오며 볼을 가격해야 하기 때문에 반드시 코킹을 해야 한다.

Part

3

피치 샷

Chapter 01

피치 샷의 정의와 선택

피치 샷의 정의

피치 샷은 볼을 높이 띄워 보내고 볼이 구르는 것을 최소화하는 기술이다. 러프에서나 그린과 볼 사이의 벙커나 나무를 넘길 때 사용되며, 탄도로 거리를 맞추어야 하기 때문에 많은 실전 연습과 정확한 감각이 필요하다.

피치 샷의 기법은 아이언 샷의 축소판이라고도 한다. 피치 샷 기법에는 몸의 회전과 이에 상응하는 크기의 팔 스윙과 손목 회전이 들어 있다. 다운 블로를 하며, 이때 손이 항상 앞서간다는 것도 아이언 샷과 같다. 웨지나 쇼트 아이언으로 피치 샷을 연습하면 부수적으로 다른 아이언의 풀 스윙도 섬세해지는 효과가 있다.

피치 샷을 선택하는 경우

- 그린이 오르막인 경우
- 그린이 낮은 지형이어서 탄도를 이용하여 홀에 바로 볼을 보내는 경우
- 러프에서 볼의 탄도를 내야 하는 경우
- 볼이 그린 앞 벙커를 넘어가야 하는 경우
- 로브 샷의 경우
- 플롭 샷의 경우
- 볼이 나무를 넘어가야 하는 경우
- 볼이 해저드를 넘어가야 하는 경우
- 핀이 그린 앞쪽에 위치한 경우
- 그린 주변 핀이 아주 가까이 있고 볼이 반쯤 잠겨 있는 경우
- 핀이 내리막에 걸쳐 있는 경우
- 뒷바람이 부는 경우
- 맞바람이 불 때 펀치 샷과 같이 낮은 탄도로 샷을 구사해야 하는 경우

클럽 선택 요령

- 볼이 놓여 있는 위치를 살핀다.
- 핀이 꽂혀 있는 위치를 살핀다.
- 그린의 경사도에 따라 볼이 날아가는 거리와 굴러가는 거리의 차이를 점검한다.
- 볼을 높이 띄워 핀 옆에 바로 멈추고자 하는 경우는 로브 웨지를 선택한다.
- 피치 샷은 근거리에서 거리감을 맞추기가 가장 어려운 기술이므로 목적에 따라 적합한 클럽을 선택한다.

Chapter 02

피치 샷의 기본

웨지나 샌드 아이언을 사용한다

탄도가 우선이 되는 기술이다. 로프트가 큰 클럽을 선택하여야 한다. 근거리에서는 샌드 웨지나 피칭 웨지를 선택하지만, 맞바람이 불거나 긴 거리일 때는 9번이나 8번 아이언을 이용하여 100m 안쪽 펀치 샷을 구사해야 한다. 가까운 벙커를 넘기는 샷과 같은 경우는 로브 웨지와 같은 클럽을 선택한다.

발과 엉덩이는 목표선에 약간 오픈하여 어드레스한다

로프트가 큰 클럽으로 코킹을 주도하여 클럽을 빠르고 높게 가져가기 때문에 어드레스를 오픈하여 정렬해야 피니시에서 컨트롤 하기가 쉽다. 임팩트 이후 클럽을 인사이드 궤도로 가져가면 스핀과 방향에 영향을 수기 때문에 클럽을 오픈하여 정렬한다.

목표 거리가 멀어질수록 정상적인 아이언 샷의 셋업을 한다

스윙의 크기가 약간 작을 뿐 모든 스윙 요소들이 아이언 샷과 같다는 것을 명심한다. 볼을 띄워 거리를 맞추어야 하기 때문에 스윙의 빠르기보다는 크기가 더 중요하다.

볼은 스탠스 중앙에 놓고 체중은 왼발에 더 많이 실어야 한다

임팩트 시 일반적인 쇼트 아이언 샷처럼 다운 블로로 볼을 띄워야 하기 때문에 볼을 스탠스 중앙으로 옮기면서 체중을 왼발에 두는 것이 바람직하다.

탄도를 위해 스탠스는 넓게 서야 하며, 소문자 y 형태의 자세도 좋다. 볼을 높게 띄우기 위해 볼의 위치를 이동해 보는 것도 괜찮다.

의식적으로 볼을 띄우기 위해 손에 힘을 주지 않는다

로브 샷과 플롭 샷과 같은 경우는 임팩트 순간 손목의 스냅이 필요하지만, 일반적인 피치 샷은 손에 힘을 주기보다 클럽을 양손으로 잡는 동시에 스윙을 크게 하는 것이 훨씬 유리하다. 바람 부는 날을 제외하고는 부드러운 스윙이 볼을 부드럽게 띄우고 부드럽게 안착시킨다.

안정된 컨트롤을 위해 약 2~3cm 정도 짧게 그립한다

칩 샷과 마찬가지로 컨트롤을 위해서는 이러한 그립이 반드시 필요하다. 그립을 강하게 잡아주어 임팩트 시 비틀림을 방지해야 한다.

팔을 자연스럽게 가슴 앞에 내려뜨려서 무게를 느낄 수 있게 한다

이것은 몸에서 힘을 빼야 한다는 철칙에 따르는 동작이다. 경직된 스윙을 하면 실수가 잦아지지만, 근거리에서 부드러운 스윙을 하면 방향과 거리에 대한 감각이 좋아지며, 스핀의 양도 훨씬 많아져서 그린을 공략하기가 수월해진다. 몸에 힘을 빼는 것은 쉬우면서도 어렵다. 그러나 힘을 빼야 하는 것이 철칙이다.

다운 스윙의 핵심은 안정된 하체를 토대로 상체를 회전시키는 것이다

스윙은 부드럽게 구사해야 하지만, 스윙을 버텨주는 것은 하체에 실은 힘이다. 스탠스를 조금 좁게 하며 상체의 회전을 부드럽게 유도해야 한다.

적절한 손목 동작으로 클럽을 옳은 궤도 위에 올려놓는다

선택한 클럽이 짧고 그립을 내려잡았기 때문에 스윙의 범위가 매우 좁아진다. 그만큼 작은 크기의 스윙과 손목 동작인 초기 코킹이 자연스럽게 이루어지는데, 이것은 경사가 가파른 궤도를 만든다. 업라이트 한 클럽을 사용하면 스윙이 자연스럽고 좋은 백 스윙이 이루어지면서 균형 있고 가볍다는 느낌과 함께 자신감 있는 다운 스윙으로 이상적인 피치 샷을 할 수 있게 된다.

Chapter 03

피치 샷의 루틴

볼의 위치와 거리를 판단하라

클럽 선택이 이 순간에 결정된다. 근거리에 볼이 놓인 상황이 좋다면 샌드 웨지나 피칭 웨지를 선택하여 홀과의 거리를 계산함으로써 공격 루트를 결정한다. 맞바람이나 장애물을 넘겨 거리를 확보하려면 피칭 웨지나 9번 아이언을 선택한다.

핀의 위치를 확인하라

그린 위로 올라가 홀의 위치를 파악하며 그린의 언듈레이션이나 기울기를 유심히 관찰한다. 짧은 거리라면 잔디의 결을 점검해보는 것도 좋으며, 핀의 위치가 그린 앞, 중

루틴은 일정한 시간 내에서 이루어지는 것이 좋다.

간, 뒤 가운데 어디에 있는지 반드시 확인해야 한다. 근거리에서는 문제가 없지만, 100m 안쪽에서는 핀의 위치를 확인하는 것이 중요하다. 코스에 따라 깃발의 색깔로 핀의 위치를 표시하기도 한다.

탄도를 정확히 결정하라

볼을 띄우는 높이가 샷을 결정한다. 나무를 넘겨야 하는 경우는 높이가 '나무 끝'으로 정해져 있다. 하지만 그 외의 피치 샷은 자신이 상상했던 탄도가 나오지 않거나 볼이 너무 높이 뜨면 거의 실수를 하게 된다.

이미지를 그려보라

피치 샷을 하기 전에 미리 상상하여 샷을 그려보는 것은 샷을 성공하는 데 탁월한 효과가 있다. 이때 긴장되어 있던 몸의 경직이 풀리고 마음의 여유가 생기기도 한다. 볼이 있는 곳으로 돌아오는 길에 샷을 성공하는 이미지를 그려보라.

연습 스윙은 같은 상황을 찾아라

볼의 뒤로 물러나서 연습하며 피치 샷을 준비해보자. 시간적 여유가 있다면 볼의 위치와 비슷한 상황을 만들어 연습하는 것이 가장 이상적이다. 왜글링(waggling)을 많이 하면 손목이 부드럽게 풀어진다.

오른손으로 볼에 먼저 클럽을 가져가라

양손으로 그립을 취해 볼에 다가서면 왠지 몸이 경직된다. 오른손으로 그립을 잡고 리딩 에지를 목표선보다 약간 오픈하여 볼에 다가가서 보자.

스탠스를 하며 지면을 누르면서 안정된 자세를 찾아라

샷을 할 때 몸의 균형이 무너지지 않도록 체중이 밑으로 가게끔 몇 번 몸을 흔드는 동시에 긴장감을 풀어본다. 골프는 모든 동작이 같다.

자신감으로 승부하라

자신감만큼 좋은 승리 요인은 없다. 골프에서 자신감은 상대의 실수를 보고 얻어지기도 하지만 근본적으로는 안정된 스윙에서 나온다. 상대의 실수를 기대하지 말고 자신의 기술을 믿으며 자신 있게 플레이하라.

Chapter 04

피치 샷 향상을 위한 연습 방법

좌우 대칭 90도 트레이닝

클럽 없이 백 스윙과 팔로스루 방향으로 몸을 틀어 양손을 90도로 세우는 방법이다. 몸통을 동시에 회전시켜주는 효과가 있으며, 클럽을 90도로 제어하는 힘을 키워준다. 악수를 하는 동작과 같으며 스윙이 대칭되도록 하는 데 많은 도움이 된다.

테니스 라킷으로 스윙하기

테니스 라킷을 이용해 빈 스윙(air swing)을 연습해보라. 클럽 헤드가 지나가는 길을 이해할 수 있으며, 스윙의 크기를 결정할 수 있다. 리듬과 템포를 익히기 위한 훈련으로도 적합하다.

수건 연습 방법

영국의 닉 팔도(Nick Faldo) 선수가 가장 좋아하는 방법이다. 일반적인 아이언 샷 연습을 위해 개발되었지만, 피치 샷을 위해서도 매우 좋다. 긴 수건을 가슴에 대고 양쪽 겨드랑이에 끼워 넣는다. 그리고 9번 아이언을 선택해 겨드랑이에 있는 수건이 떨어지지 않도록 스윙하면 수건을 잡은 양팔과 몸이 동시에 회전하는 것을 느낄 수 있다.

음료수 페트병 드릴

음료수가 2/3 정도 남은 페트병의 뚜껑을 닫고 오른손 가운뎃손가락과 집게손가락 사이에 끼워넣고 백 스윙을 연습해보자. 이때 반드시 2/3 스윙을 해야 하는데, 톱으로 페트병이 올라감에 따라 음료수가 출렁거리면서 정확하게 위치를 잡아준다. 이 방법은 톱의 위치를 잡는 연습 방법으로 탁월하다.

판자 위에서 연습하기

피치 샷의 생명은 탄도이지만 그 탄도를 내기 위해서는 무엇보다 정확한 임팩트가 우선되어야 한다. 얇은 판자 위에 볼을 올려놓고 연습하면 임팩트 시 터치감을 느낄 수 있다. 다른 방법으로는 연습장 매트의 백 스윙 방향 끝에 볼을 놓고 스윙하면 볼만을 가격하는 터치감을 느낄 수 있다.

50m 바스켓 연습

가장 쉽게 할 수 있는 방법이다. 연습장에서 50m 거리에 바스켓을 설치해두고 웨지로 볼을 띄워 넣는 방법이다. 바스켓이 없는 경우 양동이나 우산을 펴서 목표물을 대신할 수도 있다.

익스텐션 버트 연습

익스텐션 버트는 그립 끝에 끼워넣어 그립을 잡은 손 뒤로 샤프트의 연장선을 만들어 지면과 확실하게 90도를 이루게 하는 연습 도구이다. 이것을 사용하면 손목이 코킹되는 느낌을 생각보다 확실하게 만들 수 있다.

Chapter 05

짧은 거리의 피치 샷과
긴 거리의 피치 샷

짧은 거리의 피치 샷

40m 거리 내에서 피치 샷을 하려면 두 가지를 선택하라

짧은 거리의 샷 중에 난이도가 있는 샷이다. 플레이어에 따라 피치 앤드 런(pitch & run) 또는 깃대를 직접 공략하는 방법을 선택한다. 부담이 적은 피치 앤드 런은 많은 투어 프로들이 사용한다. 핀의 위치가 관건이지만 비교적 낮은 탄도로 거리의 3/4은 볼을 띄우고 1/4은 굴러 가게 하는 것이 기본이다. 깃대를 직접 공략하는 방법은 볼이 떨어진 후 거의 구르지 않는 기술이다. 거리 조절이 뛰어난 소수의 플레이어가 선택한다. 그린의 경사도, 핀의 위치에 영향을 받는다.

25%의 법칙을 이해하라

피치 샷은 볼이 공중에 떠 있는 시간이 지면에 떨어져 굴러가는 시간보다 많다. 25%의 법칙에 따라 그린에 떨어진 볼을 25% 정도 굴러가게 하여 핀에 붙이는 기술이 가장 이상적이다. 볼이 그린에 떨어진 후 홀까지 25% 정도 굴러가게 하는 감각은 근거리 피치 샷에서 가장 중요하다.

PGA 투어 프로들은 두 가지 모두 60도 웨지를 선택하라

아마추어들에게 권할 사항은 사실 아니다. 하지만 60도 웨지를 사용하여 탄도에 상관없이 피치 샷을 구사할 수 있다면 다른 모든 웨지의 사용이 편해질 것이다. 실전에서는 안전한 샌드 웨지를 선택하지만, 연습은 60도 웨지로 샷을 해보는 것도 실력을 향상할 수 있는 방법이다. 두 샷의 비구선 궤도는 다를지 몰라도 플레이하는 방법은 비슷하다. 60도 웨지가 낮게 떠서 날아갈 때 스핀 샷은 매우 탁월한 결과를 가져오기도 한다.

프로들을 따라 하라

타이거 우즈(Tiger Woods)는 짧은 거리 셋업에서 지키는 원칙이 세 가지 있다. 첫 번째는 스탠스를 상당히 좁게 하는 것인데 몸의 안정성이 그다지 중요하지 않기 때문이다. 두 번째는 스탠스를 상당히 오픈하는 것인데, 스탠스에 맞춰 클럽 헤드가 오픈되는 효과가 있어서 볼을 띄우기 쉽기 때문이다. 마지막은 다운 블로로 볼을 맞히기 위해서 그립을 자신의 왼쪽으로 미리 보내놓는 것이다.

스윙 스팟을 맞혀라

일정한 거리가 나오는 임팩트가 골프에서는 중요하다. 그러므로 스윙 스팟에 정확히 볼을 맞히는 것이 중요하다. 타격이 조금만 중심에서 벗어나도 비거리가 짧아지기 때문이다. 그립을 짧게 잡아 컨트롤을 신경 써야 하며, 자신의 스윙 스팟을 아는 것이 중요하다.

많은 투어 프로들은 평균 근거리 피치 샷을 25%의 법칙으로 성공하고 있다. 이 법칙은 앞에서 말한 바와 같이 볼을 그린 위에 떨어뜨린 후 남은 거리의 25%를 굴러가게 하여 홀에 붙이는 공식인데, 많은 연습과 정확한 스윙 스팟이 25% 법칙을 만들어낸다는 것을 기억하라.

피니시에서 손의 제어력을 익혀라

임팩트 후 볼이 계속 구르면 거리도 늘어난다. 그립을 잡은 양손을 임팩트 이후 제어하여 정확한 타격과 거리감을 높여야 한다. 임팩트 후 왼쪽 손등을 타깃 방향으로 멈추는 제어력을 익혀야 한다.

짧은 거리에서는 칩 샷의 자세와 매우 흡사하게 된다.

긴 거리의 피치 샷

깃대를 직접 공략하라

볼이 날아가는 거리와 탄도가 볼의 구르기를 제어할 수 있다. 이 거리에서 모든 투어 프로들은 로프트가 있는 클럽을 이용해 핀을 직접 공략한다. 볼이 착지 후 거의 구르지 않을 뿐 아니라 그린의 경사도나 핀의 위치가 문제가 되지 않기 때문이다. 거리감이 있다면 모든 투어 프로들은 이 방법을 선택한다. 바람의 영향으로 탄도를 낮춰 볼을 홀에 바로 멈춰 세울 수 있으므로 옆으로 부는 바람 외에는 그리 큰 문제가 되지 않기 때문이다.

높고 긴 피치 샷을 위해서는 스탠스가 넓어야 하며 스윙이 커지는 셋업이 필요하다.

40~90m의 거리는 투어 프로들의 공격적인 스타일을 볼 수 있는 기술이다

볼을 40~90m 거리로 보내는 샷은 세계적인 선수를 판단하는 기준 가운데 하나이다. 투어 프로들은 드라이버, 아이언, 퍼팅 등을 모두 비슷한 수준으로 유지하지만, 세계적인 선수들은 이 거리에서 탁월한 거리감을 보여준다.

이 거리에서는 대다수의 투어 프로들이 핀을 직접 공략한다. 거리와 탄도, 백스핀을 컨트롤하여 볼을 홀에 세울 수 있다는 것을 알기 때문이다. 스윙은 거의 다 비슷하다. 다만, 거리에 따라 크기가 달라질 뿐이다. 40m 내에서는 60도 웨지, 70m 내에서는 56도 웨지, 90m에서는 52도 웨지를 선택한다.

피니시 자세는 두 가지를 선택할 수 있다

첫 번째 자세는 강한 펀치 샷과 같은 자세에서 낮은 탄도를 구사할 때 피니시에 제어력이 생기므로 가슴 또는 어깨 높이에서 클럽을 멈추는 피니시를 하는 것이다. 역시 타이거 우즈의 모습이 생각나는 피니시이다.

두 번째 자세는 볼을 높고 부드럽게 떨어뜨리기 위해 피니시를 끝까지 높게 가져가는 것이다. 특히 어깨 뒤로 릴리스하면서 놓아주는 부드러운 피니시는 볼을 부드럽게 안착시킨다.

긴 클럽을 선택하고 백 스윙은 최대 크기에서 약간 모자라게 하라

정확성이 확보될 때 원하는 거리가 나온다. 정확한 임팩트와 백 스핀과 탄도에 의한 볼의 제어력을 익히면 홀 부근에서 볼을 멈춰 세울 수 있다. 백 스윙의 크기를 원하는 대로 만들 수 있도록 다양한 톱의 위치에서 거리감을 익혀야 한다.

프로들을 따라 하라

호주의 캐리 웹(Karri Webb)은 여성 투어 프로들 중에 탄도를 높여 피치 샷을 구사하는 세계 최고의 테크니션이다. 그녀는 2008년도 호주 여자 오픈(Australian Ladies Open) 대회에서 한국의 신지애 선수를 제치고 불가능했던 역전 우승을 만들어냈다. 바로 이 거리에서의 기술이 탁월했던 덕분이다. 이때 캐리 웹은 스탠스를 평소보다 더 오픈하고, 볼을 중앙에 가까이 놓고, 피칭 웨지 클럽 페이스를 오픈해서 로프트 각도를 높였다. 어깨 뒤로 부드럽고 자연스럽게 클럽을 넘기는 피니시가 일품이었다.

홀의 뒤를 공략하라

많은 투어 프로들은 높은 탄도로 홀의 뒤를 겨냥하고 백 스핀을 이용해 홀을 공략한다. 또한 웨지를 선택하고 볼의 뒤를 공략해 홀 쪽으로 많은 백 스핀을 만들어낸다. 자연스러운 탄도와 스핀은 상당히 많은 볼을 역회전시키기 때문이다. 볼을 부드럽게 치기보다는 이와 같이 강하게 공략하는 것이 중압감을 이기는 방법이 되기도 한다. 두세 번 바운스 이후 볼이 멈추는 스핀이 좋다고 말하지만, 많은 역회전을 만들어낼 만큼 강한 피치 샷도 연습해보라.

Chapter 06

벙커를 넘기는 피치 샷

현실적인 목표를 설정하라

피치 샷을 구사할 때 볼과 핀의 중간에 벙커가 놓여 있는 경우가 참 많다. 핀의 위치에 따라 위험도가 달라질 수 있지만, 사실 많은 부담이 되는 샷이다. 정확하게 볼을 핀에 붙여야 하지만, 눈앞에 도사리고 있는 벙커의 존재가 더 큰 부담으로 다가오기 마련이다. 우선은 벙커 밖으로 볼을 올리는 목표를 설정해야 한다. 볼을 홀에 너무 가까이 붙이려고 하다가 실수해본 경험이 누구나 한 번쯤은 있을 것이다. 구력이나 로우 핸디를 위해서는 좀 더 구체적인 목표를 설정해야 한다.

핀의 위치에 따라 탄도를 달리 하라

벙커 바로 밖에 핀이 있다면 상황이 어렵다. 탄도를 낮게 해서는 볼을 홀 부근에 놓는 것조차 힘들다. 어느 정도 탄도를 내야 하는데, 정확한 콘택트가 되지 않으면 실수가 발생한다. 어중간한 탄도보다는 차라리 가장 높은 탄도를 선택하는 것이 낫다. 높은 탄도를 내기 위해서는 스윙을 크게 하거나 스윙의 템포를 부드럽게 해야 하기 때문이다. 그러므로 긴장감이 고조되는 순간 몸이 경직되므로, 몸을 푸는 스윙을 택해야 한다.

높은 탄도는 '멋지고 즐겁다'고 생각하라

긴장감은 고조되지만 샷을 성공할 때의 기쁨을 미리 생각하라. 평소보다 스탠스를 더 오픈하고, 목표선도 조금 더 왼쪽으로 옮겨라. 클럽 페이스를 오픈한 상태에서 클럽 헤드 정중앙의 뒷면이 지면에 닿아 있다고 생각하라. 그립은 부드럽고 손목의 코킹은 자연스러워야 한다.

스윙의 크기가 결정되었다면 한 번에 스윙스루하라

임팩트 순간에 동작이 멈추어지는 듯한 느낌이 들어서는 안 되는 샷이다. 이 동작을 가리켜 지나가는 느낌의 스윙스루(swing through)라고 표현하는데, 클럽 헤드가 볼 밑으로 편안히 지나가는 느낌이 중요하다. 손목의 코킹이 필요하지만, 가파른 각도는 실수를 부른다. 가까운 핀의 위치라 하더라도 U자 형태의 스윙이 좋다. 가파른 V자 형태로 스윙하려다가 스윙의 길이가 짧아서 벙커에 빠질지도 모른다.

리코킹은 반드시 짧게 접는 듯한 피니시를 하라

로우 핸디나 투어 프로들은 이 경우 비슷한 피니시를 한다. 앞으로 쭉뻗어 릴리스하기보다는 임팩트를 스윙스루하자마자 리코킹(recocking)하는데, 평소보다 조금 빠르게 접는 듯한 릴리스를 한다. 이때 부드러움이 성공의 열쇠가 된다.

60도 로브 웨지를 활용하라

다루기 어려운 클럽이다. 한국형 코스에서는 그리 필요하지 않다고 이야기하는 사람들이 많지만 이 클럽을 사용하는 많은 투어 프로들은 그만한 이유가 있다고 한다. 볼을 떠우고 낮게 치는 기술을 익힌다면 로브 웨지의 사용이 그렇게 어렵지만은 않다. 자신의 기술을 믿어야 한다. 클럽은 단지 자신의 기술에 따라 선택하는 장비일 뿐이다. 근거리에서 높은 탄도를 내는 피치 샷을 할 때는 이 클럽을 선택하는 것이 당연하다.

최상의 실전 응용 방법을 선택하라

쉬운 방법이 있을 때는 절대로 어려운 방법은 피해야 한다. 골프는 확률 게임이다. 쉬운 방법을 선택하라. 많은 투어 프로들이 하는 조언이다.

Chapter 07

나무를 넘기는 피치 샷

나무의 높이가 탄도를 결정한다

단지 나무를 넘기는 샷은 시각적으로 답답함을 느끼게 한다. 낮은 나무인 경우에는 상관이 없지만, 조금 높은 경우는 몸이 먼저 들려 실수를 하기도 한다. 샌드 웨지를 지면에 대고 발로 클럽 헤드를 밟아보면 샤프트가 가리키는 높이가 그 클럽의 높이임을 알 수 있다. 하지만 샤프트가 그보다 높은 경우거나 나무가 가까이 있으면 클럽의 로프트나 볼의 위치를 활용해야 한다.

나무를 넘기는 샷은 하기 쉬워 보인다. 하지만 실수를 하면 볼이 나무 밑으로 가서 더 큰 어려움이 기다리고 있는 샷이기도 하다. 반면 나무를 무사히 넘기기만 한다면 볼이 거의 그린에 올라가는 즐거움도 있다.

오른쪽 팔꿈치를 최대한 끌고 내려오라

나무를 넘기는 피치 샷은 자칫하다가는 몸이 먼저 들려 실수가 발생한다. 몸이 들려 올라가는 실수를 줄이기 위해서는 다운 스윙으로 리드할 때 오른쪽 팔꿈치를 평소보다 몸으로 더 가까이 붙여 내려오게 해야 한다.

피치 샷은 언더핸드의 움직임을 할 수 있어야 한다. 백 스윙을 할 때 어깨를 돌리고 팔과 손으로 스윙한다. 이때 오른쪽 팔꿈치를 자유롭고 부드럽게 움직일 수 있어야 한다. 몸 가까이 스윙하여야 하며, 플레이어에 따라 다운 스윙 시 오른쪽 팔꿈치를 허리 또는 옆구리와 배꼽 중간까지 끌어내리는 유형이 있다. 이처럼 오른쪽 사이드 기술이 임팩트로 연결될 때 전체 스윙을 주관하는 손목과 타이밍이 보다 안정된다.

볼은 스탠스 중앙 또는 나무 높이에 따라 왼발 쪽에 놓아라

클럽과 스윙으로 탄도를 내었는데 나무 높이에 미치지 못한다면 볼을 스탠스 중앙 또는 상황에 따라 왼발 쪽에 옮겨둔다. 이때 체중은 양 다리에 적절히 배분한다.

타격 지점을 정확히 맞히지 못하는 원인은 두 가지로 나타난다. 체중을 볼의 뒤나 너무 앞쪽에 실었기 때문이다. 두 경우 모두 스윙이 볼의 뒤쪽에서 최저점에 도달하게 된다. 따라서 스윙 궤도가 가파를 경우 뒤땅을 치는 실수가 유발된다. 또 클럽이 지면에 임팩트되고 바운스되면 리딩 에지가 어퍼 블로에서 볼을 얇게 때려 얇은 샷의 원인이 되기도 한다. 나무 높이에 따라 볼의 위치를 스탠스 중앙 또는 왼쪽에 두지만, 왼쪽으로 볼을 둘수록 체중도 왼쪽으로 옮겨야 한다.

가까운 거리는 클럽 페이스를 최대한 활용하라

나무가 그리 크지 않은 경우 일반적인 피치 샷을 상황에 따라 선택할 수 있다. 가까운 거리는 볼의 위치보다 클럽 페이스를 조절하여 공격하는 것이 좋다. 볼의 위치를 옮겨 공략하는 것은 스윙의 크기가 클 때 편하지만, 가까운 거리에서 볼을 높이 띄울 때는 클럽 페이스를 조절하는 것이 좋다. 물론 칩 샷처럼 볼을 굴리는 경우는 볼의 위치로 공략하는 것이 좋다.

오른쪽 발꿈치를 살짝만 들어 피니시를 부드럽게 하라

피니시 동작에서 오른발을 다 들어 발꿈치를 지면에 90도로 세워 피니시하는 것보다는 상체의 스윙으로만 부드럽게 공략하는 것이 장애물을 넘기는 데 효과적이다. 그러므로 오른쪽 발꿈치로 부드러운 피치 샷을 유도하고, 오른발을 스윙에 의해 따라가게 해야 한다. 힘이 거의 빠져 있는 듯한 자연스러운 피니시가 전체 피치 샷의 스윙을 주도한다.

Chapter 08

오르막에서의 피치 샷

어깨가 경사도에 수평을 이루도록 하라

오르막에서의 피치 샷은 오른발이 왼발보다 낮은 경사도에서 하는 샷을 말한다. 이 샷은 정확하게 임팩트하기 위해 경사도에 어깨를 수평으로 맞추고 어드레스해야 한다. 그러면 오른발에 체중이 실리는데, 스윙의 축은 오른발이 주도하고, 볼은 거의 훅이나 드로우성이 된다. 하지만 짧은 클럽을 사용하면 볼이 많이 휘어지지는 않는다.

에이밍

오르막에서 피치 샷을 할 때는 평소보다 더 오른쪽에 있는 곳을 목표 방향으로 정하지는 않는다. 하지만 웨지의 경우 스탠스는 약간만 오픈하거나 스퀘어로 하는 것이 좋다. 에이밍은 느낌상으로만 오른쪽을 보아야 한다. 오르막 경사가 심하다면 목표선을 더 오른쪽에 두어야 한다.

스탠스는 좁게 하라

스윙 시 체중 이동이 쉽고 몸의 기울기가 오른쪽이 낮기 때문에 스탠스가 넓으면 스윙 시 웨지로 하는 피치 샷임에도 볼의 휘어짐이 커진다. 그러므로 경사도에서는 안정적으로 스윙 축을 확보하는 것이 우선되어야 한다. 일반적인 아이언의 경우는 스탠스를 닫으면 되지만 웨지의 경우는 약간만 오픈하거나 스퀘어가 되게 해야 오르막에서 편안하게 스윙할 수 있다.

균형감이 매우 중요하다. 높은 탄도와 거리는 양 어깨와 팔만을 이용하여 스윙하는 것이 좋다.

볼의 위치

미들 아이언과 롱 아이언의 경우 볼을 왼발 쪽에 두지만 웨지의 경우는 오른발 쪽으로 가져간다. 오른발이 왼발보다 낮은 위치에 있는 상태이므로 오른발 쪽이 임팩트하기 쉽기 때문이다. 하지만 짧은 거리에서는 볼을 스탠스 중앙에 놓는 것이 좋으며, 경사도와 핀의 위치가 앞인 경우에는 스탠스 중앙이나 왼발 쪽에 볼을 두는 것도 괜찮다.

머리 위치

어깨가 경사도에 수평이 된 상태에서 볼을 위에서 아래로 내려다보는 위치가 좋다. 체중이 오른발에 실려 있기 때문에 머리를 볼 뒤에 두거나 너무 볼 앞쪽으로 쏠리게 하면 실수가 발생한다. 어깨의 위치와 함께 머리의 위치를 반드시 파악해야 한다.

스윙 요령

경사도가 심할수록 구질이 오른쪽에서 왼쪽으로 휘어지는 훅이나 드로우성이 된다. 에이밍은 경사도에 따라 오른쪽으로 하는데, 임팩트 이후 팔로스루가 지면의 경사도를 따라 높고 길게 빠져 나가야 한다. 볼이 오른발 쪽에 있을 때는 팔로스루를 짧게 가져가야 한다. 오른발이 스윙의 중심이 되고 몸을 지탱하기 때문에 체중 이동이 거의 없다. 상체의 회전만으로 콤팩트한 스윙을 구사해야 하며, 지면을 따라 인투인 궤도로 스윙해야 한다.

TIP

볼의 탄도가 높기 때문에 애써 볼을 띄우려 하지 않아도 된다. 단지 볼의 위치에 따라 다양하게 웨지를 사용하여 피치 샷을 구사할 수 있다. 볼을 오른쪽에 두면 깊은 임팩트가 자연스럽게 된다. 볼을 스탠스 중앙과 왼발 쪽에 둘수록 임팩트는 부드럽게 지면을 스치듯 나오게 된다. 상체를 절대로 들지 말고 볼이 임팩트되어 부드럽게 뜨는 순간까지 팔로스루를 기다려야 한다. 백 스윙은 몸이 적당히 지탱되는 순간까지만 해주면 된다. 한두 클럽 길게 잡고, 굳이 샌드 웨지만 선택할 필요는 없다. 52도나 피칭 웨지가 샷의 부드러움을 극대화시킨다.

Chapter 09

내리막에서의 피치 샷

경사도에 어깨가 수평을 이루도록 하라

내리막에서 하는 피치 샷은 왼발이 오른발보다 낮은 경사도의 샷을 말한다. 정확하게 임팩트하기 위해서는 경사도에 어깨를 수평으로 맞추어 어드레스한다. 그러면 왼발에 체중이 실리고 스윙의 축을 왼발이 주도한다. 볼은 거의 슬라이스성이 되지만 짧은 클럽을 사용할 경우 볼이 많이 휘어지지는 않는다. 내리막에서 피치 샷을 할 때는 평소보다는 왼쪽으로 두지만 웨지 샷에서는 핀 방향으로 에이밍을 한다. 웨지의 경우 클럽 페이스를 오픈해주고 느낌상으로만 왼쪽을 보아야 한다. 내리막 경사가 심하다면 목표선을 더 왼쪽으로 두어야 한다.

스탠스를 넓게 하라

경사도에서는 안정적인 스윙 축을 확보하는 것이 우선되어야 한다. 이를 위해 몸의 흔들림을 방지하도록 스탠스를 넓게 해야 한다. 볼은 오른발 쪽으로 두어야 하며, 자연적으로 스탠스를 오픈해야 한다.

볼의 위치

오른발 쪽에 둔다. 왼발이 오른발보다 낮은 상태에 있으므로 오른발 쪽이 임팩트하기가 쉽다. 내리막 경사도에서 볼을 오른쪽에 두었을 때 임팩트하는 지공 시간이 짧아 정확하게 볼을 가격할 수 있기 때문이다.

머리 위치

경사도에 어깨가 수평이 된 상태에서 볼을 위에서 아래로 내려다보는 위치가 좋다. 체중이 왼발에 실려 있기 때문에 머리가 뒤에 있거나 볼 앞쪽으로 너무 쏠리면 실수가 발생한다. 어깨의 위치와 머리의 위치를 반드시 파악해야 한다.

스윙 요령

경사도가 심할수록 구질이 왼쪽에서 오른쪽으로 휘어지는 슬라이스성이 된다. 목표선은 경사도에 따라 왼쪽으로 두는데, 임팩트 이후 팔로스루가 지면의 경사도를 따라 낮고 길게 빠져 나가야 한다. 경사도가 심하다면 팔로스루를 짧게 해야 한다. 왼발이 체중을 지탱하고 스윙 전체의 중심이 되기 때문에 체중 이동이 거의 없다. 상체의 회전만으로 콤팩트한 스윙을 구사해야 하며, 지면을 따라 아웃인 궤도로 스윙을 해야 한다.

TIP

볼의 탄도가 낮기 때문에 애써 볼을 띄우려 하다가는 더 큰 실수가 유발된다. 그러므로 클럽과 지면에 맞는 탄도를 만들어내는 데만 신경을 써야 한다. 상체를 절대로 들지 말고 볼이 임팩트되어 부드럽게 뜨는 순간까지 팔로스루를 기다려야 한다. 백 스윙을 자연스럽고 업라이트하게 해야 경사도에 맞게 스윙이 나오기 때문에 손목을 사용하지 말고 자연스럽고 업라이트하게 스윙하여 볼이 지면을 따라 뜨게 해야 한다.

볼이 왼쪽에서 오른쪽으로 휘어지지만, 경사도가 낮은 경우 웨지 샷에서는 드로우로 공략할 수도 있다. 볼을 오른쪽으로 많이 이동하고 클럽을 낮게 백 스윙하고 낮게 팔로스루를 하면 구질의 변화가 있을 수도 있다. 스윙 시 무릎의 높이도 일정하게 유지해야 한다. 체중을 이동하거나 임팩트 시 무릎을 펴면 곤란하다.

Chapter 10

오르막 옆 라이와
내리막 옆 라이

오르막 옆 라이

정의

발 앞쪽이 발뒤꿈치보다 높은 경사도의 샷 또는 스탠스보다 볼이 위에 있는 샷을 의미한다.

어드레스

평소와 같거나 스탠스의 폭을 넓게 해야 한다. 볼이 자신의 발보다 위에 있으므로 조금 더 멀리 서서 상체를 들어줄 필요가 있다. 스탠스가 넓을 때 균형감과 스윙의 안정감이 생긴다. 체중은 발 뒤쪽에 두어야 하며, 벽면을 그대로 스윙한다는 느낌의 자세를 하고 그립은 짧게 잡는다. 팔로만 스윙을 해야 하기 때문에 스윙 시 하체가 단단히 고정되어야 하며, 편안한 스윙 자세를 어드레스에서부터 만들어야 한다.

에이밍

대개의 경우 훅, 드로우성이 구질이 나온다. 오른쪽으로 목표선을 두어야 하며, 스탠스를 스퀘어가 되게 하거나 클로즈해야 한다.

그립

그립은 짧게 잡고, 그립을 잡은 양쪽 손목으로 각도를 만들어 클럽 솔이 지면과 수평이 되도록 해야 한다. 볼이 높게 위치하고, 헤드의 솔 부분이 지면에 닿게 하기 위해서는 손목을 내려 그립을 잡아 일정한 각도를 이루는 것이 좋기 때문이다.

볼의 위치

이 위치에서는 더핑이 많이 나오게 된다. 볼과의 거리가 가깝기 때문에 클럽이 자연스럽게 빠져 나가지 못하기 때문이다. 체중을 뒤발꿈치에 싣고 평소보다 상체를 일으켜 세워서 스윙을 해야 하기에 볼을 스탠스 중앙이나 오른발 쪽으로 두는 것이 좋다. 그러면 더핑을 피할 수 있고 임팩트가 쉬워진다.

임팩트

볼의 위치가 발보다 높기 때문에 어드레스 자세에서 클럽의 솔 부분이 지면에 닿게 하기 위해서는 토 부분이 약간 들리는 임팩트를 해야 한다. 클럽을 짧게 잡는 이유도 이 때문이다. 이때 그립을 눌러 각을 만드는 것이 상당히 중요하다.

그립을 짧게 내려 잡아야 한다.

스윙 요령

그립을 잡은 왼손의 가운뎃손가락에서 새끼손가락까지 세 손가락의 악력이 중요하다. 어드레스에서 각을 이루어 지면을 그대로 스윙해야 하기 때문이다. 이 샷의 생명은 클럽 밑 부분이 어느 정도로 임팩트하면서 지면을 지나가느냐에 달렸다.

이 샷은 스윙 시 상체가 서 있는 느낌이 들고 백 스윙 시에도 자연스럽고 플랫한 느낌이 든다. 발보다 높은 위치에 있는 볼을 지면으로 그대로 쓸어 친다는 느낌이 필요하다. 팔만을 이용하여 스윙하며 팔로스루를 크게 해서는 안 된다. 백 스윙의 크기는 어느 정도 어깨의 리드가 필요하다.

TIP

오르막 옆 라이에서는 하체를 단단히 고정해야 한다. 하체로 리드를 하면 실수가 발생하기 때문이다. 상체로 인사이드인의 궤도를 익히고, 임팩트는 다소 강하게 가져가야 볼의 휘어짐을 어느 정도 막을 수 있으므로 볼을 강하게 때린 후 동작을 멈추는 듯한 샷을 구사하는 것이 좋다.

1 그립을 내려 잡아 솔이 지면에 닿도록 한다.　　　　**2** 무릎의 변화가 많지 않아야 한다.

3 어드레스에서처럼 손과 그립의 각이 같은 위치가 된다.　　　　**4** 완벽한 균형이 유지되도록 한다.

내리막 옆 라이

정의

발 앞쪽이 발뒤꿈치보다 낮은 경사도의 샷 또는 볼이 스탠스보다 낮은 위치에 있는 샷을 의미한다.

어드레스

스탠스의 폭을 넓게 해야 한다. 볼이 자신의 발보다 낮게 위치해 있으므로 볼을 가격하기 위해서는 상체를 조금 더 낮추어야 하는데, 스탠스가 넓을 때 균형감과 안정감이 생긴다. 체중은 발가락 쪽으로 두고, 스윙의 축이 무너지지 않도록 무릎을 굽혀 자세를 낮추어야 한다. 그리고 그립은 길게 잡아야 한다.

에이밍

대개의 경우 슬라이스성 구질이 나온다. 왼쪽으로 목표선을 두고, 스탠스를 오픈하여 에이밍해야 한다. 상체를 반드시 오픈해서 에이밍하며, 임팩트 시 이 정렬선이 흐트러지지 않아야 한다.

그립

양 손목으로 각을 만들기보다 약간 펴면서 그립을 길게 잡는다. 볼이 낮게 위치해 있고 클럽 헤드의 솔 부분이 지면에 닿게 하기 위해서는 손목을 펴는 것이 좋기 때문이다.

볼의 위치

오른발 쪽에 둔다. 상체가 왼쪽으로 정렬되고 왼쪽에서 오른쪽으로 휘어지는 라이이기 때문에 볼이 오른쪽에 위치해야 좋은 임팩트가 된다.

임팩트

좋은 임팩트 순간은 상체가 전혀 들리지 않고, 클럽 헤드의 힐 부분이 약간 들리게 된다. 볼이 낮은 곳에 위치해 있기 때문에 스윙의 원심력으로 손목이 펴지면서 힐쪽이 들리는 것이다. 스탠스를 넓게 하고 아웃투인의 궤도로 스윙을 작게 해주어야 좋은 임팩트로 연결될 수 있다.

스윙 요령

백 스윙의 크기가 작고 팔로스루가 많은 스윙을 해주어야 한다. 상체를 열어 어드레스하는 것은 팔로스루를 원활히 하려는 이유도 있다. 체중은 양발에 균등하게 실어 스윙 시 몸의 균형을 이루고, 상체의 원활한 스윙이 이루어지도록 해야 한다. 팔의 스윙이 주가 되어야 하는데, 너무 빠르고 지나치게 다운 스윙을 하면 실수를 할 수 있으므로 한 단계 긴 클럽을 사용하는 것도 좋은 방법이다.

불안정한 라이에서는 일반적인 스탠스보다 상당히 어려운 어드레스가 필요하다.

TIP

무엇보다 스윙 시 몸의 균형이 무너지면 안 되는 샷이다. 팔이 주가 되어야 하지만, 팔의 움직임이 경직되었을 때 실수가 나오는 샷이기도 하다. 하체가 상체를 부드럽게 움직일 수 있도록 버티면서 어드레스해야 한다. 따라서 특히 양 무릎의 높이를 스윙 시 일정하게 해야 한다. 백 스윙은 너무 높지 않게, 다운 스윙과 팔로스루는 낮으면서도 길게 하여 클럽이 임팩트되어 빠져 나갈 수 있도록 해야 한다.

Chapter 11

옆 바람 불 때의 피치 샷

바람의 세기를 고려하라

피치 샷은 볼을 띄워야 하기 때문에 바람의 영향을 많이 받는다. 즉, 바람의 방향이나 세기가 샷의 결과에 많은 영향을 미친다.

하체를 단단히 고정하라

바람이 불면 몸에 힘이 빠지게 된다. 바람에 밀려 몸이 균형을 잡을 수 없게 되기도 하고, 샷을 하려고 강하게 버티고 나면 몸이 경직되어 훌륭한 샷을 구사할 수 없게 되기도 한다. 바람 부는 날 좋은 샷을 하기 위해서는 자세를 낮추고, 하체는 단단히 고정하고, 상체는 부드럽게 만들어야 한다.

자연에 순응하라

볼을 멀리 보낼 수 있는 가장 좋은 방법은 볼을 바람에 띄우는 것이다. 이것은 자연에 순응하는 의미이다.

볼의 탄도를 낮추어라

바람의 세기가 강하거나 그린이 단단할 때 바람에 볼을 띄우면 더 큰 실수가 발생하기도 한다. 롤이 많아져 볼이 그린을 튀어 넘어가는 상황도 많이 연출된다. 이를 극복하는 가장 좋은 방법은 탄도를 낮추고 펀치 샷, 넉다운 샷의 기술을 접목하는 것이다.

투어 프로들은 바람의 반대 방향으로 샷을 구사한다

상황에 따라 자연에 순응하는 프로들도 많지만, 최고의 기량을 가진 선수들은 오히려 바람이 불 때 스트레이트 볼을 구사한다. 스트레이트 볼은 바람의 영향을 가장 적게 받기 때문이다. 그들은 또한 오른쪽에서 왼쪽으로 바람이 분다면 의식적으로 볼의 비구선을 왼쪽에서 오른쪽으로 가져가 바람의 저항을 최소화하는 기술 샷을 하고 있다. 이 정도의 기술에 도달하려면 많은 시간이 필요하다. 일반 아마추어 골퍼들은 더욱 자연에 순응해야 샷을 성공할 확률이 높다.

그립을 강하게 잡아라

바람이 심하게 불 때는 그립을 강하게 잡는 것이 좋다. 강한 그립은 볼을 무겁게 날아가게 하고, 부드러운 그립은 볼의 탄도를 높게는 하지만 볼을 가볍게 날아가게 한다. 옆바람이 부는 경우는 볼이 무겁게 날아가도록 하는 것이 유리하다.

스윙의 궤도를 최대한 활용하라

바람이 부는 방향에 따라 궤도를 고려하여 스윙하는 것이 좋다. 혹 바람이 부는 경우 아웃투인의 궤도나 커트 샷의 궤도가 좋으며, 슬라이스 바람이 불 때는 인투인의 궤도가 바람의 저항에 비례하여 좋은 비구선을 만들어준다.

잠시 바람이 멈출 때를 활용하라

바람이 심한 상황에서 플레이를 하면 마음의 여유도 없어진다. 마음이 급해지더라도 여유를 갖고 기다리다 보면 바람이 잠시 멈춰질 때가 있다. 거리가 가까운 피치 샷이기 때문에 샷에 여유가 생길 수 있으므로 급하게 플레이하기보다는 여유를 가지고 기다려보라. 기다리다 보면 기회가 오는 것이 골프이다.

Chapter 12

생크 방지 요령

생크의 정의

볼이 클럽의 호젤 부분에 맞아 오른쪽으로 날카롭게 날아가는 샷을 생크라 한다. 볼이 클럽 헤드 밑면의 힐 사이드 쪽에 맞아 이런 현상이 생기기도 하는데, 가장 이유를 감지하지 못하는 샷 가운데 하나이다. 이 샷은 스코어가 80대 중반 이상인 골퍼들에게 주로 나타난다. 기본적인 셋업에서 임팩트까지 리듬과 템포가 맞지 않을 때 나타나며, 전혀 예측하지 못하는 방향으로 볼이 날아가기도 한다.

클럽 헤드의 무게감을 반드시 느껴 스윙 궤도를 인식해야 하며, 스윙의 가속도를 느낄 수 있을 만큼 연습을 많이 해야 한다. 클럽을 자유자재로 움직이는 이미지를 그려보면 스윙 형성에 도움이 된다. 그립의 압력을 점검하는 것도 필수 요소이다.

생크가 발생하는 원인

스탠스가 볼과 너무 가깝다

스탠스가 볼과 너무 가까운 경우 스윙이 지나치게 인투아웃 궤도를 이루려 할 때 볼이 헤드의 힐 사이드 안쪽으로 맞아 생크의 원인이 된다. 어드레스를 정확하게 다시 한 번 점검해 볼 필요가 있다. 그립을 잡은 손과 몸을 일정한 간격으로 유지해야 하며, 체중은 앞쪽보다는 약간 뒤쪽이나 중간에 실어두는 것이 바람직하다.

체중이 앞쪽으로 지나치게 쏠려 있다

일반적인 거리에서 상체가 앞으로 쏠리면 이 또한 생크의 원인이 된다. 이때는 상체를 들어 원만하게 인투인 궤도를 만들어야 한다. 그리고 발바닥 중앙이나 약간 뒤쪽에 체중을 두어 생크를 방지해야 한다.

스윙 궤도를 이탈하였다

많은 골퍼들은 스윙을 지나치게 인투아웃 궤도로 가져가려는 경향이 있다. 그러나 클럽 헤드가 닫혀 이러한 궤도가 되면 생크의 원인이 된다. 클럽 헤드가 열려 아웃인의 궤도가 이루어질 때도 심한 생크가 발생한다. 그러므로 클럽 헤드의 스퀘어를 점검하고 스윙을 인투인의 궤도로 가져가도록 해야 한다. 이때 계속해서 생크가 난다면 클럽 없이 팔만을 이용해 부드러운 스윙 템포를 찾아야 한다.

그립이 지나치게 강하다

스윙이 이루어지는 동안 그립이 강하면 팔과 손목이 경직되어 임팩트 때 클럽이 비틀리며 생크가 발생한다. 힘이 들어가지 않는 자연스러운 그립을 해야 하며, 이때 양 어깨나 상체는 부드러움을 유지해야 한다. 특히 긴장감이 들면 몸이 더욱 경직된다. 유연한 스윙은 필수이며, 긴장감을 해소하는 방법을 찾는 것은 골퍼가 감당해야 할 몫이다.

임팩트 시 볼과 몸이 너무 멀리 떨어져 있다

몸과 볼이 너무 멀리 떨어져 있는 경우에도 생크가 발생한다. 임팩트 시 손을 몸에 가깝게 두어야 한다. 그러면 클럽 헤드와 헤드 로프트의 변화가 가장 적기 때문에 생크를 방지하는 데 도움이 된다. 이러한 방법대로 스윙을 한다면 기본자세도 다시 한 번 점검해보는 기회가 될 것이다.

생크를 방지하기 위한 연습 방법

토를 활용하라

클럽 헤드의 바깥 부분인 토를 이용해 볼을 몇 개 쳐본다. 그러면 손에 감각이 전해질 정도로 클럽이 가볍게 임팩트되고 샤프트가 진동하는 것을 느낄 수 있다. 토가 볼에 맞을 때 클럽이 열리면서 생기는 저항 또한 느끼게 되어 적당한 그립의 압력과 스윙의 템포를 찾을 수 있어 생크를 고치는 가장 이상적인 방법이 된다.

오른손만으로 스윙하라

탁구나 테니스의 스매싱처럼 한 손으로 클럽을 짧게 잡고 스윙해보도록 한다. 스윙 궤도를 찾을 수 있고, 스윙이 한 번에 이루어지는 템포를 찾을 수 있어 생크를 고치는 데 도움이 된다. 이 경우 클럽 헤드가 심하게 닫혀 손목의 롤링이 많아지는 단점이 있으나, 그립의 압력을 점검하거나 스윙의 부드러움을 유지하는 데 도움이 된다.

두 개의 볼이 동시에 날아가도록 히팅하라

볼을 두 개 붙여 놓고 스윙하여 가급적이면 동시에 날아가도록 연습해본다. 처음에는 정확하게 임팩트가 이루어지지 않아 생크가 나거나 볼이 하나만 날아가기도 하겠지만, 반복 연습으로 두 개의 볼이 비슷하게 나가는 스윙이 된다면 생크를 방지할 수 있다.

인사이드인의 스윙 궤도를 만들어라

생크를 고치기 위해서는 자신의 스윙 궤도를 정확하게 알 필요가 있다. 클럽 없이 팔만으로 스윙하여 궤도를 파악하는 연습을 해보면, 부드러운 스윙의 템포도 만들어지지만 스윙이 이루어지는 길이 보이므로 정상적인 샷에도 도움이 된다.

팔꿈치를 굽혀라

많은 사람들이 임팩트 순간 심할 정도로 팔꿈치를 펴야 한다고 생각한다. 연습 스윙과 실제 스윙에서도 임팩트 순간에는 팔을 쑥 펴기보다는 굽히는 것이 좋다. 근거리에서의 칩 샷이나 피치 샷은 팔꿈치를 다소 유연하게 만들어야 하기 때문이다.

볼 앞쪽에 페트병을 세워 두고 스윙하라

어드레스 시 볼 앞쪽(타깃 방향이 아닌 자신과 볼의 반대편)에 페트병을 세워두고 스윙하면 클럽이 궤도에서 심하게 이탈하여 생기는 생크를 방지할 수 있다.

템포를 가장 천천히 하여 스윙을 반복하라

이 샷에 기술적인 문제가 있다면 정상적인 스윙 동작을 멈추고 슬로우 모션으로 스윙을 연습해야 한다. 클럽 페이스에 볼이 맞은 지점을 확인하고 스윙의 궤도를 눈으로 익히기 위해서이다. 놀이동산에 있는 바이킹의 이미지를 대입해보자. 스윙에 리듬이 생겼다면 생크는 이미 고정되어 있을 것이다.

Chapter 13

피치 앤드 런

골프 경기에서 가장 어려운 거리는 40~60야드이다. 특히 페어웨이 잔디가 아주 짧게 깎여진 상태에서 핀의 위치가 매우 단단한 그린의 앞부분에 놓여 있다면 더욱더 샷을 하기가 어렵다. 그린 앞부분에 벙커나 해저드와 같은 장애물이 있는 경우 심리적인 부담감이 커지므로 자신 있는 샷을 하기가 더욱 어려워진다.

그린 앞부분에 특별한 장애물이 없다 하더라도 일반 주말 골퍼들이 샌드 웨지를 이용해 볼을 얇게 띄워 그린을 공략하는 것은 쉬운 일이 아니다. 사실 PGA 프로들도 매우 단단한 라이에서는 볼을 띄우는 것을 어려워한다. 세계적인 PGA 프로들도 60, 58도의 웨지는 물론 피칭 웨지까지 다양한 클럽을 골프 백에 넣어 다니며 다양한 탄도의 피치 앤드 런(pitch and run)을 구사한다. 이러한 다양성은 샷의 성공률을 높여주며, 바람의 영향을 받을 때 그 기능을 더욱 발휘한다.

그린 주변 환경을 파악하라

피치 앤드 런은 볼을 띄워 핀을 직접 공략한다. 볼을 띄우기 위해서는 라이나 핀의 위치, 그린 주변 상황을 모두 파악해야 한다. 볼을 살짝 띄워 구르게 하는 샷은 매우 평평한 페어웨이에서 장애물이 없는 핀을 공략할 때 가장 이상적인 방법이 되기도 한다. 모든 것이 완벽하게 점검되었을 때 스윙을 하며, 이때 오른쪽 손목이 스윙에 완벽하게 보조를 맞춰야 자신이 원하는 거리를 얻을 수 있다는 것을 기억해야 한다.

스윙의 준비 과정을 살펴보라

높이 뜨는 볼은 그린 앞에 떨어져 몇 번의 바운스를 거쳐 홀 방향으로 굴러간다. 이때 그린 위에서의 거리감은 그린의 단단함에서 결정되기 때문에 그린 위의 상황을 미리 점검하는 것이 좋다. 바람의 세기나 그린의 단단함이 시간에 따라 달라져 볼이 구르는 횟수가 늘어나는 것도 준비 과정에서 인식해야 한다. 셋업을 하기 전에 실제와 같은 샷을 가상으로 해보는 것이 좋으며, 볼이 그린 프린지 지역을 통과하여 그린 안으로 굴러가는 과정을 이미지로 그려보아야 한다.

스탠스는 목표선과 평행이 되게 하라

기본자세에서 에이밍이 정해진다. 스탠스를 무리하게 변화시키기보다는 스퀘어가 되게 해야 한다. 양 무릎과 허리 그리고 양 어깨의 정렬선을 직각으로 두는 셋업이 좋으며, 그립을 잡은 양손은 편안하게 무릎 정도의 위치에 두는 것이 바람직하다. 스탠스는 일반적인 샷을 할 때보다는 좁게 하는 것이 좋으나 너무 좁지는 말아야 하며, 전체 체중을 받쳐주는 듯한 느낌이 들어야 한다. 오픈 스탠스를 하면 볼의 위치를 스탠스 중앙보다 오른발 쪽으로 가져가야 하는데, 그러면 결과적으로 백 스윙이 가파르게 되고 다운 스윙 시 내려오는 각이 가파르게 되어 심하게 다른 형태의 샷이 만들어진다.

1 그립은 내려 잡는다.

2 가급적 편안한 자세로 손목을 쓰지 않는 백 스윙이 필요하다.

3 원심력을 만드는 백 스윙의 코킹이 이루어지는 단계이다.

볼의 위치는 스탠스 중앙에 두어라

볼의 위치는 스윙 센터가 되는 스탠스 중앙이 바람직하다. 볼을 너무 오른발 쪽에 두면 탄도에 의한 실수가 발생하는 것은 물론 스핀이 걸려 많은 연습을 하지 않으면 거리를 맞추기가 어려워진다. 이른 아침 라운드에서는 오히려 볼을 약간 왼발 쪽에 두는 것이 좋은데, 그때는 몸이 무겁기 때문에 클럽 페이스가 임팩트까지 도달할 때 볼과 직각을 이루는 시간을 좀 더 얻기 위해서이다. 몸이 정상적인 상태로 돌아오는 시간에는 스윙이 상대적으로 빨라지므로 볼의 위치를 스탠스 중앙에서부터 오른발 쪽으로 조금 옮겨가는 것이 좋다.

백 스윙의 진행 과정을 점검하라

백 스윙이 목표 방향보다 약간 안쪽으로 오도록 해주는 동시에 손목이 꺾이지 않은 상태를 유지해야 한다. 스윙의 템포나 스윙의 크기도 부드럽게 해야 하며, 다운 스윙과 릴

4 스윙의 크기보다는 편안함이 우선이다.   **5** 디벗보다는 쓸어 치는 임팩트 이후 릴리스가 되고 있다.   **6** 클럽을 끝까지 잡고 있는 것이 좋은 밸런스를 유지하는 방법이다.

리스까지 한 번의 리듬을 타는 듯 백 스윙을 해야 한다. 하체의 움직임은 가급적이면 줄이고, 상체 위주의 컨트롤을 위한 스윙을 한다. 클럽이 허리 부분까지 도달할 때 어깨가 시계 방향으로 회전하도록 한다.

다운 스윙 과정을 점검하라

다운 스윙 시 가장 좋은 느낌은 잔디가 많이 있지 않은 상태에서도 클럽 헤드가 지면을 어느 정도 쓸어내는 것처럼 하는 것이다. 이러한 동작을 하기 위해서는 양 무릎을 목표 방향으로 약간 이동해야 한다. 강하게 디벗을 내기 위해 클럽을 가파르게 내리기보다는 원만한 폭으로 다운 스윙하는 것이 바람직하다. 이러한 것들이 조화를 이룰 때 스윙의 리듬감이 더해진다. 클럽 헤드가 허리 부분에 도달할 때쯤 오른쪽 손목이 자연스럽게 풀리면서 왼손 위로 돌려지는 듯한 회전 동작을 해야 한다.

릴리스는 피니시와 같이 부드럽게 홀딩하라

클럽이 임팩트가 되어 릴리스로 돌아서는 순간 무리하게 클럽을 제어하기보다는 클럽의 무게와 스윙의 원심력에 의해 부드럽고 자연스럽게 릴리스를 진행하는 것이 좋다. 좋은 임팩트를 위해 그립을 부드럽게 잡아주어야 하는 것처럼, 볼을 원하는 곳으로 보내기 위해서는 자신이 의도하는 것보다 자연스럽게 스윙의 크기를 고려하여 릴리스와 피니시 자세를 하는 것이 좋다.

스윙이 이루어지는 동안 머뭇거리지 마라

짧은 거리에서의 샷이 어려운 것은 거리를 맞추려 하다가 더 큰 실수를 하기 때문이다. 가장 빈번한 원인은 바로 머뭇거림이다. 강한 디벗을 만들어 샷을 하려고 하는 것도 이 머뭇거림에 해당된다. 그러므로 셋업 이후 백 스윙부터 릴리스까지 부드럽게 한 번에 이루어지는 스윙을 구사해야 한다. 특히 볼을 살짝 띄워 구사하는 칩 앤드 런에서는 반드시 이러한 '머뭇거림'이 없는 스윙을 해야 한다.

톱 프로들의 스윙을 이미지화하라

가장 좋은 교육 방법은 스윙 동작을 시각화하는 것이다. 자신의 스타일에 맞는 톱 프로들의 스윙 템포나 스윙 크기를 자신에게 맞게 이미지화하는 노력이 필요하다. 필자는 대회를 통해 만나는 톱 프로들에게 가장 많은 것을 배우고 있음을 고백한다.

Chapter 14

70야드 웨지 샷

중요성을 인식하라

세계적인 순위에 들기 위해서는 이 샷을 연구하는 것이 필수적이다. 한국의 신지애 선수의 특기를 꼽으라면 바로 이 거리에서의 완벽한 테크닉일 것이다. PGA 투어에서 활약하고 있는 최경주 선수도 PGA 투어에서 살아남으려면 이 거리에서 고탄도, 중탄도, 저탄도의 세 가지 샷을 모두 마스터해야 한다고 했다. 그만큼 이 거리에서는 다양한 테크닉이 필요하며 그린의 빠르기에 따라서 합당한 탄도를 이용해 공략할 필요가 있다는 이야기이다. 70야드 웨지 샷은 확률상 라운드에서 가장 많이 하는 샷, 가장 많이 버디를 만들어낼 수 있는 샷, 위기에서 리커버리해야 하는 샷의 의미가 있고, 다양한 목표가 있는 샷이라고 할 수 있다. 참고로 아마추어들은 다양한 샷을 공부하기보다는 기본에 충실하며 높은 탄도로 볼을 안정되게 그린에 올리는 기술을 우선 익혀야 할 것이다.

볼의 위치는 매우 중요한 요소이다

70야드 내에서 탄도에 의한 공략을 하기 위해서는 볼의 위치를 달리하는 것이 중요하다. 높은 탄도를 얻으려면 볼을 스탠스 중앙과 왼발 쪽에 가까이 두는 것이 좋다. 많은 스핀과 낮은 탄도로 공략하려면 아무래도 볼을 오른쪽 라이에 맞게 두는 것이 바람직하다. 볼이 놓여 있는 상태에 따라 볼의 위치가 바뀌기도 하지만, 웨지로 하는 대부분의 샷은 볼을 오른발 쪽에 두고 하향 타법에 의한 스핀을 만드는 것이 좋을 수 있다. 이때 볼의 탄도는 클럽이 로프트가 있는 웨지이기 때문에 걱정하지 않아도 된다.

그립을 내려 잡아라

그립을 내려 잡는 이유는 클럽을 컨트롤하기가 쉬우며, 70야드 샷에서는

이 거리에서의 거리감은 완벽해야 한다.

100%가 아닌 80%의 스윙이 가장 좋은 결과를 주기 때문이다. 웨지는 헤드의 토쪽이 무겁게 설계되어 있어 오픈해도 토가 임팩트 때 미리 닫히기도 한다. 토는 그립을 짧게 잡을 때 적당하게 역할한다. 그립을 길게 잡고 스윙을 하면 웨지의 로프트로 토의 회전이 많아져 방향성에 다소 문제가 발생하며, 강한 임팩트를 구사할 때 디벗이 깊게 생겨 거리에서 실수할 수 있다. 참고로 클럽 헤드만 본다면 웨지가 다른 아이언보다도 무겁다.

클럽 페이스의 각도를 최대한 일정하게 유지하라

웨지는 각각 고유한 로프트가 있는데 이 로프트의 변화를 최소화할 때 방향성이 보장된다. 그립을 짧게 취하는 것도, 손목 사용을 자제하는 이유도, 80%의 스윙을 추구하는 이유도 로프트의 변화를 최소화하는 데 있다. 로프트를 일정하게 유지하며 볼에 가져갈 때 스핀이 가장 많이 생긴다. 웨지의 특성을 다시 한 번 생각해보기 바란다.

그립은 단단하게 잡아라

일반적으로 가까운 거리에서의 칩 샷과 피치 샷은 그립을 부드럽게 잡고 클럽 헤드의 무게로 볼을 가격한다. 하지만 탄도나 스핀에 걸맞는 스윙을 하기 위해서는 그립을 단단하게 잡아야 한다. 우선은 스핀을 만들기 위해 디벗을 만들어야 하는데, 클럽의 비틀림을 방지하기 위해서라도 그립을 단단하게 내려 잡아야 한다. 그립이 부드러운 상태에서 스윙을 하면 클럽 헤드의 무게가 스윙의 주가 되어 긴 거리에서 거리감과 방향성이 좋아지기 어렵다. 볼을 원하는 방향과 거리에 보내려면 스윙 시작부터 피니시까지 그립을 단단하게 해야 한다.

피니시에 충실하라

스윙의 균형미를 설명하며 볼을 그린에 안착시키고 스핀으로 생기는 마지막 결과까지 피니시를 하며 지켜보자. 이러한 습관은 완벽한 리듬과 템포를 만들어주며 긴 클럽을 사용할 때도 긍정적인 영향을 미친다. 앞서 설명한 대로 피니시에서도 단단한 그립이 필요하다. 단단한 그립을 취해 '하나, 둘'의 템포로 스윙을 연습해보라. 일반적으로 '하나, 둘, 셋'의 스윙 템포는 아마추어들이 좋아하지만, 프로들은 강한 스핀을 만들기 위해 '하나, 둘'의 템포로 플레이하고 있음을 기억하기 바란다.

높은 탄도에서는 피니시 자체를 약간 높게 가져가는 것이 좋으며, 저탄도나

피니시에서는 끝까지 클럽을 잡고 있는 것이 좋다.

중탄도에서는 양팔을 피니시에서 가슴쪽으로 붙여주는 것도 좋다.

탄도는 상체 동작으로 만들어라

탄도의 결정은 볼의 위치와 클럽에 따라 달라진다. 하지만 로프트가 큰 웨지를 선택해 탄도를 낮게 하려면 상체의 동작을 이용하는 것이 가장 바람직하다. 이는 매우 어려운 고도의 기술로, 임팩트 이후 상체와 팔을 같은 간격으로 붙여 스윙하는 것이다. 팔을 이용해 탄도를 낮추려 하다보면 중압감으로 더 큰 실수가 유발되기 때문에 상체를 타깃 방향으로 밀어준다는 느낌으로 바디 턴의 스윙 테크닉을 구사해 탄도를 낮추는 것이 가장 이상적이다.

머리 위치를 점검하라

샌드 웨지를 사용할 때는 머리의 위치를 반드시 점검해야 한다. 긴 클럽을 사용할 때의 영향으로 짧은 클럽을 선택했을 때도 머리 위치를 볼 뒤에 두려는 성향이 골퍼들에게 있다. 하지만 짧은 웨지를 사용할 때는 반드시 그라운드에서 가장 무거우면서 두껍고 강한 임팩트를 해야 하기에 머리 위치가 볼의 뒤보다 볼 앞에 있다는 느낌이 들어야 올바른 셋업 자세가 나온다. 즉 이러한 머리의 위치가 강한 하향 타법을 만들어 강한 임팩트와 강한 스핀 그리고 디벗을 만든다.

피니시에서 오른발은 비스듬하게 두어라

상체의 원활한 스윙을 돕기 위해 임팩트 시 왼쪽 허리가 빨리 돌아가는 것을 방지해야 하며, 80%의 스윙이 이루어지는 동안은 오른발을 비스듬하게 두고 상체의 회전만을 이용하는 것이 바람직하다.

스윙이 이루어지는 동안 양 팔꿈치 간격을 유지하라

이미 앞에서도 말하였지만, 영국의 닉 팔도는 스윙 시 수건을 자신의 가슴에 두르고 두 팔 사이에 끼워 연습한다. 스윙의 일체감을 느낄 수 있는 가장 좋은 방법이기 때문이다. 80%의 스윙이 이루어지는 동안 수건을 사용하는 이미지는 스윙 형성에 많은 도움이 된다. 높은 톱의 위치나 피니시가 필요하지 않기 때문에 양 팔꿈치의 간격을 일정하게 유지하며 스윙을 해보는 것도 70야드 웨지 샷에 매우 좋은 연습 방법이 될 것이다.

Chapter 15

트위너 테크닉

트위너의 정의

영어의 'between' 에서 유래된 말이다. 스포츠 용어로 많이 쓰이고 있는데, 골프에서 말하는 트위너(tweener)의 정의는 그린이 열려 있는 공간이 매우 좁은 상황에서 그린으로 볼을 올리는 샷을 말한다. 많은 투어 프로들조차도 30~40m 내외에서 트위너를 일관성 있게 플레이하는 것이 매우 어렵다.

원하는 손목의 사용을 최대화하라

많은 사람들이 골프는 손목을 쓰지 않는 운동이라고 알고 있다. 하지만 그 어떤 운동도 손목을 사용하지 않는 것은 존재하지 않는다. 손목을 쓰지 말라는 말은 단지 손목의 움직임을 최소화하라는 의미로 받아들여야 한다. 트위너는 로브 샷과 피치 샷의 중간 정도 되는 샷이라고 하는 사람도 있는데, 손목 사용을 최대화하여 클럽 페이스 중앙보다는 약간 토쪽으로 임팩트하여 볼을 띄우는 동작이다. 그래서 손목의 꺾임을 최대화해야 한다.

임팩트는 클럽 페이스 정중앙이 아니라 토쪽을 노려라

손목의 꺾임을 최대화하여 가파른 각을 만들고 스윙은 크지 않게 몸쪽으로 붙여 올리고 몸쪽으로 붙여 내린다. 이때 클럽을 가파른 아웃인의 궤도로 내리면서 페이스 중앙이 아니라 1cm 정도 토쪽으로 임팩트한다. 그린이 가깝고 역회전이 가장 많은 샷이며, 단순히 피치 샷을 구사하여 볼을 띄우기보다는 그린 홀 주변에 볼이 떨어지는 공간이 좁은 경우 볼을 빠르게 세울 수 있다.

목표선을 따라 임팩트하라

로프트가 큰 웨지를 선택하여 볼을 스탠스의 정중앙에 위치시킨다. 백 스윙은 몸에 바짝 붙여 짧게 한다. 손목을 최대한 꺾고 임팩트를 할 때 확실한 다운 블로로 리딩 에지를 예각으로 떨어뜨린다. 볼이 비구선을 향하게 하고 클럽 헤드를 타깃 라인으로 향하게 하여 스윙한다. 디벗도 타깃 방향과 일치해야 한다.

공격적인 스윙을 구사하라

연습을 해보면 웨지의 로프트를 이용하여 작은 크기의 공격적인 스윙을 구사해도 실제 타격 거리가 그다지 크지 않다는 것을 알 수 있다. 양쪽 손목을 최대한 꺾어 소위 '스냅(snap)'을 이용하고 몸에 바짝 붙이기 때문에 스윙이 크게 느껴지더라도 실제로는 매우 작다.

임팩트는 가장 짧은 순간 이루어지게 하라

이것은 볼을 쭈욱 밀라고 하는 말과 상반되는 이야기다. 드라이버 샷은 임팩트 시 볼을 끊어 치기보다 스윙으로 한 번에 보내며 페이스에 볼이 오래 머무는 느낌이 들어야 한다. 반대로 트위너 샷은 가장 짧은 순간에 임팩트가 이루어져야 한다. 스냅을 활용하라. 임팩트 시 볼이 클럽에 닿는 부분이 다른 샷과 다르기 때문이다.

필 미켈슨의 기술을 배워라

레프티 플레이어(lefty player)인 필 미켈슨(Philip Mickelson)은 손목의 동작을 가장 멋지게 활용하는 선수이다. 그는 클럽을 상당히 강하게 잡는다. 선택하는 웨지도 그렇지만 그립 또한 강하게 해서 볼을 더 뜨게 한다. 아마추어들이 이 그립을 사용한다면 토핑이 상당히 많이 나올 수 있지만, 그는 최대한 코킹하면서 훌륭하게 자신의 기량을 펼친다. 스윙하는 동안 흐트러짐이 없는 몸 동작과 스윙스루하는 미켈슨의 기술을 배워보는 것도 좋은 방법이다.

Part

4

퍼팅

Chapter 01

퍼터의 종류

골프 경기에 사용할 수 있는 클럽은 14개를 초과하지 못하게 되어 있다. 골프를 하다 보면 사용할 수 있는 클럽이 15개나 16개면 정말 좋겠다는 생각이 드는 것이 한두 번이 아니다. 클럽의 갯수를 초과해도 될 때 가장 선호하는 것은 바로 샌드 웨지 종류일 것이다. 샌드 웨지는 로프트에 따라 1개 정도는 누구나 선호하는 클럽이다. 그 외에는 사람마다 선호도 차이는 있지만, 대부분 아마추어는 2개의 드라이버를 가지고 있고 많은 투어 프로들은 골프 백에 2개의 퍼터를 넣어두고 있다. 이것은 기량 향상과 좋은 스코어를 위해 1~2개 정도의 예민한 엑스트라 클럽을 선호하거나 테스팅하고 있음을 의미한다.

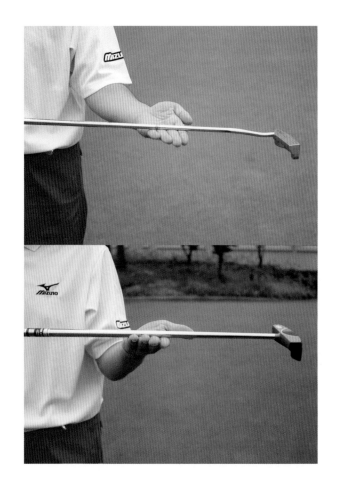

퍼터는 크게 네 가지 모델로 나눌 수 있다. 하나는 평범하면서도 가장 많이 쓰이는 'T' 또는 '핑(ping shape)' 스타일을 들 수 있고, 그 외에는 반달형(mallet shape), 'L' 스타일, 그리고 현대 골프에서의 블룸 스틱(bloom stick)을 들 수 있다. 이 네 가지 퍼터는 각자의 선호도에 따라 사용되지만, 저마다 특성이 있다.

핑 모델은 어드레스에서 가장 편하게 나오고 볼이 맞는 타점의 토와 힐 사이드 균형이 매우 조화롭다는 것이 특징이다. 퍼터의 스트로크는 약간의 인사이드에서 아웃사이드 궤도로 내치는 스타일이 주류를 이루고 있는데, 이러한 궤도를 유지하는 사람들에게 좋은 퍼터라고 할 수 있다.

반달형 스타일은 그린이 느리거나 매우 무거울 때 사용하면 효과가 있다. 특히 페이스 밸런스(face balanced)로 되어진 반달형이 좋다. 퍼터의 목 부분에서 그립 쪽으로 1/4 또는 1/5 지점의 손바닥 위에 퍼터를 올려놓으면 둥근 반달형의 페이스가 하늘을 보며 균형을 유지해주는데, 이를 페이스 밸런스 상태라고 한다. 이러한 균형 유지는 안정감을 주기에 많은 선수들이 이 클럽을 선호하고 있다. 예전에 닉 프라이스(Nick Price) 선수가 썼던 RAM 브랜드의 지브라(Zebra) 퍼터가 이러한 특성이 있어 많은 선수들 사이에서 한 때 가장 선호하는 퍼터가 되었다. 아니카 소렌스탐(Annika Sorenstam) 선수가 쓰고 있는 캘러웨이사의 투 볼 퍼터도 이러한 기술 위에 바탕을 두었다. 이 퍼터는 페이스 뒤에 무게 중심이 있어 임팩트 시 반발력의 효과로 볼이 빠르게 튀어나가는데, 이는 긴장과 초조함으로 볼을 제대로 못 때리는 사람들이 퍼팅을 하는 데 많은 도움을 준다.

L 스타일은 현대에 와서 많이 기피하는 퍼터가 되었다. 클럽 헤드의 토가 매우 무겁기 때문에 양손의 악력이 다르면 많이 흔들릴 수 있는 퍼터이다. 그동안은 빠른 그린에서 손목 사용이 많은 선수들에게 상당한 인기가 있었으나, 위의 다른 두 종류의 클럽이 성능이 개선됨에 따라 손목 사용을 많이 해야 하는 L 스타일의 퍼터는 선수들 사이에서 점차 사라지고 있는 추세이다. 매우 예민하여 많은 훈련이 필요한 퍼터이며, 샤프트 연장선에서 볼의 타점 윗부분에만 무게 중심이 있어서 느린 그린이나 무거운 그린에서는 방향이 매우 불안정해져 많은 손해를 볼 수 있는 퍼터이다. 대부분의 전통적인 골퍼들이 L 스타일의 퍼터를 많이 사용했는데, 바비 존스(Bobby Jones)나 마스터스에서 우승한 벤 크렌쇼(Ben Crenshaw)가 대표적인 사용자였다. 아시아에서는 일본의 점보 오자키(Jumbo Ozaki)나 이사오 아오키(Isao Aoki) 선수가 이 퍼터를 사용하여 우승하기도 했다.

블룸 스틱 퍼터

블룸 스틱이라고 부르는 긴 샤프트의 퍼터 종류도 골프에서 새로운 형태로 자리 잡고 있다. 거의 몸을 세워 셋업하며 턱 밑까지 샤프트 끝을 댈 만큼 긴 퍼터는 롱 퍼트에서 거리감을 느끼기에 충분한 무게감을 가지고 있으며, 쇼트 퍼트에서도 긴 퍼터의 무게감으로 흔들림이 적어 선수들도 많이 쓰고 있는 추세이다. 배꼽에 가져가는 벨리 퍼트도 블룸 스틱에 포함시켜야 할 듯 싶다. 이 퍼터의 장점은 퍼터를 몸에 가장 가깝게 붙이기 때문에 팔보다는 몸통 전체로 퍼트할 수 있다는 것이다.

골프 플레이에 사용하는 클럽 14개는 매우 과학적이면서도 경기의 묘미를 더해줄 만큼 적절한 갯수임에 틀림없다. 갯수가 많은 것 같기도 하지만 어려운 상황이 닥칠 때나 각자의 스타일을 생각하면 아쉬움이 남기도 한다.

골프 경기에서 퍼터 선택은 가장 힘든 것 중 하나일 것이다. 아쉽게도 많은 사람들이 기능적인 면보다 모양과 가격에 맞춰 퍼터를 선택한다. 제대로 된 퍼터를 선택할 수 있도록 지금부터라도 공부해보자.

퍼터의 종류가 다양하다. 그린이 스피드가 높아지거나 언듈레이션이 많아지면서 퍼터 장비도 많은 발전을 하고 있다.

Chapter 02

올바른 퍼팅의
준비 과정과 기본자세

드라이버로 볼을 200야드 보내는 것과 2m 앞의 홀에 퍼팅하는 것 중 어느 것이 어려울까? 초보자들은 아마도 2m짜리 퍼팅이 쉽다고 말하겠지만, 구력이 붙을수록 2m 거리가 더 어렵다고 할 것이다. 특히 로우 핸디 캐퍼일수록 짧은 거리의 퍼팅이 더욱 어렵다고 말할 것이다.

200야드보다 1m 앞의 홀에 볼을 넣지 못해 스트레스를 받는 아이러니. 될 듯 될 듯 하면서도 정복이 어려운 퍼팅 때문에 골퍼들의 속이 시커멓게 탈 수도 있을 것이다. 레슨 중에서도 퍼팅이 가장 어렵다. 그 이유는 퍼팅 스트로크는 기술적인 부분보다는 감각적인 부분에서 문제를 해결하려고 하기 때문이다. 아이언 샷과 드라이버 샷이 원심력을 이용하는 '원 운동'이라고 한다면 퍼팅은 퍼터 페이스가 흔들리지 않은 상태에서 스트로크 해주는 '평면 운동'이다.

따라서 퍼팅 레슨도 근육 사용과 기술적인 특징보다는 심적인 부분에 크게 의존하는 것이 사실이다. 그렇다고 퍼팅을 할 때 무조건 마음에만 의존할 수는 없고, 최소한의 기술이 동반되어야 한다. 퍼팅의 기본적인 기술에 대해 알아보자.

퍼팅 그립은 헤드 로프트가 쉽게 바뀌지 않게 하는 팜 그립이 적당하다

레슨에 앞서 퍼터의 구조를 살펴볼 필요가 있다. 가장 기본적인 체크 방법으로는 퍼터의 중심을 잡아 균형을 맞추어보는 것인데, 이때 가장 눈에 띄는 것이 바로 클럽 페이스의 위치이다. 구조적으로 반달형은 페이스가 지면과 수평 상태를 유지하기 쉽다. 반달형은 평면에서 스트로크하기 위해 토와 힐 부분의 무게를 같게 하여 헤드가 흔들리는 것을 막아주기 때문이다. 요즘은 반달형 퍼터가 인기가 높다. 현재 사용하는 퍼터는 페이스가 4, 5도 정도의 로프트가 있으며, L자형의 경우는 거의 토 부분이 지면을 향해 있을 정도로 매우 무겁게 설계되어 있다.

퍼팅과 체중 이동

주말 골퍼들이 퍼팅을 할 때 하는 기본적인 몇 가지 실수 유형이 있다. 특히 남자에게 나타나는 것 중의 하나가 잘못된 체중 분배이다. 퍼팅을 위한 어드레스 때 많은 주말 골퍼들이 체중을 발뒤꿈치로 가져간다. 이 경우 심한 압박을 느끼는 가운데 숨을 들이키어 몸이 들리게 된다. 체중을 발뒤꿈치에 둔 결과 스트로크 때 클럽 헤드를 볼의 윗부분으로 가져가는 현상도 초래하게 된다.

지면과 하체가 거의 수직 상태를 유지하는 것, 즉 발바닥 전체에 힘이 고르게 분배되는 것이 가장 이상적이다. 다리가 지면과 수직이 되면 상체의 등 부분부터 목 부분이 수평을 이루는데, 이때 등의 위치도 자연스럽게 결정된다.

여성 골퍼들은 대체로 매우 부드럽게 그립을 하는데, 이것이 오히려 마이너스 효과를 불러온다. 퍼팅할 때는 드라이버 샷이나 아이언 샷을 할 때보다 더 견고하게 그립을 해야 한다.

그린을 읽어라

볼의 흐름은 그린의 중력에 의해 진행된다. 볼이 지면에 붙어 구르는 힘과 휘어지는 힘을 조절하는 것이 퍼팅을 잘할 수 있는 기본기술일 것이다.

신속하게 여러 방향에서 그린을 살피고 라인을 확인하라. 시야를 좁혀 퍼팅 라인을 읽어보라. 그리고 시선을 집중시키는 터널 효과로 퍼팅 라인을 확인해보라. 터널 효과란 양손을 모자 옆에 대어 약간 누르는 듯 손 모양을 터널처럼 만들어 시야를 좁힘으로써 그린을 읽는 것을 말한다. 동반 경기자의 움직임으

퍼팅을 준비하는 과정에서 그린을 살피는 것이 첫 번째 해야 할 일이다. 세심한 관찰을 위해 성급하게 플레이하지 말자.

로 집중력이 떨어지는 것을 줄여준다.

홀까지의 거리 파악, 볼이 휘어지는 포인트 선정, 홀 바로 앞에서 볼이 휘어지는 것을 점검하여 퍼트를 결정했다면 주저함이 없이 실행해야 한다. 때로는 너무 느리게, 때로는 너무 빠르게 플레이를 진행하는 것은 그린에서는 피해야 할 행동이다.

경사면(오르막, 내리막, 사이드 라이)

자신이 퍼팅을 할 차례가 되었을 때 라이를 보는 것보다는 상대방이 퍼팅을 준비할 때 자신의 볼 마크를 중심으로 미리 라이를 봐두는 습관을 기르는 것이 좋다. 자신의 차례가 오면 볼을 그린 위에 리플레이스한 후 홀과 볼의 후방에서 그린을 살핀다. 다음에는 반대 방향으로 가서 홀의 후방에서 볼의 라이를 관찰한다. 이때 다소 라이의 차이를 느낄 수 있기에 신중해야 하는데, 경험적인 요소가 많이 작용한다. 다음 순서는 옆면 경사도를 점검하는데, 최종 결정이 이루어지는 순간이기도 하다. 이처럼 반드시 세 방향에서 점검하여 정확하게 그린을 읽어야 하며, 미심쩍은 부분이 남아 있을 때는 '측량추' 방법이나 확인하지 않은 다른 한쪽의 옆면 경사도를 보는 네 방향 점검을 통해 라이와 퍼팅 라인을 점검한다.

삼각형 모양을 만들어 그린의 잔딧결을 파악한다. 좀 더 쉽게 그린이 읽어질 것이다.

잔딧결

경사도를 읽은 후 가장 유심히 살펴보아야 하는 것은 바로 잔디의 결이다. 잔딧결에 따라 스피드와 볼의 진행 방향이 결정되기 때문이다. 잔디의 결이 어둡게 보이면 자신을 향해 잔디가 누워 있다는 뜻이며, 볼이 느리게 튄다. 전체적으로 결이 환하게 빛나면 볼이 빠르게 구르며 경사도에도 매우 민감하게 반응한다. 어쩌면 경험적인 요소가 우선될지 모르지만, 잔디의 색으로 결을 분간하는 것과 라이를 읽는 것은 그린 위에서는 반드시 필요하다. 마운틴 브레이크는 산의 방향에 따라 잔디가 눕는 상황도 판단해야 하는데, 이는 제주도에서 플레이할 때 한라산의 위치를 알아두는 것과 같다. 오션 브레이크는 해저드나 강 또는 바다쪽으로 잔디가 누워 있기 때문에 그린 위에서는 선행해서 그 위치를 알아두어야 한다.

길이와 모양에 따른 퍼터 사용법

그린 위의 한 점, 지름 108mm 홀 컵에 이르는 길은 어떻게 찾아야 하는가. 퍼터의 길이에 따른 퍼팅 요령과 그립 종류, 그리고 클럽 헤드의 모양에 따라 다른 스트로크의 차이를 살펴보자.

롱 퍼터

손목이 꺾이면서 볼을 스퀘어로 치지 못하거나 스트로크를 하는 동안 머리가 지나치게 흔들린다면 롱 퍼터를 써보는 것이 바람직하다. 긴 샤프트는 방향성에 매우 좋은 성능을 보여 주며, 무게감으로 안정된 스트로크를 구사할 수 있는 장점이 있다. 롱 퍼터는 블룸 스틱이라고 표현하기도 한다. 이 퍼터는 그립 끝을 턱과 가슴 중 어디에 대느냐에

스윙의 크기가 긴 거리에서는 필요하다. 여기에 클럽의 무게도 긴 거리에서는 많은 도움이 된다.

따라 쓰임이 달라진다.

　호주의 피터 로나드(Peter Lonard)는 "턱에 대면 볼까지의 라이를 잘 관찰할 수 있어 시각적으로 좋지요. 퍼터를 가슴에 대면 안정된 자세가 나옵니다. 롱 퍼터는 헤드의 무게를 최대한 느끼면서 스트로크하는 것이 중요합니다. 손목의 쓰임을 줄이고 추 운동을 하는 것이죠. 볼을 친다기보다는 스윙을 한다는 느낌을 살려 자연스럽게 시계추 동작을 만들어내야 합니다."라고 말했다. 이 롱 퍼터는 아래에 위치한 오른손이 퍼팅을 주도하는데, 특히 3m 이내의 짧은 퍼팅에 효과가 있다. 반면, 긴 퍼팅에는 무게감으로 거리 조절이 어려운 단점도 있다. 시각적으로는 무거운 롱 퍼터로 강하게 스트로크하는 것처럼 보이지만, 실제로는 진자의 원리를 최대한 이용하여 부드러운 그립을 하면서도 무게감으로 퍼팅을 하는 퍼터라고 할 수 있다.

벨리 퍼터

　어깨만을 이용해 스트로크하는 퍼터로, 골퍼들이 흔히 실수하는 왼쪽 손목의 움직임을 막아준다. 퍼팅이 약한 투어 프로들도 벨리 퍼터로 바꿔 효과를 많이 보았으며, 사용자가 점차 많아지고 있다. 미국 PGA 투어 프로 중에 이 퍼터를 애용하는 골퍼는 비제이 싱(Vijay Singh), 스튜어트 싱크(Stewart Cink), 프레드 커플스(Frederick Couples) 등이 있는데, 이들은 모두 퍼팅 때문에 한두 번 고생한 적이 있는 선수들이다. 특히 비제이 싱은 이 퍼터를 들고 나온 뒤 세계 랭킹 1위까지 올랐다.

　벨리 퍼터는 그립 끝을 배꼽에 대고 스트로크하기 때문에(배꼽 퍼터라고도 부른다) 클럽 헤드가 안정적으로 움직인다. 백 스윙 때 헤드가 열렸다가 임팩트에서 스퀘어를 이루고, 팔로스루 때 닫히는 식이다. 따라서 볼이 홀 왼쪽이나 오른쪽으로 흐르는 일도 줄어든다.

　스튜어트 싱크는 "벨리 퍼터를 사용하면 스트로크 중에 상체가 들리는 동작을 막아줄 수 있습니다. 퍼팅 입스를 방지할 수 있어 프로들도 많이 활용합니다. 스윙 전후에 그립은 배(배꼽)에 고정하고 팔 자세는 삼각형을 유지해야 합니다. 팔 자세가 오각형이 될 때는 불안정한 퍼팅이 나오니 주의하세요."라고 했다.

TIP

두 팔이 삼각형을 이루도록 지지하고 그립 끝을 배에 붙여 움직이면 안정된 스트로크를 할 수 있다. 두 팔이 오각형을 이루면 불안정한 결과를 낳을 수 있다.

Chapter 03

그립의 종류

퍼터의 종류처럼 그립도 다양하다. 현재는 역오버래핑 그립을 가장 많이 쓰지만, 손목의 움직임이 과도하다 싶으면 크로스 핸디드 그립이나 집게 그립으로 바꾸기도 한다.

역오버래핑 그립

아니카 소렌스탐을 비롯해 많은 투어 프로들이 사용한다. 클럽을 잡는 통상적인 오버랩 그립에서 왼손 집게손가락을 밖으로 빼내어 잡기 때문에 이러한 이름이 붙여졌다.

크로스 핸디드 그립

왼손을 오른손보다 내려잡는다. 임팩트에서 손목의 꺾임을 억제할 수 있어 짧은 퍼팅에 유리하다.

아놀드 파머(Arnold Palmer)는 "다시 골프를 한다면 스윙은 바꾸고 싶지 않지만, 그립은 이 방법을 사용하고 싶습니다." 라고 했다. 캐리 웹, 짐 퓨릭이 이 그립을 쓴다. 이 그립은 손목과 팔뚝의 움직임을 최소화해 어깨와 퍼트 라인이 직각을 잘 이룰 수 있도록 해준다.

폴 러니얀 그립

퍼팅의 귀재라는 폴 러니얀(Paul Runyan)의 그립으로 양 손 바닥이 45도로 양 어깨를 향하는 자세이다. 두 손의 그립 강도를 같게 하고 왼쪽 손목의 꺾임을 억제하는 데 유리하다. 코리 페이빈과 폴 에이징어가 선호한다.

왼쪽 손목을 꺾이지 않게 해준다. 특히 임팩트 시에는 왼손 손등과 샤프트가 일직선상에 놓이도록 한다.

역오버래핑 그립

크로스 핸디드 그립

폴 러니안 그립

집게 그립

펜슬 그립

롱 퍼터를 사용할 때의 그립. 통상 롱 퍼터는 그립이 굵기 때문에 연필을 살짝 집듯 손가락을 그립에 걸치는 형식이 된다.

집게 그립

게의 집게발처럼 잡는다고 해서 붙여진 그립으로 퍼팅 입스에 시달리던 박도규 프로가 이 그립으로 바꾼 뒤 프로 골프 선수권에서 우승했다. 오른손 엄지손가락과 집게손가락이 퍼팅을 주도하고 왼손은 지지대 역할을 한다. 펜슬 그립처럼 거리 조절을 정확하게 할 수 있다는 것이 장점이다. 그립이 두꺼운 롱 퍼터에서는 펜슬 그립, 얇은 보통 그립에서는 집게 그립을 잡게 된다.

스플릿 핸디드 그립

스플릿 핸디드 그립은 김종덕 프로처럼 롱 퍼터를 사용할 때 주로 이용되는 그립으로, 두 손을 분리시켜 잡고 오른손으로 컨트롤한다. 허리를 굽히지 않아도 되기 때문에 디스크 증세가 있는 골퍼나 시니어 골퍼가 특히 선호하고 있다.

그립 잡는 순서

- 오른손의 가운뎃손가락부터 새끼손가락을 이용해 가볍게 잡는다.
- 왼손의 집게손가락이 오른손의 세 손가락을 살짝 덮도록 잡는다.
- 양손을 합장하듯이 덮으면서 부드럽게 잡는다.
- 양손의 엄지손가락과 집게손가락 사이가 V자 모양으로 양 어깨를 향하도록 한다.
- 손가락으로 잡기보다는 손바닥에 그립을 정렬한다.
- 그립을 정렬한 후 양 팔꿈치 안쪽이 살며시 정면을 향하게 한다.

어드레스 순서

- 스탠스에서 두 발이 지면과 수직이 되도록 한다.

- 스탠스를 자신의 어깨너비만큼 하거나 약간 좁게 한다.
- 상체를 자연스럽게 숙여 양팔을 늘어뜨린다.
- 등각도(spine angle)는 지면과 수평이 되도록 한다.
- 무릎의 위치를 파악한다(무릎을 펴는 선수와 약간 구부리는 선수도 있다).
- 그립을 잡은 양손과 팔이 삼각형이 되도록 한다.

스탠스와 어깨너비가 정비례하는 것이 좋다.   샤프트와 하체가 지면에 같은 각도가 되도록 한다.   블룸 스틱은 좀 더 넓은 스탠스가 필요하다.

볼의 위치

- 어드레스 자세를 한 후 볼을 눈에 대고 떨어뜨린다. 물체를 보는 눈이 주가 되어야 한다.
- 볼이 떨어진 위치를 파악한다.
- 볼은 스탠스 중앙 또는 왼발 앞쪽이나 오른발 쪽에 놓는 경우도 있다. 오른발에 놓으면 스탠스를 오픈해야 한다.

볼은 스탠스 중앙 또는 볼 반 개 정도 왼발 쪽으로 떨어진 곳에 둔다. 볼을 오른발 쪽에 두면 스탠스를 오픈해야 한다.

Chapter 04

좋은 스트로크 향상을 위한 연습 방법

일반적인 골퍼의 경우 라운딩 총타수의 43%는 그린 위에서의 퍼팅이 차지한다. 좋은 퍼팅을 위해서는 연습에 많은 시간을 할애해야 하는데, 다른 연습에 비해 상대적으로 쉬운 편이다.

가장 좋은 연습 방법은 그린 위에서 직접 감각을 느끼는 것이지만, 집이나 사무실에서도 여러 가지 방법으로 간단히 연습할 수 있다. 어느 방법으로 연습하든 목표는 볼과 퍼터를 직각으로 만나게 하고 목표선을 따라 볼을 정확하고 부드럽게 굴려나가는 기술을 완성하는 것이다. 그 다음 단계에서는 그린 선상에서의 거리, 방향을 읽는 법을 터득하면 된다.

볼을 굴리는 스트로크에서 가장 중요한 것은 볼이 가장 무겁게 지면에 붙어 부드럽게 굴러가도록 하는 것이다. 이론상으로는 볼의 정중앙을 타격해야 하지만, 실제로는 볼의 가장 밑면을 타격해야 한다. 이유는 볼의 곡면과 퍼터 페이스의 직면이 만나는 점이 중앙이 되기 때문이다. 아무리 볼의 밑면을 타격하더라도 볼의 중앙이 타점이 되기 때문에 가장 좋은 스트로크 감을 느낄 수 있다.

POINT

스트로크 향상을 위한 연습 방법과 속도감

● 어센딩 블로(ascending blow) : 퍼팅 스트로크에서 클럽이 스윙 곡선을 지나 위로 가면서 볼에 접촉한다. 스트로크 후 볼이 출발할 때보다는 중간 지점부터 속도가 생긴다.

● 디센딩 블로(descending blow) : 클럽이 스윙 곡선 밑부분에서 볼에 닿는다. 볼이 빠르게 출발하지만 중간보다 속도가 떨어진다.

연습 방법

2개의 클럽으로 하는 연습

2개의 클럽을 목표선과 평행하게 기차 철길 모양으로 바닥에 놓고 클럽의 간격을 퍼터보다 조금 크게 한다. 그리고 퍼터면을 지면에 닿게 하여 샤프트 안쪽에 클럽을 두면 몸이 바닥의 클럽 헤드와 수직이 된다. 이때 눈의 위치는 볼 바로 위에 있어야 한다. 바닥에 있는 클럽을 건드리지 말아야 하며, 이런 동작을 연습하면 볼을 퍼터의 스위트 스팟에 맞히는 습관이 만들어져 스퀘어 스트로크가 가능하다. 또한 목표를 향해 퍼팅함으로써 퍼팅 감각이 생기고 임팩트 시 퍼터면의 올바른 위치도 익힐 수 있다.

래더 퍼팅 연습

거리감을 기르는 방법 중 하나로 2~3m마다 티를 꽂아 놓고 다양한 거리에서 연습한다.

코인 연습

동전 두 개를 포개 놓고 제일 위에 있는 동전만 타격해보라. 그러면 클럽 페이스의 중심으로 볼의 한 가운데를 칠 수 있어 안정감 있는 접촉과 바른 궤도를 유지할 수 있다.

깃대를 이용해 자신의 스트로크를 점검해보자.
자신의 퍼터 헤드가 지나가는 길을 쉽게 해준다.

시계 방향 연습

홀에서 1m나 1.5m 정도 떨어진 거리에서 홀을 중심으로 시계 방향으로 퍼팅을 해본다. 심리적으로 안정감이 생기고, 짧은 거리에서도 자신감이 드는 것은 물론 라이를 읽는 데도 도움이 된다.

투 볼 스트로크 연습

2개의 볼을 동시에 스트로크하는 연습 방법이다. 볼을 거의 동시에 출발하게 함으로써 스트로크 시 퍼터 헤드가 흔들리는 것을 방지한다. 양손에 같은 크기의 힘을 주어야 하므로, 이 연습 방법은 두 손 중 어느 손에 힘이 더 많이 들어가는지 알게 해준다.

두 개의 볼을 동시에 스트로크해보면 자신의 볼 구질을 알 수 있게 된다. 토와 힐 사이드가 수평으로 스트로크 되면서 볼이 거의 동시에 출발이 되도록 연습해본다.

한 손으로 볼을 그립 끝에 끼워 연습하는 방법

압력을 일정하게 하여 그립을 잡을 수 있는 연습 방법이다. 오른손만을 이용해 그립을 조금 짧게 잡고 그립 끝에 볼을 끼워넣은 후 그립 끝을 견고하게 잡으며 스트로크한다. 실내에서도 편하게 연습할 수 있다.

스트로크는 속도가 관건이다

퍼팅을 할 때 플레이어에게 영향을 미치는 두 가지 요소는 속도와 휘어짐이다. 필자 개인적으로는 볼의 휘어짐보다 속도가 더 중요하다고 생각하는데, 빠르고 까다로운 퍼팅 표면에서는 더더욱 그렇다. 대부분 선수들은 목표선을 먼저 파악한 뒤에 그 궤도를 따라 볼을 홀까지 굴리는 데 필요한 속도를 계산한다. 다음에 퍼팅하는 장면을 정확한 타격과 연계하여 상상해보면 모든 그린에서 퍼팅 실력을 향상시킬 수 있을 것이다.

홀 바로 앞에서 떨어지는 스피드

🏌 매우 빠른 그린에 완벽하게 어울리는 퍼팅

자로 잰 듯 볼을 정확히 떨어뜨리는 부드러운 퍼팅의 장점은 홀을 실질적으로 더 많이 활용할 수 있다는 것이다. 이때는 볼이 아주 느리게 굴러가기 때문에 볼이 홀 옆쪽으로

정확히 들어가는 볼은 속도가 결정해준다. 이 속도는 브레이크를 이기거나 브레이크에 의해 작용한다.

가도 홀 안으로 굴러들어갈 수 있다. 휘어지는 퍼팅의 경우에는 볼이 홀의 뒤쪽으로도 들어갈 수 있다. 일부 안전을 제일로 여기는 선수들은 모든 퍼팅을 이렇게 자로 잰 듯하게 볼을 떨어뜨리는 것을 좋아하는데, 이런 선수들에게는 스리 퍼트가 거의 드물다.

자로 잰 듯한 퍼팅의 단점은 부드럽게 볼을 때렸을 때 볼이 홀에 못 미치거나 표적선을 벗어날 수 있다는 것이다. 그러면 볼이 전혀 홀 속으로 들어갈 수 없게 된다.

🏌 홀 바로 앞에서 볼이 떨어지는 퍼팅을 시도해야 할 때
- 그린이 아주 매끄럽고 빠를 때
- 내리막일 때
- 롱 퍼팅을 마주하고 있어 투 퍼트가 목표일 때
- 잔딧결과 같은 방향(잔디가 자라는 방향)으로 퍼팅을 할 때
- 휘어짐이 큰 퍼팅을 할 때

홀의 중앙에 떨어지는 중간 세기의 스피드

🏌 '투어 속도'의 퍼팅에는 단점이 없다

볼을 중간 세기로 홀에 집어넣는 경우란 볼이 홀의 앞쪽 가장자리를 타 넘어 홀의 반대편 안쪽을 때리며 들어가는 경우이다. 중간 속도는 대부분 퍼팅에 최적의 속도이다. 대부분의 선수들이 볼의 휘어짐을 읽을 때는 무의식적으로 이러한 속도를 염두에 두고 있다. 중간 세기의 속도로 때리면 볼이 목표선에 '가까이 붙어서' 홀까지 간다. 가장 뛰어난 퍼팅 실력은 종종 자로 잰 듯하면서도 볼을 부드럽게 굴려주는 퍼팅을 하다가 중간 세기의 퍼팅을 했을 때 나온다. 그러면 볼이 지면에 밀착되어 잘 굴러가기 때문에 정상 속도일 때보다 더 멀리 가게 된다.

🏌 중간 세기의 퍼팅이 적합한 때
- 자신의 타격을 신뢰할 수 있는 곳에서 구사하는 모든 퍼팅
- 반드시 성공시켜야 할 중압감이 느껴지는 퍼팅
- 빠른 퍼팅이지만 1m 퍼팅이 남을 가능성에 대한 두려움이 없는 퍼팅

아주 강하게 볼이 홀 뒷면을 맞고 떨어지는 스피드

그린이 느릴 때는 퍼팅이 강하게 된다. 강한 퍼팅은 대담하고 자신감이 넘치는 타이거

우즈와 같은 선수에게서 주로 볼 수 있다. 볼을 강하게 때리면 볼이 홀의 뒤쪽 가장자리에 있는 흙 부분에 부딪친 뒤 때로는 홀 속으로 들어가기 전에 공중으로 튀어오르기도 한다. 강한 퍼팅은 볼이 휘어지는 정도를 줄여주기 때문에 그린을 단순하게 읽게 해준다. 하지만 허무하게 볼이 홀의 가장자리를 돌아나가거나 홀을 크게 지나치기도 하고, 퍼팅 속도를 강제로 줄여야 할 때는 다른 두 가지 속도의 퍼팅에 비하여 거리감이 불확실하고 온갖 종류의 위험이 뒤따른다.

🏌 강한 퍼팅을 시도해야 할 때
● 홀까지 거리가 짧고 볼의 휘어짐이 최소인 경우
● 오르막 퍼팅이고 반드시 성공시켜야 하는 퍼팅을 할 때
● 그린 표면이 느릴 때
● 잔딧결을 마주하고 퍼팅할 때
● 그린이 젖었거나 잔디를 깎지 않은 상태일 때, 또는 최근에 그린에 모래를 뿌려주었을 때

연습 방법

연습 방법을 다양하게 응용해보는 것이 효과적이다. 그립을 너무 부드럽게 잡기보다는 강하게 잡았다가 약하게 잡는 연습을 해보라. 강한 그립에서 부드러운 그립으로, 또 이와 반대로 연습을 해보면 퍼팅 스트로크가 향상된다. 스트로크를 점점 작아지게, 반대로 점점 크게 하여 추의 운동을 자연스럽게 느껴보기 바란다.

TIP

시계추 원리
퍼팅의 거리가 길어지면 스트로크의 크기도 늘어나야 한다. 항상 볼이 2피트 지나가고 볼의 속도가 줄어들수록 라이의 영향을 많이 받는다는 것을 기억하라.

펜듈럼 스트로크
클럽 헤드를 지면에서 약간 들어주며 퍼팅하는 스트로크. 백 스트로크 시 볼 바로 뒤로 움직이면서 다운하여 임팩트하고 클럽 헤드를 약간 들어 똑바로 지나가게 하는 방법이다.

Chapter 05

퍼팅의 올바른 루틴

항상 볼 뒤에서 홀을 향해 걸어가야 하고, 어드레스 전에 오른손으로 클럽을 잡고 오른쪽 발을 먼저 어드레스하는 것이 좋다.

루틴의 정의

샷을 하는 동안 일정한 자신만의 리듬과 템포 그리고 일관된 행동에서 나오는 스윙의 형식을 루틴이라고 한다. 중요한 것은 늘 같은 시간 안에 루틴이 이루어져야 한다는 것인데 퍼팅에서도 루틴은 매우 중요하다.

그린 위에서의 루틴은 샷보다는 다소 많은 시간과 여유를 가져야 하지만, 샷과 다르게 동반 플레이어의 경기를 좀 더 세밀하게 참고하는 것도 포함시켜야 한다.

스트로크를 상상하며 그린 상태를 살펴라

볼과 홀 사이의 라이나 볼이 휘어지는 지점 또는 동반 플레이어의 퍼팅 스피드를 참고하여 그린 주변을 살핀다. 그린 위에서 가장 낮은 지역을 찾아 높은 곳을 향하여 선다. 자신이 서 있는 곳은 6시, 가장 높은 곳은 12시, 그리고 오른쪽은 3시, 왼쪽은 9시 방향으로 정하여 자신이 서 있는 낮은 곳으로 볼이 어떻게 흘러 내려오는지 그린 주변을 살펴야 한다.

라이와 경사도를 살펴라

그린의 경사도가 어느 정도인지 알 수 있기 때문에 무엇보다 볼이 휘어지는 지점을 정확하게 찾아야 한다. 특히 에임 라인을 그어 홀과 그 라인의 끝인 브레이크를 정확하게 알아야 한다. 이때 해저드나 산의 위치를 점검하여 오션 브레이크나 마운틴 브레이크에 대한 정보도 파악하여야 한다.

볼 트랙을 파악해두어라

볼이 선을 그리며 지나가는 길을 볼 트랙이라고 하는데, 볼이 어떻게 그린을 지나갈 것인가를 미리 그려보고 특히 홀 주변 언저리에서 볼의 세기나 흐르기를 정확하게 파악해두어야 한다. 볼 트랙을 이미지로 그려보면 실제로 퍼트를 하는 동안 마음이 편안해지고 어드레스를 할 때도 많은 도움이 된다. 특히 에임 라인을 따라 걸어가면서 연장선상에 서보는 것이 좋다. 이때 머리와 눈은 에임 라인 위에 두어야 한다.

볼 뒤에서 연습 스트로크를 몇 차례 해보라

이때 중요한 것은 그린을 보면서 연습 스윙을 하는 것이 아니라 홀을 보며 자연스럽게 밑으로 연습 퍼팅을 하는 것이다. 이러한 방법은 긴장을 풀어 편안함을 주고 볼이 지나가는 이미지를 그려보는 데도 도움을 준다. 거리감을 익히기 위해 몇 차례 연습 스트로크를 하며 볼이 떨어지는 모습을 상상해보라.

오른손으로 퍼터를 잡고 클럽 헤드를 볼 밑으로 가져가라

퍼터 헤드를 볼에 스퀘어로 먼저 맞히면 셋업 시 몸을 좀 더 편하게 스퀘어로 설 수 있다. 특히 오른손으로 퍼터를 잡는 이유는 옆에서도 볼을 볼 수 있는 시야를 확보하기 위해서이다. 셋업을 편하게 하기 위해 볼과 4인치 정도 몸을 떨어뜨려 자세를 취하여 본다. 에임 라인과 수평을 이루며 몇 차례 연습 스윙을 해본다.

실제로 스탠스를 하며 양손 그립을 하라

실제로 스탠스를 하여 양손 그립을 해보자. 이때 눈을 에임 라인과 볼 위에 두어야 한다. 정렬선을 다시 한 번 점검하며 몸의 긴장을 풀고, 퍼팅할 마음의 준비를 한다. 결정된 사항은 머리로 기억하려 애쓰기보다 습관화되도록 하며 스트로크를 시작하는 것이 좋다.

어드레스 전에 왼손을 내려 다시 한 번 자세를 정렬해본다.

목표선을 바라보며 크게 한 번 심호흡을 하라

마지막 점검을 하며 가장 중요한 것은 홀을 한 번 쳐다보는 것이다. 이때가 볼을 넣을 수 있다는 확신을 가지고 집중력을 서서히 높여야 하는 가장 중요한 시점이다. 몸 안에 있는 공기를 모두 빼내는 것이 좋은데, 몸이 미세하게 움직이는 것을 방지하여 작은 실수를 막아주기 때문이다.

편안한 상태를 유지하며 자신만의 리듬으로 퍼팅하라

어떻게 보면 마음을 차분하게 하는 것이 가장 어렵다. 생각이 많아도 미세한 실수를 할 수 있으므로 무엇보다 마음을 단순하게 하고 퍼팅을 할 때 리듬을 타야 한다.

이러한 단계를 거치면서 늘 같은 시간에 일관되게 루틴을 하는 것이 무엇보다 중요하다.

임팩트 이후 오른손을 떼고 왼손으로만 리드해본다. 적당한 팔로스루가 어느 정도인지 알게 된다.

Chapter 06

브레이크의 이해

브레이크의 정의

그린 위에서 브레이크를 이해한다는 것은 상당한 골프 플레이 경험이 있거나 구력이 있어야 가능하다. 시각적인 차이가 많이 나는 그린의 브레이크를 읽는 것은 기술적인 샷을 훈련하는 것보다 어쩌면 더 많은 시간이 걸리고 더 많은 것을 경험해야 한다. 브레이크란 볼의 에임 라인과 볼이 실제로 굴러가는 지점 사이의 차이를 의미한다. 에임 라인의 휘어지는 지점을 잇는 라인 끝과 홀의 안쪽 가장자리 넓이가 브레이크가 된다.

브레이크의 이해

브레이크가 클수록 경사도에 의해 볼이 휘어지는 크기가 커진다. 그러므로 볼이 구르는 속도를 떨어뜨려 경사도에 의한 중력을 이용하여 퍼트하고, 브레이크가 적을수록 볼이 구르는 속도를 높여 퍼트해야 한다. 그래서 브레이크의 크기를 아는 것이 매우 중요하다.

휘어지는 브레이크에 의해 에이밍이 달라진다.
어드레스 후 다시 한 번 목표를 확인한다.

에임 라인

브레이크를 이해하면 볼이 홀을 향해 출발하도록 유도하는 지점이 생기는데, 이것을 '에임 라인(aim line)'이라고 한다. 이때 어드레스 또한 홀이 아닌 에임 라인에 직각이 되도록 하고, 볼이 이 라인을 따라 움직이게 해야 한다. 모든 조건이 잘 만들어졌다면 에임 라인을 출발한 볼은 속도를 내고 곡선을 그리면서 홀에 들어갈 것이다.

브레이크 포인트

볼이 같은 선상에 있는 에임 라인과 볼 트랙을 출발하여 분리되는 지점이 있다. 그 지점이 바로 브레이크 포인트이다. 또한 볼 트랙 중 휘어지는 각에서 가장 높은 지점이 브레이크 포인트이다.

많은 연습 스트로크가 여유와 자신감을 준다. 그린은 여유로운 마음이 있을 때 제대로 읽게 된다.

볼 홀 라인

데이브 펠츠(Dave Pelz)는 볼 홀 라인(ball hole line)의 정의를 볼과 홀의 직선이라고 했다. 홀은 그린 위에서 최종 목표가 되므로 흔히 타깃 라인이라고도 하는데, 타깃 라인은 볼과 에임하는 선을 잇는 라인으로도 사용하고 있다. 좀 더 정확하게 구분하자면 타깃 라인은 볼이 구르기 시작하는 지점이라고 표현한다. 하지만 볼과 홀이 거의 일직선상에 있는 경우는 드물며, 볼이 구르는 동안 아주 조금이라도 휘어지기 때문에 볼에서 홀에 이르는 직선을 볼 홀 라인이라고 하는 것이 바람직하다.

시계 방향으로 퍼팅해보라

브레이크를 이해하기 위한 연습 방법 중 이것이 가장 일반적이면서도 효과가 크다. 동서남북 네 방향에서 연습을 하여 브레이크를 좀 더 쉽게 이해할 수 있기 때문이다. 여기에 거리에 따른 차이를 알 수 있는 연습까지 곁들이면 브레이크를 이기기 위한 스피드까지도 이해하기 쉬워진다.

Chapter 07

쇼트 퍼트

쇼트 퍼트의 중요성

짧은 거리의 퍼트는 쉬워 보이지만, 사실 골프에서 가장 어려운 부분 중 하나이다. 긴 거리의 드라이버 샷과 같은 1타이며, 최소한 작은 근육을 이용하는 섬세한 터치가 필요하기 때문이다. 게다가 아주 미세한 호흡 하나하나가 성공 확률에 상당한 영향을 미치기도 한다. 갤러리나 기후와 같은 외부 조건에도 상당한 영향을 받으며, 무엇보다도 실수가 용납되지 않고, 100% 성공해야 하기 때문에 더욱 그렇다.

짧은 거리의 퍼트는 다음 홀 경기에도 영향을 미치며, 그 날의 라운드 스코어에 영향을 줄 수 있는 커다란 원인이 되기도 한다. 심장 박동 수를 증가시켜 집중력을 떨어뜨리거나, 자신감을 상실시키는 등 심리 상태에도 영향을 미친다.

이러한 것으로 생기는 스트레스를 없애는 가장 좋은 방법은 무엇보다도 꾸준하게 반복 연습을 하는 것이다. 하루에 적은 시간을 투자하더라도 꾸준하게 반복 연습을 하는 것이 쇼트 퍼트를 잘할 수 있는 가장 빠른 지름길이다.

라이에 따라 브레이크를 어떻게 처리할지 결정하라

짧은 거리에서 결정해야 할 사항은 두 가지가 있다. 브레이크가 많지 않은 것을 감안할 때 브레이크를 이겨낼 것인가, 아니면 브레이크를 이용할 것인가 하는 문제이다. 흔히 짧은 거리에서는 홀의 뒤턱을 맞힐 정도의 힘이 필요하다. 1m 거리에 있는 홀 에지에서 볼 두 개를 기준으로 두 개 안쪽으로는 브레이크를 이길 스피드를 선택하는 것이 좋은 결정이 될 수도 있다. 하지만 볼이 두 개 이상 되는 브레이크가 있다면 당연히 브레이크를 이용해 계산하는 것이 바람직하다.

오르막과 내리막의 짧은 거리에서는 선택이 다양해진다. 평지에서 1m를 기준으로 하는 짧은 거리라면 오르막에서는 1.5m 정도까지 볼 두 개 안쪽으로 강하게 뒤턱을 맞혀 퍼트하는 것이 좋다. 또한 내리막에서 브레이크를 보지 않으려면 1m의 거리는 사실 길

짧은 거리일수록 자세를 낮출 필요가 있다.

기 때문에 내리막이라 하더라도 60cm 안쪽의 거리에서 브레이크를 이길 정도로 강하게 볼을 치는 것이 현명하다.

그립을 강하게 잡아라

쇼트 퍼트에서는 대부분 골퍼가 그립을 부드럽게 하여 헤드의 무게를 이용하려 한다. 하지만 많은 투어 프로들은 오히려 그립을 단단하게 하려 한다. 부드럽게 그립을 할 때 손에서 그립이 마음대로 놀게 되어 손을 더 쓰는 이유가 된다. 그러면 긴장감이 들어 성공 확률이 떨어진다. 그립을 약간 내려잡고, 스탠스를 넓게 하고, 상체를 숙이는 것이 좋다. 이것은 그립의 압력을 어떻게 하느냐와 관계있다.

스트로크의 크기는 스탠스를 벗어나지 않게 하라

쇼트 퍼트에서는 스트로크의 크기가 많은 실수로 연결된다. 자신감이 떨어지면 그립도 부드럽게 되면서 백 스트로크는 물론 포워드 스트로크도 커진다. 그러면 임팩트가 정확하게 되지 않아 실수가 발생한다. 가장 이상적인 연습 방법은 그립을 약간 단단하게 한 상태에서 볼을 내려볼 때 백 스트로크는 오른발 안쪽까지, 그리고 볼을 때린 후 포워드 스트로크는 왼발 바깥쪽까지만 하는 것이다. 그립한 상태에서 한 단계씩 높여가면서 빠르면서도 자신 있는 스트로크를 익히는 것이 좋다.

스트로크가 진행되는 동안 퍼터의 밑면을 유지하라

쇼트 퍼트에서는 퍼터 밑면의 고도를 계속 유지하는 하는 것이 가장 바람직하다. 일정한 터치감이 생기며, 무엇보다 볼의 방향성에 탁월한 늘 일관된 임팩트가 되기 때문이다. 짧은 거리에서 미스 퍼트가 나는 가장 큰 이유는 긴장감이 원인이다. 긴장하면 호흡 자체가 빨라지는데, 호흡의 불균형이 미세하게 머리나 상체를 위아래로 움직이게 하여 퍼터의 밑면 또한 정확하게 터치가 되지 않아 실수가 발생한다. 이럴 때는 상체를 고정하려 하기보다 늘 일관되게 퍼터의 밑면을 유지하는 것이 훨씬 더 좋다.

백 스트로크를 하지 말고 포워드 방향으로 볼만 미는 연습을 하라

쇼트 퍼트 성공 확률을 가장 높이는 연습 방법은 여러 가지가 있다. 1m의 거리에서 원형으로 360도 회전하며 연습하는 방법이 있는데, 이것은 브레이크와 스피드에 관한 것을 동시에 연습할 수 있는 좋은 방법이다. 하지만 좋은 스트로크의 일정한 터치감을 위

볼을 끝까지 주시해야 한다. 머리가 들리지 않게 하는 것은 쇼트 퍼트에서는 더 잘 지켜야 하는 원칙이다.

해서는 볼에 퍼터 페이스를 직각이 되게 하고, 백 스트로크를 생략하며, 홀을 향해 짧고 간결하게 클럽을 밀어주는 연습 방법이 매우 탁월하다. 그립을 단단하게 잡아야 한다는 것을 느끼게 되고 무엇보다 클럽 헤드를 홀 방향으로 같이 밀어 직각 상태를 유지하는 연습이 되기 때문에 쇼트 퍼트 성공 확률이 매우 높아진다. 또한 뒤턱을 맞힐 정도로 스피드를 익힐 수 있으므로 자신감 있는 스트로크에도 도움이 된다.

쇼트 퍼트에서도 자신만의 루틴을 만들어라

짧은 거리이기 때문에 성급할 필요는 없다. 셋업을 하고 퍼트를 시작하면 결단력을 가지고 빠르게 진행하는 것이 좋기는 하지만, 자신만의 루틴을 만들어야 한다. 볼 뒤에서 홀과 일직선을 그어 반대편에서 확인하고, 셋업 전에 왜글링으로 긴장을 풀며 연습 스트로크를 몇 차례 해보고, 스탠스를 할 때부터 볼에 다가가 몸이 볼과 직각이 되게 하며, 무엇보다도 자신의 선택을 믿고 스트로크해야 한다.

루틴은 일관된 리듬과 템포를 만들어주는데, 반드시 기억해야 할 것은 늘 같은 시간 안에 루틴이 이루어져야 한다는 사실이다. 루틴이 길어지거나 짧아지면 반드시 문제가 발생한다.

쇼트 퍼트는 역시 자신감이라는 것을 기억하라

쇼트 퍼트는 가장 짧은 시간에 이루어지는 골프 기술이다. 자신이 결정한 것을 실행에 옮기는 자신감이 무엇보다 중요하다. 자신을 이기는 동시에 수천 명의 갤러리를 의식하지 않는 자신감이 있어야 한다. 여기에 볼이 홀을 향해 '들어간다'고 생각하는 확신도 중요하다. 자신감이 상실되는 순간에는 '이것이 혹시' 하는 부정적인 생각이 들기 마련인데, 그런 생각을 하면 볼이 100% 들어가지 않는다. 그러한 것이 바로 쇼트 퍼트이다.

눈으로 보지 말고 귀로 들어라

이 이야기는 쇼트 퍼트의 명언 가운데 하나이다. 결과를 미리 보기 위해 홀을 쳐다보게 되면 볼이 절대로 홀에 들어가지 않는다. 쇼트 퍼트 후 '틴컵' 안에 들어가는 볼은 귀로 들어야 한다. 이 명언의 가르침을 기억하라.

Chapter 08

미들 퍼트

미들 퍼트의 중요성

미들 퍼트는 5~12m 정도의 거리에서 한다. 파 세이브(save par)가 아닌 버디 퍼트에서는 이 거리가 오히려 1m 거리보다 편하다고 한다. 스트로크도 부드럽게 진행되고 볼이 구르는 것도 홀에 떨어질 때까지 경사도를 제외하고는 늘 일정한 스피드가 유지되기 때문이다. 퍼팅을 하는 힘도 오차가 크지 않으므로 그린 스피드의 차이만 빼고는 3퍼트가 생길 확률도 가장 적기 때문이다. PGA 투어에서 선두권에 있는 선수들의 버디 퍼트 거리를 통계상으로 보면 1m 안쪽에서의 버디 퍼트는 라운드당 두 개가 조금 넘으며, 미들 거리에서의 버디 퍼트는 다섯 개 정도로 이 거리에서의 버디 퍼트가 많다(『Golf Digest』, 2006).

일정한 스윙의 크기에 중점을 둔다. 일정한 거리에서 일정한 스윙의 크기가 되는 것이 가장 좋은 방법이 된다.

어깨의 정렬선을 홀과 직각이 되게 하라

모든 자세에서는 셋업 시 몸을 목표와 직각으로 두는 것이 가장 중요하다. 특히 중간 정도의 퍼트 거리에서는 더욱 중요하다.

짧은 거리에서는 홀까지 시야가 작기 때문에 사실 어깨가 약간 오픈되어 있어 성공 확률에 그리 큰 문제가 없다. 하지만 거리가 늘어날수록 시야가 커지기 때문에 몸의 스퀘어 정렬선이 더 정확해야 한다. 과거 레이몬드 플로이드(Raymond Floyd)는 오픈된 셋업을 좋아했으며, 게리 플레이어(Gary Player)는 자신의 몸이 닫혀 있는 것을 좋아했다. 이처럼 사람들의 체형도 모두 제각각이며, 목표선을 보는 것과 같은 사실은 없다. 하지만 기억해야 할 것은 어깨만큼은 직각을 유지해야 한다는 사실이다.

왼쪽 손등의 각을 유지하라

미들 퍼트에서는 볼이 임팩트되어 출발하면 스타트 라인이 가장 중요하다. 미들 퍼트는 처음 볼이 스타트되어 정확하게 라인(on line)을 향해 굴러가야 성공 확률이 높아지기 때문에 그립을 잡은 왼쪽 손등의 각이 홀 방향으로 펴지거나 손목이 접히면 안 된다.

왼쪽 손등의 각을 그대로 유지하기 위해 장갑을 긴 채로 연필이나 직각 형태의 조그마한 나무를 손등에 대고 퍼트를 해보는 것이 좋다. 그러면 퍼터 페이스와 손등이 늘 일관되게 타깃을 향해 같이 움직인다는 것을 알 수 있을 것이다. 이러한 손등의 각을 유지하면 볼이 처음부터 타깃 라인을 따라 가기 때문에 퍼트 성공 확률이 매우 높아진다.

어드레스에서는 스탠스 상태에서 발 앞쪽과 어깨가 모두 스퀘어되어야 한다.

브레이크 포인트를 찾아라

미들 거리의 퍼트는 대부분 직선을 제외하고는 그린의 언듈레이션으로 브레이크가 있다. 브레이크 포인트를 확실히 점검하고, 브레이크 포인트 안쪽보다는 바깥쪽으로 볼이 지나가며 홀인되도록 스트로크해야 한다. 미들 퍼트 거리에서는 많은 골퍼들이 이러한 포인트 지점보다는 '홀의 가장자리에 몇 개의 볼 정도'라는 계산을 하며 퍼트한다. 사실 홀 주변의 포인트보다 좀 더 정밀하고 세밀한 '표적'을 만들면 훨씬 더 완벽한 퍼트를 할 수 있다. 브레이크 포인트에 두 개의 티(tee)를 이용해 10cm 정도 폭의 '관문'을 만들어 볼이 통과하도록 연습해보라. 너무 강하거나 약한 스트로크를 하면 볼이 그 사이를 지나가지 못하고 티에 맞거나 방향성이 현저히 떨어진다. 이러한 연습을 한 후에 실전에 나가면 홀이 훨씬 더 크게 보이기도 하고, 브레이크 포인트를 쉽게 이해할 수 있다.

터널 효과를 이용해 정확한 퍼팅 라인을 찾아라

집중력을 가지고 경기에 전념하는 것에는 플레이어 개인의 능력이 반영된다. 방송 중계를 하다 보면 가끔 지면에 밀착하여 퍼팅 라인을 계산하는 선수를 볼 수 있다. 타이거 우즈는 퍼팅 라인을 점검하기 위해 양손을 이마에 대고 자세를 낮추며, 카밀로 비제가스 (Camilo Villegas)는 아예 다리를 뻗고 몸의 70% 이상을 그린에 엎드린다. 지면에 몸을 낮추는 것은 퍼팅 라인을 좀 더 정확하게 읽겠다는 의도이다.

이러한 행동으로 얻을 수 있는 것을 '터널 효과'라고 하는데, '망원경 효과'라고 표현하기도 한다. 터널 효과로 시야를 좁혀 라인을 점검하고, 그린의 속도를 파악하며, 잔디의 결을 가까운데서 볼 수 있다. 목표선이 더 뚜렷해지고 동반 파트너의 움직임, 갤러리나 카트의 소음과 같은 것에서 정신력이 산만해지는 것도 줄일 수 있다. 이러한 이유로 많은 투어 프로들이 터널 효과를 얻으려고 한다.

신속하게 여러 방향에서 라이를 확인하라

퍼팅을 할 때는 여러 방향에서 퍼팅 라인을 관찰하는 것이 바람직하다. 중간 거리에서 가장 힘든 것 중 하나는 정확하게 라이가 관찰되지 않는 것이다. 이때는 볼과 홀의 연장선 전후방뿐만 아니라 볼과 홀의 중간 지점을 잇는 삼각형의 형태로 라이를 점검하는 것이 좋다. 그러면 볼이 홀 주변에서 어떻게 휘어지는지가 확실하게 보이기 때문이다. 하지만 여러 방향에서 라이를 점검할 때는 시간을 지체하기보다 신속하게 해야 한다. 중간 거리 이상일 때 시간적으로 여유를 부리다보면 자칫하다가는 자신은 물론 동반 플레이어에게 많은 피해를 줄 수 있기 때문이다.

부정적인 생각이 들 때는 셋업을 풀고 다시 한 번 점검하라

퍼트를 하려는 순간 부정적인 생각이 들면 셋업을 푸는 것이 바람직하다. 쇼트 퍼트에서 말했듯이 퍼팅에서는 긍정적인 마음이 기술 못지 않게 중요하다. 샷을 빠르게 하고 마음의 여유를 가져야 한다. 라이를 보거나 퍼트를 준비하는 과정은 빠르게 진행해야 하지만, 퍼트를 하려는 순간 아니다 싶으면 뒤로 물러나는 것이 현명하다. 자세를 풀어 볼 뒤에서 호흡을 가다듬고 환하게 웃어보는 것도 긍정적인 생각을 하는 데 도움이 된다.

Never up Never in

볼이 홀에 미치지 못하면 홀에 들어 갈 수 없다는 골프 명언이 있다. 긴 거리에서는 볼을 홀에 넣으려면 볼을 홀에 붙이는 것이 선행되어야 한다. 하지만 중간 거리에서는 반드시 볼이 홀을 지나갈 정도로 속도를 내어 스트로크해야 한다. 홀 주변을 점검할 때는 볼이 얼마만큼 홀을 지나가야 할지를 결정하는 것이 중요하다.

하지만 그린 경사도가 크다면 볼을 그냥 지나가게 하기보다는 경사도에 흐르게 하는 것이 바람직하다. 오르막에 퍼트할 수 있게 하라는 말의 의미도 기억해보기 바란다.

실수로 퍼트를 놓치더라도 일정하게 지나가는
스트로크가 되도록 연습을 충분히 한다.

롱 퍼팅

롱 퍼팅의 중요성

골프 경기를 하다보면 긴 거리에서 3퍼트가 되어 경기의 흐름이 흐트러지는 경우가 종종 있다. 이것이 긴 거리의 퍼트가 어려운 이유일 것이다. 하지만 상당히 어려웠던 긴 거리의 퍼트가 볼을 홀에 바짝 붙여 파 세이브가 되면 오히려 경기 흐름이 좋아지기도 한다.

긴 거리의 퍼트는 일단 투 퍼트로 끝내는 것이 가장 바람직하다. 이를 위해서는 한 번에 볼을 홀에 가까이 붙이는 거리감이 있어야 한다. 그래서 긴 거리의 퍼트는 홀 주변에 '볼을 가져다 놓는' 퍼트라고 정의하기도 한다.

긴 거리이기 때문에 볼의 속도가 빠르거나 느려지므로 거리감을 맞추기가 어려운 퍼트이기도 하며, 그린의 경사도에 따라 볼의 속도가 떨어지면 방향성도 떨어지기 때문에 특히 어려운 퍼트이다.

라이를 네 방향에서 모두 점검하라

롱 퍼팅은 방향 감각과 거리감이 중요하다. 볼을 임팩트하는 힘을 잘 조절하지 못하여 거리감이 떨어지고, 그린의 경사도에 의해 볼이 다른 방향으로 흘러가 실수가 발생하는 경우도 많다. 긴 거리에서는 볼의 후방에서도 보는 것도 좋지만, 홀의 후방으로 가서 반대편 볼이 지나가는 라인을 그려보는 것도 중요하다.

그린의 경사도를 확실하게 점검하기 위해서는 볼과 홀의 중간에서 상하좌우로 네 방향을 모두 살펴보아야만 경사도에 의해 발생하는 실수를 줄일 수 있다. 특히 긴 거리의 퍼트에서는 더블 브레이크(double brake : 흔히 'S'자 퍼트라고 쓰기도 하는데, 오른쪽과 왼쪽 모두 브레이크가 있는 것을 의미한다)가 많이 발생하기 때문에, 더블 브레이크를 점검할 수 있도록 네 방향에서 라이를 모두 살펴보아야 한다.

스윙을 크게 하라

롱 퍼팅은 스윙이 커야 한다. 어느 정도 손목을 사용해야 하며, 볼을 밀어주기보다 때리는 스트로크를 해야 한다. 스윙의 크기로 거리를 맞춰주는 것이 좋으며, 볼을 빠르게 치려는 것은 금물이다. 많은 골퍼들이 롱 퍼팅을 어려워하는 이유는 퍼트를 할 때 좀 더 많은 힘을 가하려는 충동에 사로잡히기 때문이다.

긴 거리에 볼을 보낼 때 몸을 많이 사용할수록 거리감과 일관성은 떨어진다. 6시 방향을 기준으로 하여 쇼트 퍼트가 5시와 7시, 미들 퍼트가 4시와 8시 방향이라고 한다면 긴 거리의 퍼트는 3시와 9시 방향이 될 것이다. 하지만 시계추는 늘 일관되게 펜듈럼(pendulum)하고 있다는 것을 기억하라.

히팅을 원한다면 그립을 강하게 내려 잡아라

긴 거리에서는 클럽을 길게 잡는 것을 원칙으로 한다. 클럽을 길게 잡을 때 헤드의 무게가 많이 느껴져 많은 비거리를 얻을 수 있기 때문이다. 하지만 긴장감이 생기면 임팩

왼손으로 연습하다 보면 힘보다는 퍼터의 무게가 스윙이 되어 퍼팅을 하게 되는 것을 느끼게 된다.
펜듈럼 스트로크를 하기 위해 한 손으로 하는 연습이 효과적이다.

트가 정확하게 되지 않아 자신 있게 스트로크하지 못하게 된다. 히팅이라는 타법을 구사하려면 그립을 조금 내려서 강하게 잡는 것이 좋을 때가 있다. 하지만 이때 주의해야 할 점은 퍼터가 목표선을 향해 낮게 이동해야 하고, 클럽 헤드를 자연스럽게 풀어놓아야 한다는 것이다. 릴리스 때 강한 그립과 볼을 때리는 제어력이 볼의 거리감을 상실시키기 때문에 마지막 순간에는 퍼터를 부드럽게 해주는 것이 좋다.

연습 스트로크를 많이 하라

볼이 홀에 멀리 있기 때문에 거리, 스피드, 브레이크, 잔디의 결과 함께 관찰해야 할 사항이 많다. 시간적으로 쇼트 퍼트나 미들 퍼트보다 준비해야 하는 사항이 많다보니 연습 스트로크를 많이 못 하는 것이 긴 거리의 퍼트이다. 거리가 긴 퍼트일수록 준비 과정을 빠르게 해야 한다. 퍼트를 하기 전 이런 준비는 루틴에 의해 해야 하는데, 연습 스트로크는 사실 조금 더 많이 길게 하는 것이 바람직하다. 이유는 롱 퍼트에서 거리를 맞추는 스윙은 좀 더 길고 느리게 해야 하기 때문에 연습 스트로크를 많이 하는 것이 도움이 되기 때문이다.

포워드 스트로크를 길게 가져가라

백 스트로크보다는 포워드 스트로크를 길게 하는 것이 좋다. 긴 거리에서는 백 스트로크가 커지거나 빠르게 진행되다 보면 포워드 방향으로 퍼터의 속도가 줄어들어 퍼터가 흔들리거나 스윙 라인을 벗어나게 되어 결국 스트로크를 망치게 된다.

백 스트로크의 길이는 볼을 얼마나 멀리 칠 것인가에 따라 결정된다. 백 스트로크의 스피드가 볼을 치는 데 어느 정도 퍼터를 가속시키는지 알아둘 필요가 있다. 이때의 가속이 포워드 스트로크를 하는 데 도움이 된다. 포워드 스트로크를 하면 볼과의 접촉이 더욱 일정해지며, 볼을 잘못 치더라도 그전보다 나은 결과를 얻을 수 있다.

깃대를 꽂고 연습하라

긴 거리에서는 홀이 시각적으로 가깝게 보인다. 그린에 올라온 볼은 깃대를 뽑고 홀인해야 하지만, 연습을 할 때에는 깃대를 그대로 두고 거리감을 익히는 것이 도움이 된다. 깃대는 실제보다 홀이 가깝게 느껴지게 하여 스트로크

백 스트로크보다는 긴 포워드 스트로크가 퍼팅에서는 필요하다.

179

에 자신감을 준다. 때로는 그린 밖에 있는 볼도 깃대를 그대로 둔 채 웨지보다는 퍼터를 선택하여 스트로크해보는 것도 도움이 된다. 이 경우 그린 주변 에이프런(apron)의 긴 잔디에서 볼을 구르게 하는 것이 롱 퍼팅에 많은 도움이 된다.

볼을 언더스루로 던져보라

이 방법은 방송에서 많이 소개하고, 필자가 시합에 나가 동반 플레이어의 행동을 보고 현장에서 배운 것이기도 하다. 언더스루의 형태로 클럽 없이 빈손 특히 오른손으로 그린에 여러 차례 볼을 멀리 던지는 것처럼 하는 방법으로 거리감을 익히는 데 매우 좋다. 필자의 동반 플레이어였던 선수는 긴 거리의 퍼트를 어려워했는데, 이 방법으로 극복하고 있었다. 필자에게도 상당히 강한 이미지로 아직까지 남아 있는 연습 방법이기도 하다.

클럽보다는 손으로 그린 위에서 볼을 던져보자. 긴 거리에서의 거리감이 생긴다.

거리를 정해 연습하라

짧은 거리에서부터 긴 거리의 퍼트는 스윙의 크기를 달리하며 늘 일관된 스트로크를 하는 것이 중요하다고 했다. 5m, 10m, 15m, 20m의 거리를 목표로 하여 늘 일관되게 반복 연습을 하는 것이 좋다. 이것을 '사다리 연습(ladder drill)'이라고 하는데, 발자국으로 거리감을 익히는 퍼트의 스타일과 매우 비슷하며, 거리에 따른 스윙의 크기를 조절하는 연습으로 좋다. 이러한 연습 방법은 자신감을 길러주는 것은 물론 스트로크를 익숙하게 하여 실수를 줄여준다.

긴 거리에서 자신이 없는 경우 퍼팅보다는 오히려 어프로치한다는 생각으로 볼을 치는 것이 도움이 될 때도 있다.

Chapter 10

오르막에서의 퍼팅

스피드를 높여라

오르막은 내리막과 달리 볼에서 홀까지 거리가 시각적으로 짧게 보인다. 그래서 골퍼들은 오르막에서 조심스럽게 퍼트한다. 하지만 경사도에 의한 시각적인 눈속임일 뿐이므로 속도를 높여 볼을 조금 더 빠르게 구르도록 하여야 한다. 짧은 거리에서는 홀의 뒤턱을 맞힐 정도로 과감하게 볼을 쳐야 하며, 거리감에 따라 다소 강하게 퍼트를 해도 무방하다. 거리에 따라 차이가 있겠지만 뒤턱 방향으로 조금 더 강하게 스트로크해야 하는데, 긴 거리의 오르막에서는 한 번에 홀을 지나가기보다는 오르막을 남겨 놓는 지혜가 필요하다.

클럽 헤드를 살짝 들어라

퍼터의 밑면을 지면에 대고 아래쪽으로 힘을 주는 것은 사실 그렇게 좋은 습관이 아니다. 클럽 헤드의 밑면을 지면에 누르기보다는 가볍게 살짝 드는 것이 좋다. 지면을 강하게 누르다보면 그린의 결에 영향을 주고 신체가 경직되는 느낌이 들어서 강한 스트로크가 된다. 그러므로 그립 또한 가볍게 잡는 것이 바람직하다. 어드레스 시 클럽 헤드를 살짝 들어 올리면 테이크 어웨이가 더 부드럽고 편안하게 이루어져서 자연스러운 스트로크가 가능해진다.

볼 위쪽을 겨냥하라

자신에게 잡아당기거나 밀어내는 퍼팅 성향이 있으면 볼 위를 때리는 것이 바람직하다. 이러한 스트로크는 임팩트 시에 퍼터를 왼쪽이나 오른쪽으로 머뭇거리는 것을 보완해준다. 임팩트 후 퍼터의 궤도가 홀을 향하므로 방향면에서 훨씬 유리하고, 볼 위를 때림으로써 처음 스트로크할 때 미끄러지는 것이 방지되고 퍼터의 롤링과 볼의 롤링이 동시에 좋아진다. 또한 임팩트 이후 퍼터가 자연스럽게 지나가므로 볼의 궤도가 보다 똑바르고 부드러워진다.

연습 스윙도 실제와 같게 하라

오르막에서는 많은 연습 스트로크가 필요하다. 불필요한 힘을 배제하고, 평지에서의 같은 거리보다 시각적으로 가까워 보이는 점을 극복하여 자신이 생각하는 것보다 힘을 더 많이 주어서 스트로크해야 하기 때문이다. 일상적인 스트로크의 루틴을 갖고 있지 않다면 모든 샷을 할 때 사용할 수 있는 준비 과정을 하나 정도는 마련하여 습관화하는 것이 좋다. 많은 투어 프로들을 살펴보면 항상 루틴과 같은 준비 과정을 일상적으로 밟아간다는 것을 알 수 있다. 그들은 이러한 과정 중에 하는 연습 스트로크도 실제 플레이를 할 때와 같이 구사한다. 효과적인 연습 스트로크는 완전한 예행 연습임을 기억해야한다.

머리의 움직임을 최소화하라

짧은 거리든 긴 거리든 퍼팅 시 머리를 고정하는 것을 철칙으로 삼아야 한다. 머리를 고정하는 목적은 양 어깨를 두 포인트로 하고 퍼터 헤드를 한 포인트로 하여 직각삼각형을 이루고 스윙의 축 또는 시계추와 같은 흔들림으로 스트로크를 하기 위해서이다. 사람들은 퍼트를 한 후 볼이 홀에 들어가는 순간을 보고 싶어 하는데, 퍼트는 결과를 귀로 들어야 한다.

스탠스를 안정감 있게 한다.

낮고 길게 백 스트로크한다.

같은 지면의 높이로 임팩트를 가져간다.

어드레스와 같은 위치가 되게 한다.

머리와 양손이 클럽 헤드와 일직선상에 놓이도록 한다.

몸의 움직임이 거의 없어야 한다. 철저히 퍼터 만을 이용한 스트로크가 되어야 한다.

Chapter 11

내리막에서의 퍼팅

스피드에 주의하라

경사도에 따른 내리막에서는 거리감이 가장 중요하다. 거리감은 내리막 경사에서 볼의 스피드와 정비례하는데, 볼이 홀에 근접하도록 하는 것을 목표로 해야 한다. 내리막에서는 경사에 의해 볼이 가속되는데, 그러한 가속도는 피부로 쉽게 와닿지 않는다. 내리막 퍼팅이 어려운 것은 가속도에 의한 스피드와 라이를 계산하여야 하기 때문이다.

브레이크를 충분히 가감하라

내리막 라이에서는 자신이 계산하는 것보다 브레이크를 조금 더 읽어야 한다. 볼이 홀러가면서 스피드가 떨어져 경사도와 볼이 중력과 라이에 의해 흐르기 때문이다. 내리막에서는 실제로 거리가 가까운 느낌의 퍼트를 해주어야 하나, 시각적으로는 오르막보다 내리막 홀이 더 멀리 있는 것처럼 보이기 때문에 힘이 많이 들어가 실수를 하는 확률이 높다.

일정한 임팩트를 주의하라

내리막에서는 충분하게 임팩트하지 못하게 된다. 내리막이란 생각에 의식적으로 볼을 살살 치며 그립도 아주 부드럽게 잡다보니, 퍼트를 하는 순간 헤드 페이스가 열려 라이가 일찍 계산되므로 방향성이 현저히 떨어지기도 한다. 많은 교습가들은 내리막에서 퍼터의 토나 볼의 위를 쳐서 스피드를 떨어뜨리라고 한다. 하지만 이러한 방법은 한 번의 편법으로는 좋을지 모르나, 지속적이고 일관된 플레이를 하기 위해서는 불필요하다. 일정한 임팩트를 하고 차라리 스윙의 크기나 감각적인 터치감으로 문제를 극복하는 것이 바람직하다.

볼은 중력에 의해 작용한다

내리막 퍼트를 한 후 볼이 멈추는 곳이 현재 플레이를 하는 그린에서 가장 낮은 곳이 된다. 볼이 중력에 의해 낮은 곳으로 흐르기 때문이다. 내리막에서 퍼트를 잘하기 위해서는 그린에서 가장 낮은 지형을 찾아 반대편 오르막으로 볼을 올리는 그림을 그려보는 것이 좋다. 어떤 때는 내리막에서 볼을 홀에 넣는 것보다 홀에 근접시키는 것을 택해야 한다. 아무리 가까운 거리라 하더라도 내리막에서는 다음 실수가 나올 확률이 높기 때문에 마음을 비우는 것이 무엇보다 중요하다.

자신의 힘보다는 퍼터의 헤드 무게감으로 퍼트하라

내리막에서는 힘을 최대한 자제하여야 한다. 단지 퍼터를 손에 든 그립의 힘과 헤드의 무게감을 이용하는 것이 가장 좋다. 무리한 힘이 가해지면 볼이 한없이 굴러가 짧은 거리가 남은 상태에서도 3퍼트가 쉽게 나오기 때문이다.

시계추 운동과 같은 일정한 형식과 히팅보다는 밀어치기가 더 유리하다. 몸 중심을 볼이 진행하는 방향의 슬로프와 같게 셋업해야 하며 대부분은 왼발이 스윙의 축을 이룬다. 홀을 직접 보기보다는 브레이크 포인트에 맞춰 그 방향으로 셋업과 에임을 정해야 한다.

내리막에서는 방어적으로 퍼트해야 함을 명심하라.

무릎의 위치를 평행하게 해야 한다.
이때 스탠스 넓이가 결정된다.

1 머리의 위치는 볼 위에 두는 것이 좋다.

2 롱 퍼팅을 제외하고 백 스트로크를 자신의 오른쪽 발끝까지만 하는 것이 좋다.

3 퍼터 헤드가 지면에 붙어 임팩트로 간다.

4 임팩트 순간의 모습은 마치 어드레스 자세와 같다.

5 머리, 그립, 퍼터 헤드를 일직선으로 그어본다.

6 클럽 헤드가 지면에 가까이 있어야 한다.

Chapter 12

스트레이트, 훅
그리고 슬라이스 퍼팅

스트레이트 라인

중계 방송을 보면 많은 해설자들이 '스트레이트 퍼트이기 때문에 매우 쉬운 상황입니다.'라고 이야기한다. 사람들은 흔히 스트레이트 퍼트를 쉽다고 생각하는데, 필자는 방향을 다루는 퍼트에서 일직선상의 스트레이트가 가장 어려운 부분이라고 표현하고 싶다. 어드레스부터 클럽 페이스의 각도까지 모두 직각을 정확하게 만들어야 하기 때문이다. 더군다나 백 스트로크이든 포워드 스트로크이든 모든 것이 흔들림 없이 목표 방향으로 진행되어야 한다. 이러한 상태라면 오히려 훅 성향의 퍼트가 더 쉽게 느껴진다. 다소 잘못된 자세라 하더라도 볼을 퍼팅 라인 위에만 올려둔다면 라이에 의해 볼이 홀에 들어갈 확률이 높아지기 때문이다.

방향성을 다루는 퍼트의 구질을 파악하기 위해서는 주로 사용하는 손이 감각을 섬세하게 느껴야 한다. 오른손을 주로 사용하는 사람들은 오른팔만을 이용하여 퍼팅 연습을 하는 것이 감각과 리듬을 익히는 데 좋다. 물론 이러한 원칙은 훅이나 슬라이스 구질에서도 비슷하지만, 스트레이트의 경우 볼의 진행 방향이 훨씬 더 부드러워야 하기 때문에 평소에 주로 사용하는 손의 감각을 최대한 이용해야 한다.

백 스트로크를 할 때는 손목을 약간 꺾고 포워드 스트로크를 할 때는 손목이 꺾이지 않도록 퍼팅 라인을 따라 볼을 밀어준다. 퍼터는 백 스트로크 시 약간 안쪽으로 갔다가 임팩트 때 스퀘어로 되돌아오고, 포워드 스트로크 시 약간 안쪽으로 들어오게 될 것이다. 포워드 스트로크는 백 스트로크보다 길어도 되지만 그 반대가 되어서는 안 된다. 스트레이트는 부드럽고 리듬 있는 동작이 중요하다.

훅 라인

휘어지는 퍼트를 잘하기 위해서는 그린의 굴곡을 이용해 퍼트의 속도를 제어하는 방법을 배울 필요가 있다. 오른쪽에서 왼쪽으로 휘어지는 성향의 스트로크가 훅이다. 특히 빠른 퍼팅을 할 때는 너무 강하지 않으면서도 볼이 정확히 굴러갈 정도의 속도로 볼을 때릴 필요가 있다.

좋은 퍼트를 위한 두 가지 좋은 연습 방법을 소개해본다. 하나는 볼이 휘어지는 지점, 즉 브레이크 포인트에 티를 하나 꽂아두고 티를 기준으로 위쪽으로 볼이 지나가도록 연습하는 것이다. 이는 홀 부근에서도 위쪽으로 지나가는 '프로 사이드(pro side)'의 퍼트 능력이 생기게 하는 매우 일반적이면서도 간단한 스트로크 방법이다. 프로 사이드를 지키면 퍼트에 자신감이 생긴다. 그 반대인 경우를 '아마 사이드' 또는 '로우 사이드(low side)'라고 부른다. 이러한 현상은 훅 성향의 퍼트에서 자신감이 결여될 때 나타나며, 장기간 계속되다 보면 스트레이트나 슬라이스 성향의 퍼트에도 난조를 가져 온다. 오른손을 사용하는 골퍼들에게는 다소 훅 성향의 스트로크가 조금 편하기 때문이다.

또 하나의 방법은 스코어 카드나 헤드 커버 같은 것으로 홀을 반 정도 덮어두고 홀의 오른쪽과 위쪽으로 볼이 굴러 들어가는 장면을 머릿속에 그려보는 것이다.

반복적으로 이러한 연습을 하면 볼이 휘어지는 예상 퍼팅 궤도 즉 브레이크 포인트를 위쪽 지점으로 지나가게 하며, 반으로 좁혀진 홀이 실제 플레이에서 매우 커 보이게 되는 효과가 있다.

슬라이스 라인

위에서 언급한 훅 퍼트와 반대 방향의 퍼트가 바로 슬라이스 성향의 퍼트이다. 슬라이스 퍼트가 훅 퍼트보다 어렵게 느껴지는 것은 시각적인 차이이며, 홀을 바라볼 때 머리가 쉽게 열리는 현상 때문이다. 훅 퍼트는 높은 경사도 방면으로 몸을 기대는 느낌이 들어 머리가 쉽게 들리지 않지만, 반대편 슬라이스 퍼트는 뒤쪽으로 자연스럽게 몸의 중심을 잡으려 하다보니 머리의 움직임이 빨라지기 때문에 퍼터나 몸이 쉽게 열린다. 이러한 슬라이스성 퍼트를 잘하기 위해서는 훅 퍼트의 반대 방법으로 연습하는 것이 좋지만, 홀과 볼을 바꾸어 훅이라는 이미지를 만들어 연습하면 브레이크를 계산하기가 매우 편해진다.

퍼팅을 하기 직전에 볼의 경로를 홀에서부터 거꾸로 짚어 가며 그림을 그려보라. 롱 퍼팅을 성공할 때와 같이 선명한 퍼팅 라인을 이미지화하는 것이다. 퍼트를 잘하는 투어 프로들은 목표선을 그려보는 데 많은 시간을 할애한다.

슬라이스 퍼트에서는 약간 핸드 포워드 프레싱(hand forward pressing)했던 그립을 자신의 지퍼선상에 두는 것도 좋다. 지나친 핸드 포워드 프레싱 자세는 퍼터 헤드를 더 열기 때문에 로우 사이드의 결과가 많아진다.

볼의 로고를 정렬하거나 볼 위에 라인을 만들어라

볼의 로고가 퍼트선과 일치하도록 정렬하거나 볼 위에 직선을 그리는 것은 매우 전통적이면서도 사실 가장 흔히 사용하는 방법이다. 아마 수많은 세월이 흘러도 이 방법은 계속될 것이다.

볼에서 홀까지 완전히 일직선이 되는 것은 힘들다. 볼의 로고를 정렬하는 곳은 볼의 움직임이 끝나는 지점이 아니라 시작되는 곳이라는 것을 기억해야 한다. 볼의 로고를 정렬하거나 볼 위에 직선을 그리는 것은 심리적 안정을 주는 데 매우 탁월한 효과가 있다고 입증되었다.

볼을 실제로 타격할 때는 이러한 라인에 대해서는 잊는 것이 좋고, 위에서 내려보는 로고의 정렬이 마음에 안 든다면 처음에 생각했던 것보다 더 많은 브레이크를 보는 것이 훨씬 유리하다. 미스 퍼트는 대부분 경사도를 제대로 고려하지 않아서 나오는데, 브레이크를 조금 더 보는 것이 유리한 상황을 만들어준다.

퍼팅은 거리를 맞추는 데 방어적인 면이 강하다. 하지만 방향에는 공격적인 면이 강한 것이 사실이다. 좀 더 성공 확률을 높이기 위해서는 가장 일반적인 연습 방법이 때로는 가장 좋을 수도 있다. 볼의 로고를 정렬하거나 볼 위에 직선을 그려보는 것도 스트레이트나 훅 그리고 슬라이스 퍼트에 좋은 준비 과정이 될 것이다.

파트너가 플레이하는 동안 모든 것을 파악하라

그린 위에서 모든 것을 스스로 결정하기 위해 때로는 파트너가 플레이하는 것을 지켜보며 참고하는 것이 좋다. 간혹 라이나 볼이 휘어지는 경사도가 생각과 많이 다를 때가 있다. 물론 캐디에게 도움을 청하면 해결되지만, 파트너가 퍼트하는 것을 직접 눈으로 보았다면 문제를 처리하는 데 훨씬 쉬울 것이다. 그러므로 퍼팅 거리, 볼의 스피드, 그린의 경사도 등 필요한 모든 정보를 파트너가 플레이하는 동안 파악해놓는 것이 바람직하다. 그러면 슬로우 플레이에 대한 시간적 부담도 줄어들고, 확실하고 안정된 자신만의 플레이 비결을 만들 수 있다.

Chapter 13

입스

입스의 정의

우승을 바로 눈앞에 둔 1m의 마지막 퍼트에서 긴장감이 최고조에 달할 때 퍼트 성공 확률은 생각하는 것보다 그다지 높지 않다. 우승 경험이 많은 프로 선수들은 그러한 순간에도 퍼트를 성공할 확률이 높겠지만, 그 순간을 처음으로 맞이한 사람이라면 심장이 쿵쾅거릴 정도로 뛰어서 대부분은 긍정적인 결과를 얻지 못할 것이다. 다행히 우승으로 이어진다면야 큰 문제가 없겠지만, 우승 문턱에서 좌절하면 다음에 같은 상황을 맞을 때 처음보다 더 어렵게 경기를 하기도 한다. 이러한 경험이 계속 이어지면 두려움으로 자신감이 결여되면서 손으로 끊어 치는 듯하며 매우 불규칙한 스트로크를 하게 된다. 이러한 때 돌발적으로 근육 경련이 일어나면서 최악의 상태에 이르는 증상을 퍼트 입스라고 한다.

연구에 따르면 입스로 잃는 타수는 라운드당 평균 4.7타라고 한다(『Golf Digest, 쇼트게임 완전정복』). 입스는 퍼팅을 할 때 근육의 움직임, 심장 박동 수, 그립 압력을 증대시키는데, 퍼팅이 뛰어난 골퍼들에게서 근육의 움직임과 심장 박동 수가 줄어드는 것과는 반대되는 현상이다.

입스의 치료법

사실 입스를 고치는 방법은 검증된 것이 없고, 심리적으로 골퍼를 안정되게 하거나 환경을 새롭게 바꾸어주는 두 가지 정도이다. 자세한 것은 다음과 같다.

첫째는 신체적인 문제 또는 긴장감이나 두려움으로 정신력이 약해져서 입스가 생길 때 가장 일반적으로 사용하는 방법으로 클럽을 교체하는 것이다. 그립이나 샤프트와 같은 것을 부분적으로 교체해보기도 하는데, 이것은 새로운 기분으로 안정감을 찾게 하는 일차원적인 방법이다.

둘째는 자세나 기술을 변화시키는 방법인데, 이 과정이 더 많은 스트레스가 될 수 있

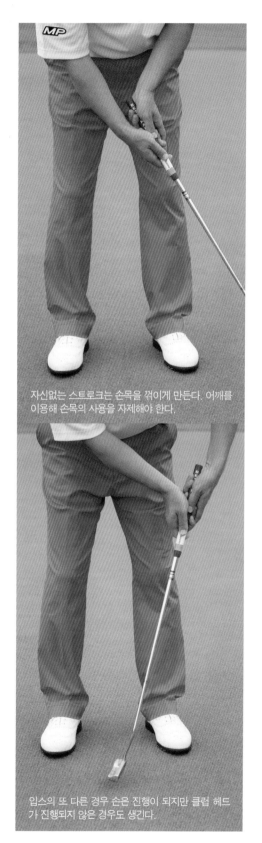

자신없는 스트로크는 손목을 꺾이게 만든다. 어깨를 이용해 손목의 사용을 자제해야 한다.

입스의 또 다른 경우 손은 진행이 되지만 클럽 헤드가 진행되지 않은 경우도 생긴다.

으므로 시간이 많이 있어야 해결할 수 있는 치료법이다.

때로는 골프를 아예 접고 한동안 플레이를 하지 않는 선수들도 있다. 세간의 집중을 받고 프로 데뷔전을 한 미쉘 위도 퍼트 입스는 아니더라도 부상과 더불어 골프 파트의 여러 요소가 이러한 증상에 휩싸였을 때 골프를 그만 두고 학업에 전념했다. 이러한 사실을 보노라면 선수들이 한동안 플레이를 하지 않는 것이 쉽게 이해가 가기도 한다. 잠시 플레이를 하지 않은 것은 모든 것을 떠나 새롭게 골프를 시작한다는 점에서 장기간 치유가 될 수 있는 방법이다.

그냥 다르게 한번 해보자

입스의 증상이 계속 된다면 치료법이 사실 무의미하다. 입스를 이기는 것은 자신과의 싸움이라 표현하고 싶지만, 그냥 지금까지와 다르게 한번 해보자는 식의 새로운 전환이 필요하다. 다양한 홀에서 다른 스타일의 퍼팅을 시도하며 완벽을 추구하다보면 오히려 큰 부담감이 생기므로 자연스럽게 퍼팅 리듬을 되새겨보는 것이 바람직하다. 또는 더 강하게 자신을 만드는 것도 입스를 극복하는 좋은 방법이 될 것이다.

잭 니클라우스(Jack Nicklaus)는 실패한 퍼팅은 절대로 기억하지 않는다고 했다. 어느 연설에서 그가 자신은 1m 내에서는 퍼트를 실수한 적이 없다고 강연하고 있을 때 누군가가 질문했다. "지난 주 경기에서도 1m가 되지 않는 퍼트를 실수한 것을 텔레비전으로 봤는데 어떻게 된 것입니까?" 하면서 말이다. 잭 니클라우스는 그 사람에게 자신도 그 순간을 텔레비전으로 다시 봤지만, "나는 기억이 나지 않는다."고 하면서 다시 한 번 강하게 부정했다고 한다. 이야기의 핵심은 잭 니클라우스는 자신이 기억하기 싫은 것은 잊어버리는 선택적 건망증을 갖고 있는 사람이라는 것이다. 그는 자신이 실수한 퍼트는 기억 속에 들어오지 못하도록 완전히 차단하는 능력을 갖고 있다. 바로 이러한 점이 그를 위대한 퍼팅의 실력자로 만들고 세계 최고의 골퍼로 만든 이유이라고 할 수 있다.

Chapter 14

스피드를 습득하는 방법

그립

양손의 위치는 클럽의 중심에 오도록 한다. 이러한 자세는 불필요한 손목의 움직임을 방지할 수 있게 도와준다. 이 자세에서 중점은 오른쪽 엄지손가락에 있는데, 오른쪽 엄지손가락을 샤프트 위로 일직선상에 두고 힘을 빼어 가볍게 그립을 잡아야 한다.

올바른 자세

등은 자연스럽게 구부리고, 무릎은 적당히 구부려준다. 시선은 볼의 바로 위쪽에 두고 목표선과 평행이 되게 한다. 이러한 자세는 퍼팅할 때 퍼터의 페이스가 목표선의 정면을 향하게 하며, 일정한 퍼팅과 정확한 가격으로 스트로크의 감을 유지할 수 있게 해준다.

손목 각도

퍼팅할 때 왼쪽 손목을 일직선으로 유지해야 한다는 주장을 필자는 그다지 믿지 않는다. 그립을 취할 때 중요한 것은 왼손을 자연스럽게 내릴 때 생기는 각을 유지하는 것이다.

TIP

그린에서 가장 중요한 것은 거리감이다. 거리감은 볼이 구르는 속도감을 어떻게 느끼느냐에 따라 달라질 수 있다. 속도감을 익히는 것은 그린 위에서 거리감을 익히고 중압감을 이길 수 있는 방법이 된다.

일정한 스탠스

머리는 움직이지 않고 고정시킨다. 상체는 계속해서 정면을 향하도록 하는 것이 좋다. 이러한 자세는 팔과 어깨를 편하게 한 상태에서 스트로크할 수 있으며, 퍼터의 페이스가 목표 방향의 정면을 보게 해준다.

올바른 스트로크

퍼팅 스트로크는 임팩트 이후 퍼터의 헤드가 살짝 올라간다는 느낌으로 한다. 단, 임팩트 시 볼의 윗부분을 치지 않도록 주의해야 한다. 백 스윙 때 퍼터의 헤드를 낮게 끌고 가서 임팩트 후에 계속 지면을 따라 낮게 유지하는 것은 좋지 않다.

릴리스 자세

모든 골프 스윙에 릴리스가 중요하듯이 퍼팅을 할 때에도 마찬가지이다. 릴리스를 할 때 가장 중요한 점은 팔과 손목, 그리고 손의 위치가 스트로크 내내 일정해야 한다는 것이다. 릴리스를 할 때 왼쪽 손목이 일직선이 되면 스트로크의 진행과 스피드가 제한된다.

깃대

프린지에서 짧은 샷을 할 때 깃대를 꽂아야 하는지 묻는 사람들이 많은데, 대부분의 선수들은 깃대를 꽂는 편이다. 적당한 속도의 볼은 깃대와 관계없이 홀에 들어가므로 문제가 없지만, 볼을 너무 세게 때렸을 때는 상황이 더 악화되는 것을 깃대가 막아주기 때문이다.
깃대가 바르게 세워져 있지 않으면 플레이에 매우 치명적이다. 그래서 골프 규칙에서는 바르게 서 있지 않은 깃대를 바르게 세울 수 있도록 허락하고 있다.

Part

5

벙커 샷

Chapter 01

벙커에서의 경기 요령

벙커에서의 기본

벙커에서는 무엇보다 한 번에 빠져 나오는 것이 중요하다. 벙커에서는 볼을 홀에 붙이려고 하기보다는 그린에 올리는 것을 우선으로 하며 기본에 충실하고, 모래와 클럽의 특성을 충분히 파악해야 한다. 칩 샷이나 피치 샷은 한 번에 홀인하는 경우도 있지만, 벙커는 그 확률이 훨씬 낮다. 그러나 벙커에서의 기술을 정확히 이해하면 한 번에 홀인하는 것이 전혀 불가능한 것은 아니다.

볼의 위치와 라이를 살펴라

벙커는 모래로 이루어져 있어서 볼이 모래에 파묻혀 있기도 하고, 경사도에 얹혀 있기도 하고, 라이가 안 좋은 경우 등 상당히 많은 상황이 발생한다. 그러므로 볼의 위치와 라이를 점검하는 것은 필수 요소이다.

턱의 높이와 핀의 위치를 점검하라

벙커 주변은 모두 턱으로 되어 있다. 대부분 그린 쪽으로는 턱이 높으며 벙커로 들어가는 부분은 낮게 설계되어 있다. 플레이어의 키보다 높은 벙커도 있고, 무릎 높이만큼 낮은 벙커도 있다. 턱을 점검해야 하는 것은 탄도를 결정해야 하기 때문이다. 벙커가 높을수록 백 스윙 시 손목을 가파르게 써야 한다.

핀의 위치 또한 매우 중요하다. 핀의 위치가 앞인 경우는 깃대 높이만큼 높이 공략하여 볼을 앞에 놓아야 하고, 핀이 긴 경우는 어느 정도 런을 계산하여 공략할 수 있다.

그린의 경사도나 볼의 빠르기를 점검하라

경사가 있는 그린에서는 시각적인 착오로 처리해야 할 거리를 잘못 계산할 수 있으므로 반드시 경사도를 점검해야 한다. 오르막에서는 조금 더 강하게, 내리막에서는 부드럽게 그린을 공략해야 한다. 스피드 또한 점검하여 빠른 그린과 느린 그린에서 공략을 다르게 해야 한다.

벙커 밖 잔디에서 연습 스윙을 해보라

벙커에서는 클럽 밑면을 모래에 닿게 하면 안된다. 벙커에서 연습을 하다가는 클럽이 모래를 스칠 수 있으며, 클럽을 떨어뜨려 벌타를 받을 수도 있다. 또 벙커 안에 발자국이 많이 생겨 샷을 실수할 가능성이 커지고, 볼이 벙커로 다시 흘러 들어올 수도 있다. 그러므로 벙커 밖 잔디에서 스윙 연습을 충분히 하는 것이 바람직하다.

오픈 스탠스를 하며 모래 속에 발을 집어넣어라

폭발 샷을 이용해 벙커를 탈출하려면 클럽 헤드를 충분히 열어두고 어드레스해야 한다. 오픈 스탠스를 해야 열린 클럽 헤드가 임팩트 시 스퀘어로 볼을 맞힐 수 있기 때문이다. 모래에 깊게 발을 묻고 스탠스를 해야 하는 이유는 첫째, 안정된 스윙을 위해서이며 둘째, 볼을 임팩트할 때 볼을 맞히는 것이 아니라 볼 밑 모래를 폭발시킬 수 있도록 고도를 맞추기 위해서이다. 셋째는 클럽이 모래에 닿아서는 안 되므로 발을 이용해 모래의 성질을 파악하기 위해서이다.

모래 상태에 따라 가파른 각도나 낮은 각도로 백 스윙하라

모래의 양이 많으면 가파른 각도가 필요하다. 많은 모래를 폭발시켜야 하며, 예각으로 다운 스윙해야 볼에 더 가깝게 근접하기 때문이다. 모래의 양이 적거나 일정하면 조금 더 뒤에서 임팩트되어도 볼이 벙커를 쉽게 빠져 나오므로, 낮은 각도의 U자 형태로 완만하게 하는 스윙이 무난하다. 턱의 높낮이도 이와 같다.

다운 스윙은 간결하게 하고 위크 그립을 활용하라

스트롱 그립은 긴 클럽에서 볼의 구질을 드로우로 만들어준다. 클럽 페이스를 오픈하는 벙커 샷에서는 위크 그립(weak grip)이 클럽 페이스의 로프트를 일정하게 유지하는 데 도움이 된다. 스트롱 그립은 리딩 에지가 회전하는 데 많은 역할을 하기 때문에 벙커에서는 토핑이나 깊은 벙커 샷을 유도하여 실수로 연결될 수 있다. 그립은 바꾸는 것은 좋지 않으나 벙커에서는 예외이다. 물론 타이거 우즈도 이 경우 위크 그립을 선호한다.

임팩트 때 볼의 2~3cm 뒤를 가격하라

페어웨이 벙커를 제외한 벙커에서는 볼을 직접 가격하지 말고 볼에서 뒤로 2~3cm 떨어진 곳을 공략해야 한다. 폭발 샷을 만들어야 하기 때문이다. 임팩트 후 팔로스루나 피니시는 확실하게 가져가야 한다. 모래의 저항은 생각보다 크며, 많은 모래를 퍼내었을 때는 더하다. 벙커 샷에서는 팔로스루는 물론 부드럽게 모래를 빠져 나가기 위해서라도 피니시로 가는 동작이 필요하다. 벙커 턱이 낮은 경우는 예외이지만 대부분 충분한 피니시를 해야 한다.

3 : 1의 원칙을 적용하라

잔디를 떠내는 힘의 3배 정도로 강하게 스윙한다. 공인구의 무게가 1.62온스(약 46그램)라고 할 때 3 : 1의 원칙에 의해 떠내는 모래는 6온스(약 170그램)가 조금 안 되는 정도라야 정상이다.

벙커는 오른손으로 리드하라

샌드 웨지는 '바운스 효과'를 극대화하여 플레이하는데, 임팩트 순간 클럽 샤프트가 반드시 자신의 오른쪽을 향하여 기울어져 있어야 한다. 클럽 헤드가 양손보다 빨리 임팩트 되려면 다운 스윙 때 오른손을 이용해 클럽 헤드가 모래의 저항을 이기도록 공격적으로 풀어 놓아야 하기 때문이다. 왼손으로 리드하는 동작은 릴리스에서 팔로스루를 가져가야 하는 벙커에서도 필요하다. 그래서 왼손으로 리드하는 것을 즐기는 플레이어도 있

1 틱의 높이와 거리를 점검해본다.
2 어드레스 후 다시 한 번 심호흡을 한다.
3 타깃보다 오른쪽으로 클럽이 리드되고 볼은 깃대를 향한다.

지만 임팩트의 저항을 이기려면 오른손으로 리드하는 것이 더 낫다.

스윙의 크기로 거리를 조정하라

거리감이 벙커에서는 중요하다. 강한 힘과 빠른 스피드보다 스윙의 크기를 조절하여 벙커를 탈출해야 한다. 스윙을 크게 하여 거리를 조정하면 보통 샷의 리듬을 찾을 수 있다. 원하는 거리에 볼을 보내기 위해서는 다른 샷과 같은 리듬과 템포와 클럽 페이스 조절로 스윙하는 것이 좋다.

U자형과 V자형의 스윙

벙커에서는 턱의 높낮이에 따라 스윙이 정해진다. 턱이 높은 경우는 가파른 V자형 스윙이 좋으며, 반대로 턱이 낮은 경우는 U자형 스윙이 좋다. 모래의 양이 많은 경우는 가파른 V자형 스윙이 볼에 접근하는 각을 임팩트하게 해주기 때문에 좋고, 모래의 양이 적은 경우는 완만한 U자형 스윙이 볼을 탈출하기에 좋다.

핀의 위치에 따라서도 스윙이 달라진다. 핀이 앞쪽에 위치한 경우는 가파른 V자형 스윙이 이상적이고 그 외에 대부분의 벙커에서는 완만한 U자형 스윙이 좋다.

자신감으로 승부하라

무엇보다 벙커에서는 자신감이 필요하다. 어렵다고 생각하면 결과가 늘 나쁘다. 쉽다고 생각을 바꾸는 것도 자신감의 시작점이 된다.

1 가벼운 팔 동작도 벙커에서는 필요할 때가 있다.
2 오른쪽 팔꿈치와 양 무릎 높이가 이상적이다.
3 완벽한 동작이다.

Chapter 02

벙커 플레이에서의 기본자세

어드레스

벙커에서는 모래에 두 발을 깊이 묻어야 한다. 스윙의 중심이 흐트러지면 모래 속에서 안정된 스윙을 구사하기가 어렵기 때문이다. 발이 모래 속에 들어가 자세가 깊숙이 낮춰져야 견고한 스윙이 나오기 때문에 다른 때보다 신체를 강하게 고정하는 느낌이 들어야 한다. 발을 깊게 묻어 자세를 취하면 볼이 몸과 가까워지는데, 이때 왼팔을 충분히 펴고 스윙할 수 있도록 짧게 그립해야 한다.

그립

벙커에서는 위크 그립을 선호한다. 이 그립이 스윙 도중 오픈 페이스를 쉽게 유지해주기 때문이다. 많은 골퍼들이 스트롱 그립을 벙커에서도 유지하는데, 위크 그립은 클럽 페이스를 유지하고 임팩트 순간 리딩 에지를 볼 뒤로 가져가기 쉬우므로 정확한 임팩트를 만들어준다. 그립은 바꾸는 것이 아니라고 하지만, 벙커에서는 위크 그립으로 바꾸어 플레이해보라.

스탠스

벙커 샷에서는 스탠스를 확고하게 하는 것이 무엇보다 중요하다. 특히 모래가 부드러울 때를 주의해야 한다. 대부분의 실수가 발을 모래 속에 넣어서 스탠스하지 않고, 스윙을 할 때 무게 중심이 무너지거나 정확한 임팩트가 이루어지지 않아 발생된다. 그러므로 발을 모래 속에 집어넣어 안정감 있게 만드는 것이 무엇보다 중요하다. 스탠스는 오픈해야 한다.

볼의 위치

볼은 왼발 뒤꿈치 안쪽 연장선에 오도록 하여야 한다. 체중은 왼발에 약간 더 실리게 하며, 클럽을 잡은 그립 뒷부분이 볼의 바로 위쪽에 위치하도록 해야 한다. 볼이 왼쪽으로 치우쳐 있다는 느낌이 없지 않으나, 실제로는 스탠스의 중심에서 왼쪽으로 5~6cm 정도에 위치해 있을 뿐이다.

에이밍

클럽 페이스, 스탠스, 그리고 허리와 어깨를 오픈하여 자세를 취한다. 에이밍은 목표 선보다 30도 정도 왼쪽으로 향하게 하고, 체중은 약간 왼발에 실어준다. 그리고 몸이 바라보고 있는 라인을 따라 스윙하면 에이밍이 결정된다. 실제로는 목표선의 왼쪽을 보고 있지만, 클럽 페이스가 오픈되어 있기 때문에 볼은 홀 방향으로 나간다.

클럽 페이스

클럽 페이스를 오픈하면 클럽의 로프트가 보다 크게 되어 볼이 모래 속에서 잘 빠져 나간다. 물론 오픈된 로프트가 클수록 볼이 높이 올라가므로 높은 턱도 쉽게 탈출할 수 있다. 60도가 벙커에서는 기본 로프트가 된다. 하지만 벙커 안 여러 상황에서는 클럽 페이스를 닫거나 열 수 있는 기본기가 탄탄해야 응용력이 생긴다. 기본자세가 갖추어졌다면 클럽 페이스 조절이 승부를 가른다.

안정감이 느껴지도록 스탠스한다.

왼팔로 강하게 클럽을 쥐어야 한다.

어깨의 위치가 발 앞쪽으로 잘 셋업되어 있다.

오른팔이 왼팔을 덮는 자세가 좋다.

Chapter 03

벙커 탈출을 위한 연습 방법

티 위에 볼을 올려놓고 샷을 하라

벙커 안에서 모래에 티를 꽂고 볼을 타격하는 연습을 한다. 볼만을 치는 느낌은 깨끗한 임팩트의 느낌을 전해줄 것이다.

모래 밑에 길이 70cm 정도의 판자를 묻어 놓고 연습하라

모래 밑에 단단한 판자를 묻어 놓고 일정한 양의 모래를 퍼내어 볼을 쉽게 탈출시킨다. 실제로 이루어지는 임팩트의 길이는 만 원짜리 지폐 정도가 좋다.

스탠스와 수직으로 선을 그어 스윙하라

벙커 안에서 스탠스와 수직으로 선을 긋고, 그 선 왼쪽으로만 스윙하여 클럽 헤드를 모래에 접촉하게 한다. 연속으로 뒤로 물러나며 스윙하면 그 리듬이 도움되어 임팩트 시 일정한 양의 모래를 퍼낼 수 있다.

벙커에서는 맨발로 연습해보라

사실 벙커에서는 신발을 벗고 들어가서 연습하는 것이 좋다. 모래의 미세한 움직임을 알 수 있고, 자신의 스탠스에서 어떻게 힘이 전달되어지는지 알 수 있기 때문이다.

신발을 벗고 연습하면 의외로 쉽게 벙커를 탈출할 수 있다는 것을 느낄 수 있다. 볼 밑으로 들어가야 하는 클럽의 헤드와 발이 닿아 있는 지면 높이가 같아지기 때문이다.

오른손 하나로만 하는 연습 방법

벙커 샷은 오른손을 이용해 클럽을 내던지는 듯한 동작이다. 단순하게 볼의 2~3cm 뒤로 클럽 헤드를 리드하여야 한다. 오른쪽 한손으로만 하는 연습 방법은 근력 훈련에 도움이 되며 임팩트 시 모래의 저항을 이기며 릴리스하는 느낌을 전해준다.

클럽의 완벽한 팔로스루를 위해 왼손 동작을 추가하도록 한다. 단, 한 손을 사용하든, 두 손을 사용하든 오른손의 동작에는 변함이 없어야 한다.

7번 아이언을 이용한 연습

어니엘스(Ernie Els)가 가장 좋아하는 방법으로, 7번 아이언의 클럽 페이스를 오픈하고 벙커 샷을 연습하는 것이다. 상당히 어려운 연습이지만, 좋은 임팩트가 가능하다. 오히려 볼이 더 쉽게 벙커를 탈출하는 느낌을 얻을 수 있다.

클럽 샤프트가 타깃과 수평을 이루어야 한다. 왼팔은 지면과 수직을 이루며 임팩트해야 한다.

Chapter 04

벙커 플레이의 루틴

벙커의 턱과 볼의 라이를 점검하라

탄도를 결정하는 가장 중요한 순간이다. 그린의 슬로프 상태나 스피드에 따라 스윙의 크기가 결정되기도 한다. 볼이 부드럽게 높이 떠서 날아가야 한다면 스윙도 그만큼 부드럽게 해야 한다.

반드시 샤프트 중간을 잡고 벙커로 들어가라

클럽이 모래에 닿을 경우 벌타가 주어진다. 이 외에도 벙커에서는 여러 가지로 신경 써야 할 것이 많다. 벙커 안에서는 한 손으로 그립을 잡으면 클럽이 모래에 닿을 확률이 높아지므로 샤프트를 잡고 여러 가지를 살피는 것이 좋다.

세심하게 그린 주변을 살피는 것은 성공 확률을 높이는 첫 단계이다.

핀의 위치를 점검하라

핀의 위치가 앞인 경우 볼이 떠서 부드럽게 안착해야 한다. 가파른 스윙 궤도와 어느 정도의 스피드가 필요하기 때문이다. 핀의 위치가 뒤쪽이면 클럽을 다시 선택할 수 있으며 클럽 페이스를 닫아 거리와 런을 동시에 계산하여 공략해야 하기에 핀의 위치를 점검해야 한다.

벙커 밖에서 연습 스윙을 하라

클럽이 모래에 닿는 등의 실수를 하지 않기 위해서는 벙커 밖에서 연습 스윙을 하고 들어가는 것이 현명하다.

셋업 이후 목표를 바라보며 자신감을 갖는 것이 두 번째 단계이다.

벙커 밖에서 연습하면 시야를 핀과 수평으로 맞출 수 있어 마음도 더 편안해진다. 벙커 안에서 연습을 하면 스탠스를 취할 때 생긴 발자국이 많아서 혹시 샷을 실수하는 경우 볼이 다시 벙커로 흘러 들어와 상황이 더 어렵게 될 수도 있다. 가급적 깨끗한 벙커에서 플레이하는 것이 좋다. 플레이 이후 벙커를 깨끗하게 정리하는 것은 골퍼의 의무이다.

볼 뒤에서 정렬선을 가정해보라

연습 스윙을 밖에서 한 후 벙커로 들어와 볼 뒤쪽에서 정렬선을 점검하며 스윙을 준비한다.

● 볼 앞에서 발을 모래 속에 묻고 스탠스하라

모래의 질과 양을 파악하여 안정된 스윙을 할 수 있는 조건을 만들어야 한다.

● 몸의 정렬선을 왼쪽으로 두어라

클럽을 오픈해서 모래를 폭발시키고 높은 탄도를 내야 하기에 정렬선을 왼쪽으로 두어 클럽 페이스의 임팩트를 유도해야 한다. 이때 클럽 페이스의 리딩 에지는 홀의 오른쪽을 향하고 있다.

● 클럽 페이스를 열어 홀 오른쪽으로 향하게 하라

몸은 왼쪽을 향하고, 클럽 페이스의 리딩 에지는 홀의 오른쪽을 향해야 한다. 즉 몸과 클럽 페이스가 임팩트 순간 직각이 될 준비가 되어 있어야 한다.

● 왜글링으로 손목을 부드럽게 풀어주어라

벙커 샷은 무엇보다 모래의 저항에 가장 부드럽게 대처해야 한다. 왜글링으로 손목을 최대한 부드럽게 하라.

● 볼을 향해 가볍게 주목하라

어드레스 자세를 취하면서 홀을 주시하며 집중력을 높인다. 클럽 헤드부터 들어 올리면서 스윙을 시작하여 샷을 실행한다. 무리한 어깨의 턴이나 몸의 움직임은 모래 위이기 때문에 자제해야 한다.

Chapter 05

모래 특성에 따른 벙커에서의 샷

모래의 종류

골프장 벙커는 모래 자체에 대한 규제는 거의 없다. PGA나 LPGA의 경기 규정에 따르면, 모래는 입자가 고르고, 바닥으로부터 일정한 두께로 깔려 있어야 하며, 수평을 이루어서는 안 된다고 한다.

백사는 석회석이 주성분이며 흰색을 띤다. 우리나라는 벙커에 사용할 질 좋은 모래가 별로 없어서 거의 수입에 의존한다. 가끔은 벙커에 조개껍데기가 섞인 백사도 있다. 마블과 같은 대리석 가루로 만든 모래는 상당히 입자가 곱고 색이 희어 벙커용으로 많이 사용된다. 규사는 석영이 주성분이며 노랗고 반짝이는 모래를 말한다. 우리나라 강가나 바닷가에 있는 모래는 대부분 규사이다.

모래가 부드러운 경우

오픈 스탠스를 하고 볼의 위치를 왼쪽 발 안쪽 뒤꿈치와 일직선이 되도록 옮겨둔다. 모래가 부드럽기 때문에 클럽 헤드가 쉽게 빠져나간다. 볼이 모래에 약간 묻혀 있으므로 임팩트 순간 반드시 볼의 뒤쪽으로 3~4cm 떨어진 곳을 쳐서 클럽 헤드가 빠져 나가도록

모래의 특성에 따라 볼의 탄도와 볼이 튀어나가는 스피드가 달라진다.

해야 한다. 다소 강하게 임팩트해도 되지만, 볼이 클럽면에서 그렇게 빠르게 튀어 나가지는 않는다.

모래를 쓸어 자신 있게 스윙해야 하며, 약하거나 멈추는 듯한 스윙이나 클럽을 들어 올리는 듯한 동작은 불필요하다.

모래가 굵은 경우

강한 스윙보다는 어느 정도 부드러운 스윙이 좋지만, 볼의 뒤를 정확하게 가격하기 위해서는 V자 형태의 스윙이 볼 바로 뒤로 예각을 이루며 내려오게 하는 것이 중요하다. 모래알이 굵어서 클럽이 볼 밑을 치고 빠져 나오기가 어렵기 때문이다. 체중 이동을 줄이고, 상체와 팔을 이용하여 스윙하고, 클럽 헤드를 무겁게 느낄 필요가 있다.

모래의 양이 적은 경우

벙커를 벗어날 수 있는 가장 쉬운 조건으로 클럽 페이스만 잘 조절해도 쉽게 벙커를 탈출할 수 있다. 오픈 페이스가 좋으며, 스윙 곡선을 완만하게 그리는 것이 중요하고, 스윙의 크기가 적어도 무방하다. 스피드를 이용하는 벙커 탈출은 좋지 않으나, 이 경우 스핀이 필요한 위치에서는 스피드를 올려볼 필요가 있다.

모래의 양이 많은 경우

가장 어려운 벙커 샷이다. 정확한 임팩트를 가져가지 못해 더핑이 쉽게 나오고 볼에 근접하는 각을 가깝게 가져가면 토핑이 유발되기도 한다. 발을 모래에 너무 깊게 묻지 말아야 하며, 가파른 각을 이용한 V자 형태의 스윙이 적합하다. 바운스를 최대한 활용하여 볼이 콘택트되고 쉽게 떠오를 수 있도록 해야 한다. 우리나라 벙커가 세계에서 제일 어려운 이유 중 하나는 모래의 양이 많기 때문이다.

Chapter 06

턱이 낮은 벙커에서의 샷

스윙의 부드러움이 주가 되게 하라

턱이 낮은 경우 무리하게 가파른 백 스윙을 할 필요는 없으며, 평탄한 스윙을 구사해야 하기 때문에 스윙을 부드럽게 해야 한다. 팔로스루를 다하지 않고 모래를 깊게 폭발시키는 경우도 스윙이 부드러워야 한다. 완만한 스윙 곡선을 그릴 때는 멈추는 듯한 동작 없이 그대로 임팩트해야 한다.

라이를 점검하라

턱이 낮은 경우 마음이 편해진다. 벙커를 쉽게 나올 수 있다고 느껴지는 것 자체로 자신감이 생기기 때문이다.

볼이 모래에 묻혀 있더라도 턱이 낮으므로 클럽 페이스를 열어 볼을 강하게 띄워 탈출을 시도할 수 있다.

라이에서 어떻게 홀을 공격할 것인가 결정하라

볼이 좋은 라이에 놓여 있다면 샌드 웨지에서 퍼터 또는 8번 아이언과 같은 클럽 선택이 가능하기 때문에 공격 루트를 결정해야 한다. 긴 거리의 퍼트를 생각하며 턱을 넘어 홀을 공략해야 하고, 아이언을 선택한 경우에는 볼만을 쳐내는 칩 샷의 형태로도 그린 공략이 가능하다.

낮은 턱인 경우 심리적으로 약하게 스윙하게 된다. 어드레스를 강하게 만들어보자. 이것만으로도 낮은 턱에서의 벙커가 쉬워진다.

핀과 그린의 경사도를 파악하라

턱은 낮지만 그린이 시작하는 지점에서부터 생긴 경사도는 스윙의 크기나 클럽 선택에 영향을 미친다. 그러므로 경사도와 핀 위치는 반드시 점검해야 할 사항이다.

볼의 위치

볼은 스탠스 중앙에 위치하는 것이 좋다. 오른쪽에 두면 볼이 너무 빠르게 튀어나갈 수 있고, 왼쪽에 두면 피칭 웨지나 9번 아이언을 이용해 볼의 후방 3~4cm를 쳐서 빠져나갈 수 있다.

스탠스

스탠스를 열고 발끝의 정렬선을 따라 백 스윙을 했다가 목표선을 따라 다운 스윙해야 한다. 핀이 앞쪽인 경우 스윙이 크지 않아야 하고, 핀의 위치가 뒤에 있는 경우는 클럽을 닫아 스윙하며 어느 정도 런을 계산하여 공략해야 한다. 팔로스루를 길게 가져갈 필요가 없으며, 모래의 양을 두껍게 하여 그린을 공략하는 방법이 효과적이다.

평탄한 스윙을 구사하라

일반적으로 낮은 턱의 스윙 궤도에서는 평탄한 면을 그리면서 스윙해야 한다. 그리고 피칭 웨지나 9번 아이언을 선택해도 무방하다. 턱이 낮으면 샌드 웨지 이용 시 페이스 조절을 실패하는 경우가 많이 있기 때문이다.

데이비드 리드베터 방법

교습가 데이비드 리드베터(David Leadbetter)는 벙커의 턱이 낮은 경우 백 스윙을 약간 끌고 내려오면서 스윙의 면을 완만하게 해야 한다고 했다. 피칭 웨지나 9번 아이언으로 이러한 방법을 사용하면 낮은 턱을 적절히 공격할 수 있다.

Chapter 07

턱이 높은 벙커에서의 샷

턱의 높이는 탄도를 결정한다

높은 턱의 벙커를 탈출하는 것은 탄도가 좌우한다. 탄도를 내기 위해서는 클럽의 스피드를 올리거나 가파른 V자 형태의 스윙을 하거나 클럽 페이스를 오픈하여 공략해야 한다. 핀의 위치에 따라 스윙의 크기나 스피드도 달라져야 한다. 핀이 앞쪽에 있는 경우 깃발을 타깃으로 할 만큼 높은 탄도로 벙커를 탈출하여야 하고, 핀이 뒤쪽에 위치한 경우는 빠른 스피드를 지닌 강하고 커다란 스윙을 해야 한다.

볼의 라이를 점검하라

벙커의 턱이 높은 경우 볼이 대부분 편편한 모래 위로 흘러가 라이가 좋아진다. 클럽의 페이스와 스탠스를 오픈하면서 가파른 백 스윙을 시작으로 아웃투인 사이드로 스윙한다. 발이 조금 묻혀 있는 경우는 체중을 왼쪽으로 조금만 두어 강한 폭발 샷을 유도해야 한다. 볼이 깊게 박힌 경우라면 무조건 핀을 향해 샷을 하기보다는 볼이 벙커를 빠져 나올 만한 높이의 턱쪽을 택했을 경우와 어프로치했을 경우를 비교하여 확률이 높은 쪽을 택해야 한다.

클럽 페이스가 우선은 관건이 된다. 그러나 스피드와 스윙은 커져야 한다.

기본자세

스탠스를 많이 오픈한다. 몸 전체도 오픈하여 셋업하며 상체의 어깨선은 가급적 에이밍과 일직선상에 둔다. 이때 체중을 오른발에 두는 것이 볼을 띄우는 데 좋으며 클럽 페이스 역시 조금 더 오픈해야 한다.

그립

일반적인 샌드 웨지보다 약간 길게 잡아주어도 좋다. 하지만 빠르고 가파른 백 스윙을 하며, 임팩트 시 모래의 저항을 이길 정도로 강하게 잡아야 한다. 높은 탄도를 내기 위해서는 오픈 페이스가 되어야 하는데, 오픈 페이스를 임팩트 이후까지 잘 유지해주는 그립이 바로 위크 그립이다. 볼을 띄우기 위해 그립을 단단하게 잡으면 큰 실수가 나올 수 있다. 체중이 오른쪽에 실려 있기 때문에 정확하게 볼을 뒤에서 가격하기가 쉽지 않으므로, 볼 뒤 2~3cm 정도에 있는 모래를 일정하게 떠내야 한다.

백 스윙

백 스윙 시 톱의 위치가 너무 높아서는 안 되며, 어드레스 자세에서 클럽 헤드의 움직임을 타깃 라인에 일직선이 되게 해야 한다. 백 스윙의 높이는 오른쪽 어깨의 위치가 가장 좋다.

다운 스윙

다운 스윙 시 하체의 리드를 피해야 하며, 체중 이동 또한 줄여야 한다. 제자리에서 아웃투인으로 컷(cut)하듯이 스윙을 해야 하며, 완만한 U자 형태보다는 가파른 V자 형태의 스윙 궤도가 이상적이다. 하체를 안정적으로 고정할 필요가 있으며 임팩트 순간 양 무릎의 위치가 같아야 한다.

피니시

팔로스루와 피니시를 벙커 턱보다 높고 완벽하게 해야 할 필요가 있다. 볼의 탄도는 깃발을 기준으로 하고, 피니시의 위치는 턱을 기준으로 하는 것이 좋다. 만약 피니시 자세가 낮아진다면 그만큼 탄도도 생기지 않는다. 턱보다 높은 위치를 기준으로 정하고 평소보다 하이 피니시 자세를 만들어야 한다.

볼이 정지할 때까지 피니시에서 클럽을 유지해야 한다.

Chapter 08

오르막 경사에서의 벙커 샷

양 어깨의 기울기를 경사면과 평행하게 하라

가장 기본적인 어드레스이다. 클럽 페이스를 모래면에 일정하게 임팩트하기 위해 양 어깨를 경사면에 수평으로 두어야 한다. 이때 체중의 60%를 오른발에 둔다.

라이를 점검하라

볼이 경사면에만 걸려 있다면 자세에 신경을 써야 하지만, 볼이 모래에 파묻혀 있는 경우는 그립과 강한 다운 블로 샷을 이용해 벙커를 탈출시켜야 한다. 라이가 좋다면 스윙의 크기를 조절하여 샷을 하고 피니시도 높게 가져가면 되지만, 볼이 조금이라도 잠겨 있으면 경사면에 클럽 헤드를 리드시켜 폭발 샷을 유도함으로써 탈출을 시도해야 한다. 피니시보다는 제어력을 발휘하기 위한 동작이 우선시 된다. 이 경우 모래의 양을 너무 많이 가격하면 정확한 거리를 맞출 수 없다.

스탠스를 오픈하라

팔로스루를 높게 가져가거나 클럽 페이스를 열어 경사면을 타고 스윙해야 하기 때문에 오픈 스탠스가 좋다. 오픈 스탠스를 하면 오른쪽 어깨가 자연스럽게 낮아지며 어드레스가 경사면과 수평이 된다.

오르막에서는 스탠스가 기울어지게 되는데, 이 상태에서는 모래를 퍼내는 것이 매우 어려워진다.

클럽 페이스를 오픈하라

체중은 오른발에 60%, 왼발에 40%를 배분한다. 일반적인 경사면에서 샷을 할 때와 같다. 볼이 경사면에 놓여 있기 때문에 경사면을 타며 임팩트하기 위해서는 일정한 두께의 모래를 떠내야 하는데, 이때 오픈 페이스가 경사면에 박히지 않고 모래를 부드럽게 통과한다. 스윙의 크기는 커지고, 피니시의 위치는 높아져야 한다.

오른손을 이용한 롤링 테크닉

일반적인 샷에서는 임팩트 후 팔로스루까지 클럽을 회전하지 않고, 어깨의 회전에 따라 스윙이 되도록 한다. 그러나 오르막 라이에서는 의식적으로 그립 회전을 가져간다. 이 기술은 볼이 솟구쳐 오르기보다 앞으로 날아가는 힘에 영향을 주기 때문에 거리면에 장점이 있다.

피니시

특별히 유념해야 할 것은 클럽 헤드가 볼을 치고 빠져 나가는 팔로스루 시 클럽 헤드의 위치가 벙커의 턱보다 높아야 한다는 것이다. 클럽을 잡는 양손의 회전이 볼을 앞으로 가게 하는 힘에 영향을 준다면 클럽 헤드의 위치는 볼이 솟구치는 높이에 영향을 준다.

TIP

스윙 시 균형감이 무너질 수 있으므로, 경사면에 걸쳐 있는 오른발을 강하게 지탱해야 하며, 임팩트 시 경사면에 클럽이 박히지 않도록 머리의 위치를 약간 볼 뒤에 두는 것이 좋다. 볼의 위치는 스탠스 중앙에 두고, 어깨를 경사도에 수평이 되게 하면 볼이 시각적으로 왼쪽에 위치한 듯 보여 어드레스 시 안정감이 생긴다. 임팩트 시 모래의 저항이 가장 세게 느껴지는데, 헤드의 무게를 많이 느끼며 임팩트로 리드해야 한다.
경사면에 묻혀 있는 볼은 경사도에 클럽을 박히게 하여 폭발 샷으로 유도해야 한다. 이때 몸을 움직이지 말고 팔만을 이용해 스윙한다. 손바닥을 경사면에 누르는 듯 스쿠핑 동작을 응용하기도 한다.

Chapter 09

내리막 경사에서의 벙커 샷

기본자세

가장 어려운 샷이다. 토핑이 생기고 볼이 뜨지 않기 때문에 몸을 들어 올리는 데서 실수가 많이 나오는 샷이다. 경사면에 어깨를 수평으로 해야 하며, 어드레스할 때 경사면에 따라 클럽을 리드해야 한다. 체중은 왼발에 60%, 오른발에 40% 둔다.

볼의 위치

오른발 쪽에 볼을 둔다. 토핑이 나오기 쉽기 때문에 상체를 굽혀 지면을 따라 스윙하는 것이 바람직하다. 오른발 쪽에 있는 볼을 가격하기 위해서는 왼쪽으로 에이밍을 하며 몸 전체를 왼쪽으로 오픈하는 자세를 해야 한다.

스탠스

스탠스는 오픈한다. 왼발을 약간 펴서 체중을 지탱하며 스윙하고, 오른발은 약간 낮추는 듯한 자세가 좋다. 경사도에 따라 왼발로 체중을 지탱하면서 오른쪽 무릎을 왼발과 같은 높이가 되도록 굽히는 것이 좋다. 안정적인 스윙을 돕도록 스탠스를 넓게 해준다.

백 스윙

볼의 뒤에 경사도가 있으므로 굳이 클럽을 들어 올리는 듯한 동작을 할 필요는 없다. 지면을 따라 편안하게 백 스윙을 하면 자연스러운 코킹이 나온다. 플랫한 백 스윙보다는 업라이트하게 클럽을 움직이며 아웃투인의 궤도로 가파르게 지면을 따라 다운 스윙으로 리드하면 된다.

다운 스윙

체중 이동의 변화가 조금 있다. 거의 왼쪽에 체중을 싣고 컷을 하듯이 스윙을 아웃투인 궤도로 리드하며 잡아당기듯이 해야 한다. 이때 왼쪽 팔꿈치는 회전되지 않고 그대로 궤도를 이탈해 왼쪽 어깨쪽으로 잡아당기는 듯한 위치에 놓인다.

임팩트

클럽 페이스가 열린 상태에서 지면을 내려가며 임팩트해야 한다. 양팔이 펴지기보다 오른쪽 팔꿈치가 약간 굽혀져 있는 듯한 느낌이 드는 가운데 임팩트가 이루어진다. 짧고 간결한 임팩트보다 좀 긴 듯한 느낌으로 모래를 아래로 쓸어 치는 듯한 스윙이 나와야 한다. 모든 체중이 왼발에 실려 있을 때 임팩트해야 실수가 없다.

피니시

피니시보다는 팔로스루에서 이미 볼의 탄도와 탈출 여부가 결정된다. 볼이 높이 솟구치지는 않지만 앞으로 진행하는 힘이 있기 때문에 그린에 떨어져도 런이 많이 발생한다. 피니시는 높게 가져가기보다는 왼쪽 어깨 쪽으로 양팔을 잡아당기듯 하며 낮게 한다. 이때 몸을 밑으로 낮추는 자세를 하고 거의 모든 체중을 왼발에 싣는다.

TIP

스윙이 커서는 안 되며, 임팩트를 스윙스루하듯 가져가야 한다. 콤팩트 스윙(compact swing)을 이 기술에서는 구사할 필요가 있다. 스윙이 몸의 움직임을 지배하기 때문이다. 하체의 리드가 부드러워야 하며, 무릎 높이를 일정하게 리드하는 것이 중요하다.

Chapter 10

오르막 옆 라이에서의
벙커 샷

스탠스를 좁게 하라

볼이 발보다 위에 있는 경우 스탠스를 좁게 하여 상체를 지면에 스윙하듯 상체의 리듬을 주로 한다. 스탠스가 좁은 만큼 상체를 들어주어야 하므로, 그만큼 볼과의 거리가 멀어진다. 무릎을 조금은 펴는 듯한 자세가 좋으며 하체의 리드가 거의 없는 스윙이 좋다.

체중을 발뒤꿈치에 두어라

하체를 지탱하기 위해서는 발뒤꿈치에 힘을 강하게 주어야 한다. 상체의 턴만으로 스윙을 해야 하기 때문에 하체 고정이 필요하다.

볼의 위치

볼에서 조금 멀리 서서 상체를 세우고 볼을 스탠스 중앙에 두어 몸의 중심선 안에서 임팩트가 이루어지게 한다. 오른쪽에서 왼쪽으로 휘어지는 라이이기 때문에 볼을 너무 왼쪽으로는 두지 않는다. 에이밍선도 오른쪽으로 두어야 하며, 볼의 거리를 정확하게 맞히기 위해 몸을 위아래로 흔들어 자세를 견고하게 해야 한다.

백 스윙

스윙을 크게 하려고 노력해야 한다. 스윙이 빨라지면 대부분 뒤땅성의 실수를 하기 쉽고, 그만큼 스윙의 크기도 작아진다. 약간 플랫한 스윙이 지면으로부터 자연스럽게 만들어지며 인투인의 궤도가 나오기 때문에 클럽 솔 밑면이 경사면에 맞도록 그립을 아래로 내려 잡아 각을 이루어야 한다. 그리고 이 각을 백 스윙을 통해 그대로 유지해야 한다.

다운 스윙

상체 회전으로 스윙이 이루어지며, 하체의 리드 없이 팔을 이용해 클럽의 스피드를 올려야 한다. 클럽을 내려 잡아 그립을 강하게 쥐고, 한 단계 긴 클럽을 잡는다면 클럽을 짧게 잡아 강한 임팩트를 만들어준다. 대부분의 실수 샷이 더핑이므로, 모래의 양을 일정하게 옆으로 쓸어 치는 지혜가 필요하다.

임팩트

볼을 강하게 때리는 것이 좋다. 지면은 클럽 헤드 솔 부분이 쓸어 치듯 임팩트해야 하지만, 스윙보다는 강하게 끊어 치는 임팩트가 우선되어야 한다.

볼이 임팩트된 후 팔로스루를 크게 하려고 해서는 안 된다. 클럽을 많이 들어서 볼만 강하게 맞히고 스윙을 멈추는 듯한 펀치 샷을 구사하는 것도 좋다. 몸의 움직임이 거의 없기 때문에 일반적인 샷처럼 하지 말고, 상체만 충분히 회전하여 백 스윙하고 볼을 임팩트한 후 멈추는 듯한 샷을 하는 것이 이상적이다.

피니시

완벽한 피니시보다는 생략된 피니시가 더 효과적이다. 인투인의 궤도와 높은 피니시보다는 어깨 옆으로 짧게 잡아당기는 듯한 생략된 피니시가 필요하다.

TIP

스윙 시 양 무릎의 높이가 변하지 않도록 일정하게 유지하는 것이 좋다. 스윙 시 몸의 높이가 갑자기 낮아지거나 높아지면 제대로 볼을 히팅할 수 없다.

Chapter 11

내리막 옆 라이에서의 벙커 샷

다리를 벌리고 자세를 낮추어라

볼이 발보다 밑에 위치한 경사면에서는 팔 동작이 주가 되는 스윙을 해야 한다. 그러기 위해서는 스윙 시 동작 변화가 없어야 한다. 허리 상반신은 깊숙이 숙이며, 무릎은 지나치게 굽히지 말아야 한다. 그립은 길게 잡아 스윙의 범위를 크게 하되, 그만큼 볼이 날아가는 스피드도 빠르다는 것을 알아야 한다.

볼의 위치

몸이 볼에 가깝게 다가서야 하며, 볼은 오른발 쪽에 두는 것이 좋다. 볼이 왼쪽에서 오른쪽으로 휘어지는 라이이기 때문에 오픈 스탠스를 하여 정렬선에서는 오른쪽으로 볼을 놓는 것이 효과적이다.

그립

그립을 길게 잡고 볼에 가까이 다가서야 하는 샷이므로 그립을 잡은 양손을 밑으로 내려 각을 이루기보다는 조금 들어주어야 한다. 그립을 부드럽게 잡아 클럽 헤드의 무게를 느끼는 것이 좋으며, 왼손 가운뎃손가락부터 새끼손가락까지 세 개의 손가락으로 강하게 잡아야 한다. 스윙 시 자세가 비틀어지는 것을 방지해야 하며 길게 잡은 클럽의 스윙 범위가 커지기 때문에 그립이 부드럽고 견고해야 한다.

타깃 방향은 깃발보다 왼쪽에 두어라

이 경사도에서는 슬라이스 구질의 볼이 나오기 쉽고, 임팩트 시 힐 사이드가 들리면서 볼이 왼쪽에서 오른쪽으로 휘어진다. 올바른 정렬선을 정하기 위해서는 왼쪽에 목표선을 두어야 한다.

임팩트

클럽 페이스로 볼을 맞히는 순간 그립을 잡은 양손이 펴지면서 힐 사이드가 들리며 임팩트된다. 토핑이 되는 두 가지 큰 이유 중 하나는 손목이 너무 많이 펴지거나 상반신이 위아래로 흔들리면서 임팩트가 이루어지지 않았기 때문이다. 그래서 그립을 길게 잡아야 한다. 임팩트 순간 클럽이 힐 사이드 부분을 깊게 지나가도록 상체를 깊게 더 숙인 듯한 느낌이 들어야 결과가 좋다. 임팩트를 길게 가져가기보다 짧게 볼을 때리는 느낌이 들어도 상관없다.

팔로스루

임팩트가 진행되는 궤도에서는 안쪽으로 잡아당기는 듯한 스윙을 해야 하며 피니시가 생략된 팔로스루만 해야 한다. 무리하게 피니시를 하다보면 스윙의 중심이 흐트러져서 균형이 깨어지고 결국 상황이 어렵게 된다. 스윙을 강하게 하거나 균형이 깨어진다면 오른손은 릴리스하고 왼손만 이용하는 피니시를 가져가는 감각이 가끔은 투어 프로들에게 나온다.

TIP

안정감 있는 스윙을 하기 위해 중심축이 필요하다. 발끝에 힘을 많이 주고 있기는 하지만, 스윙을 할 때 원심력에 의해 몸이 앞으로 쏠리거나 임팩트 전에 상체가 들리는 실수를 할 수 있다. 그러므로 하체에 체중을 적절하게 분배하여 몸을 지탱하고 팔을 이용하는 스윙 테크닉이 매우 중요하다. 팔만을 이용하기 때문에 스윙의 크기는 어깨 높이 정도가 좋으며 팔로스루는 임팩트 이후 안쪽으로 리드해야 한다.

Chapter 12

볼이 모래에 파묻혀 있는
상태에서의 벙커 샷

스탠스는 조금만 오픈하라

스탠스의 폭이 좁아야 한다. 가파른 각을 이용해 볼 바로 뒤를 임팩트해야 하기 때문에 넓은 스탠스보다 좁은 스탠스가 유리하다. 따라서 몸의 정렬선 또한 많이 오픈하기보다는 조금 적게 오픈하며, 에이밍도 왼쪽을 많이 보기보다는 오픈된 몸의 정렬선만큼 비례하여 겨냥한다. 물론 강하게 임팩트를 구사해야 하기 때문에 모래에 발을 묻고 스탠스하여 평소보다 더 견고하고 안정감 있게 하체를 고정해야 한다.

볼의 위치

스탠스 중앙에서 오른쪽으로 볼 한 개 정도의 위치에 있어야 한다. 평소보다 볼에 더 가까이 임팩트해야 하고 팔로스루가 거의 생략된 스윙을 해야 하므로, 볼을 오른쪽으로 옮겨 두어 임팩트 접점을 가깝게 해야 하기 때문이다.

클럽 선택

샌드 웨지를 선택할 때는 클럽 페이스를 닫아주는 것이 현명하다. 가까운 거리에서 샷을 한다면 피칭 웨지와 9번 아이언을 선택해도 좋다. 하지만 거리가 긴 경우에는 9번이나 8번 아이언이 적합하다. 런이 많은 샷들이므로 거리를 맞추기가 매우 어렵기 때문이다.

클럽 페이스를 닫아 리딩 에지 안쪽 힐 사이드로 볼을 친다고 생각해야 한다. 팔로스루가 생략되기 때문에 볼의 구르기가 많아진다.

백 스윙

그립을 강하게 하고 코킹을 일찍 해주면서 백 스윙한다. 어깨의 회전으로 리드하기보다는 부드러운 손동작만으로 백 스윙을 하여 스피드를 올리면서 다운 스윙으로 리드한다. 볼을 위로 올리는 듯한 위치가 바람직하고 하체로는 거의 리드하지 말아야 한다. 대신 하체가 탄탄하게 상체를 버텨주어야 한다. 스리쿼터의 톱 위치보다 조금 적게 백 스윙한다.

다운 스윙

클럽 헤드가 수직으로 볼의 뒤쪽을 향해 내려오면서 모래를 폭발시켜야 한다. 그래서 다운 스윙을 할 때도 많은 힘이 필요하다. 강하게 내리치는 듯한 스윙이 좋은데, 팔로스루가 거의 생략되기 때문에 오른손으로 리드하는 것이 적합한 상황이다.

임팩트

볼이 묻혀 있기 때문에 클럽이 볼 밑을 지나기가 어려운 상황이다. 팔로스루를 생략하고 볼에 최대한 가깝게 다가가야 한다. 클럽 페이스가 볼에 가파르게 내려오고, 임팩트 순간 클럽이 멈춘다는 느낌이 드는 것이 가장 좋다. 이때 솔 부분이 아닌 리딩 에지를 사용하여 볼 밑으로 파고 들어가면서 볼이 모래와 함께 튀어 오르도록 해야 한다.

팔로스루

거의 생략된 팔로스루이다. 임팩트되자마자 멈추는 듯한 팔로스루만을 할 뿐이다. 팔로스루를 길게 하다가는 토핑이 유발되어 큰 실수가 발생된다. 8번과 9번 아이언을 이용할 때는 더 큰 팔로스루를 해주어야 하지만, 웨지를 사용할 때는 스탠스 왼발 끝에서 멈추는 팔로스루가 좋다.

TIP

런이 상당히 많이 생기고 볼이 거의 뜨지 않는다. 볼을 띄우기 위해서 생각보다 강하게 샷을 해야 한다. 볼을 홀에 붙이는 확률은 사실 투어 프로들에게도 30% 미만이다. 우선은 벙커를 빠져 나오는 것을 선택해야 한다.

Chapter 13

그린 주변의
벙커 플레이(5~20m)

기본사항

그린 주변의 벙커 플레이는 턱의 높이나 핀의 위치에 따라 난이도가 결정된다. 스윙하는 힘의 분배와 스윙의 크기가 결과를 결정짓는다고 할 수 있다. 볼을 가볍게 띄운다는 이미지 트레이닝도 매우 중요하다.

5~20m 거리에서의 벙커 샷 요령

● 스탠스를 하며 왼쪽으로 30도 정도 오픈한다.

● 부드러운 팔 동작을 중심으로 그립을 한다.

● 오른손으로 위크 그립을 하고 왼손은 왼쪽으로 돌려준다.

● 오른손을 이용해 스윙의 주가 되도록 한다.

● 볼 위치는 왼발 뒤꿈치선상에 놓는다. 클럽 페이스가 오픈되어 있기 때문에 사실은 중앙에 있다고 볼 수 있다.

● 체중은 왼쪽에 60%, 오른쪽에 40% 분배한다.

● 클럽을 약간 짧게 잡고, 클럽의 높이와 몸의 높이를 맞춘다.

● 발이 모래 밑에 있으므로 클럽 페이스를 볼 밑으로 가져가 발과 같은 위치에서 스윙한다.

● 턱의 높이에 따라 클럽 페이스를 오픈한다.

모래의 양을 얼마나 정확하게 퍼내는가가 가장 중요하다.

백 스윙

● 코킹을 하며 긴 톱의 위치보다는 어깨 높이 정도까지만 백 스윙한다.

● 오른손이 오른쪽 허벅지를 지나가는 궤도를 그리면서 약간 업라이트한 백 스윙을 한다.

● 하체의 체중 이동을 줄여 하체가 고정되었다는 느낌이 들도록 한다.

● 간결한 백 스윙의 이미지를 갖도록 한다.

다운 스윙

● Out - To - In의 스윙 궤도를 유지한다.

● 코킹된 각을 허리 밑까지 리드하여 손목을 풀리지 않도록 한다.

● 릴리스까지 클럽 헤드의 로프트가 변하지 않아야 한다.

● 임팩트 시 클럽 페이스가 열린 상태에서 그립을 잡은 양손이 볼 위에 머무르면서 클럽 헤드의 리드를 도와주어야 한다.

● 다운 스윙 시 팔의 가속도를 유지한다.

● 위에서 말한 동작을 피니시까지 유지한다. 그러면 볼이 높게 뜨면서 부드럽고 가볍게 내려 앉는다.

벙커에서의 에티켓

● 플레이 후 항상 깨끗이 모래를 손질한다.

● 벙커에서는 볼과 가장 가까운 곳으로 들어간다.

● 고무래를 근처에 두어 샷을 한 후 벙커 정리를 신속히 한다.

● 볼이 있었던 상태에서 깃발로부터 후방 플레이 선을 따라 모래를 고르게 한다.

● 가급적이면 벙커를 원래 상태처럼 리커버리해 둔다.

● 들어간 방향에서 벙커를 정리한 후 같은 방향으로 나온다.

Chapter 14

그린 주변의 벙커 플레이(20~40m)

기본사항

벙커는 핀으로부터 멀어질수록 탈출하기가 어렵다. 지면이 모래로 되어 있어 볼을 정확히 가격하기 어렵고, 클럽 페이스를 오픈할수록 탄도로 거리감을 맞추기가 어려워지기 때문이다. 턱이라도 높으면 탄도와 거리를 동시에 고려해야 하므로 이 거리에서의 샷이 특히 어렵다고 할 수 있다.

볼은 스탠스 중앙에 두어라

타점을 미리 가져가게 하고 스윙이 어느 정도 강하고 커야 하므로 볼의 위치를 스탠스의 중앙에 두는 것이 무난하다.

클럽 페이스를 스퀘어로 놓아라

일반적인 벙커 플레이와 달리 클럽 페이스를 열지 않고 직각으로 가져가면 클럽이 볼의 아래쪽으로 미끄러져 앞으로 빠져나갈 위험이 줄어든다. 그러면 약한 타격으로 볼이 홀에 못 미치는 실수를 막을 수 있다.

임팩트를 조금 더 두껍게 하라

많은 모래를 폭발해 샷을 그린에 올리도록 한다. 그러면 스핀양이 감소하여 볼이 목표 지점에 떨어진 뒤 멈추지 않고 곧바로 앞으로 굴러간다.

벙커가 30m를 넘는 경우

피칭 웨지나 9번 아이언을 선택한다. 이 경우는 볼의 뒤 2cm 내외에 임팩트하여 볼을 가볍게 탈출시키는 것이 바람직하다.

가파른 스윙은 좋지 않다

마무리 동작 또한 좀 더 낮게 한다. 이 상황에서도 클럽이 모래를 통과할 때는 가속시켜야 한다. 하지만 가파른 수직 스윙보다는 몸 주변으로 좀 더 폭넓게 클럽을 휘둘러 볼을 때리는 수평 스윙을 구사하도록 한다. 그러면 볼은 낮은 궤도로 날아가 목표 지점에 내려 앉은 뒤 앞으로 굴러간다.

7번 아이언으로 하는 연습

그린 주변에서 7번 아이언으로 벙커 플레이를 연습할 때 팔과 클럽이 볼의 뒷부분을 임팩트하도록 한다. 클럽 페이스와 스탠스를 오픈하면 클럽 로프트로 볼의 움직임을 느낄 수 있는 좋은 연습 방법이 될 것이다. 하체를 단단하게 고정하고 마치 클럽 헤드를 볼에 던진다는 느낌으로 스윙을 해준다.

볼을 올바르게 가격하기 위해서는 클럽의 힐 부분이 먼저 모래를 통과하는 느낌으로 스윙해야 한다. 샌드 웨지를 이용하여 같은 방법으로 연습해본다.

벙커 안에서 연습 스윙을 할 때 클럽 헤드가 모래에 닿은 경우

볼이 벙커 안에 있는데 스트로크 전에 클럽 헤드가 모래에 닿았으므로 2벌타가 부여된다.

로프트의 변화나 스윙의 크기가 중요하다.

대문자 Y의 자세가 되게 한다.

모래 속에서 스탠스를 하고 있기 때문에 상체가 따라 들리지 않도록 유지하는 것이 좋다.

모래를 얇게 퍼내기 위해 로프트를 열어두고 과감한 스윙을 구사해야 한다.

Chapter 15

스탠스는 벙커 밖에, 볼은 벙커 안에 있는 경우

중심축이 생명이다

상체를 상당히 많이 굽혀야 하는 상황으로, 스윙을 하면 중심축이 더 많이 흔들리기 때문에 매우 어려운 샷이다. 볼의 라이가 좋은 경우는 팔로스루가 필요한 스윙을 해야 하지만, 라이가 좋지 못한 경우는 팔로스루를 생략하는 샷을 해야 한다.

연습 스윙을 많이 하라

급하게 플레이하기보다는 가급적 연습 스윙을 많이 하고 확신이 들기 전까지는 샷을 하지 않는 것이 좋다.

에이밍

클럽 페이스를 약간 오픈해주어야 한다. 볼이 왼쪽에서 오른쪽으로 날아가는 지형이기 때문에 목표선은 왼쪽으로 정해두도록 한다.

어드레스

하체를 굽히면서 상체를 깊게 숙이는 자세를 해야 하며, 스윙 시 중심을 잡는 것이 중요하기 때문에 특히 허리에 힘과 중심을 두고 어드레스한다.

클럽을 길게 잡아 볼에 좀 더 가까운 어드레스를 해야 하며, 이 경우 손만을 이용하여 스윙해야 하므로 상체에 팔이 달려있는 느낌으로 어드레스하는 것이 좋다.

하체를 단단하게 고정시킨다.

목표 지점을 다시 한 번 점검한다.

낮은 자세가 유리하다.

턱을 들어 손과의 거리를 멀게 만들어본다.

무릎의 위치를 유지하고
상체만 이동시킨다.

임팩트

백 스윙을 크게 할 수 없는 상태이고, 라이에 따라 팔로스루를 어느 정도로 할 것인지, 아니면 임팩트 시 클럽을 제어해 팔의 힘으로만 임팩트를 해야 할지 결정해야 한다. 두 스윙 모두 임팩트 시 상체가 위아래로 움직이면 실수가 발생할 수 있기 때문에 임팩트를 짧고 간결하게 한다. 또한 상체가 매우 깊이 숙여져 있기 때문에 아웃인의 궤도로 당기는 듯한 임팩트를 해야 한다.

팔로스루와 피니시

라이가 좋은 경우는 임팩트를 지나 자신의 왼쪽 허리까지 릴리스하며 팔로스루를 가져가야 한다. 이때 체중 이동의 변화가 거의 없기 때문에 하체의 무게를 지탱하는 힘이 두 배로 느껴진다. 그렇기 때문에 왼쪽 무릎을 더 많이 굽혀 릴리스를 하기도 한다. 볼이 벙커 안쪽 턱에 있거나 약간 잠겨 있는 좋지 못한 라이에서는 에그프라이 샷을 할 때처럼 임팩트 시 클럽을 그대로 모래에 박아두는 듯한 팔로스루를 해주어야 한다. 또한 그립을 강하게 잡고 스윙도 강하게 해야 한다. 무엇보다도 마지막까지 가장 중요한 것은 스윙의 중심을 잃지 않는 것이다.

팔로스루를 조금 길게 가져간다.

TIP

홀에 근접하기가 어드레스부터 어렵다. 더 큰 실수를 하지 않기 위해 우선적으로 벙커를 탈출해야 한다. 임팩트 시 몸이 먼저 들리면 토핑이 되거나 클럽 헤드의 힐 사이드가 들리면서 임팩트되어 생크가 날 수 있으므로 주의해야 한다.

Chapter 16

한 발은 벙커 안에, 다른 한 발은 벙커 밖에 있는 경우

벙커에 들어가 있는 발이 스윙의 축이 되게 하라

스탠스가 불편하면 스윙의 축이 무너질 확률이 매우 높다. 특히 이런 경우 스윙을 잘 하기 위해서는 벙커 안에 있는 발이 스윙의 100%축이 되어야 한다.

축을 중심으로 어깨를 수평으로 유지하라

턱이 높아 중심을 잡을 수 없는 경우를 빼고는 상체와 몸 중심을 발(벙커 안에 있는 발)에 기울이고 어깨를 턱의 높이에 수평으로 유지해야 한다. 어깨를 수평으로 유지해야 올바른 백 스윙을 시작하여 정확한 임팩트를 할 수 있기 때문이다.

벙커 밖에 발을 두기가 불편한 경우

턱의 경사나 다른 이유로 한 발을 벙커 밖에 두기가 곤란한 경우는 무릎을 굽혀 지면

스윙의 중심축이 벙커 안에 있는 발이 되게 한다.

어려운 라이일수록 목표를 다시 보며 여유를 갖는 것이 중요하다.

미리 턱을 맞지 않는 정도로 위치를 잡아본다.

에 대고 서는 방법이 좋다.

볼의 위치

볼은 중심을 잡고 있는 발과 가까이 있어야 한다. 하나의 축을 중심으로 스윙해야 하기 때문에 중심축이 되는 발에 볼이 가까이 있어야 한다.

그립

턱의 높이를 우선적으로 고려해야 하지만 처음부터 그립을 너무 짧게 하면 토핑이 나올 수 있기 때문에 어드레스를 해보고 그립을 한다. 클럽 페이스는 오픈해야 하지만 턱에 가깝게 볼이 붙어 있다면 평소보다 조금 더 오픈할 필요가 있다.

백 스윙

대부분 얼리코킹을 통해 가파른 백 스윙을 해야 한다. 체중 이동이 없어서 한 발을 중심으로 스윙해야 하므로 스윙의 범위가 크지 않기 때문이다. 충분한 어깨 회전이 어렵기에 손으로 가파른 백 스윙을 리드해 깊은 임팩트를 하는 것이 현명하다.

모든 것이 준비되었으면 샷을 하기 전
평온함을 갖는 것이 마지막 단계이다.

오른발이 스윙의 중심축이 되게 한다.

다운 스윙과 임팩트

볼 타깃 방향으로 턱이 위치해 있을 가능성이 매우 높은데다 한 발로 중심을 잡고 있기 때문에 긴 팔로스루를 가져가는 것이 어려운 상황이다. 그렇다면 가파른 각을 들었던 백 스윙의 길을 다운 스윙이 리드하여 볼에 깊게 임팩트를 가져가는 것이 최선의 방법이 될 것이다.

팔로스루와 피니시

한 발로 몸을 지탱하고 스윙하는 것 자체가 어려운 샷이다. 백 스윙도 스윙의 범위가 적어 가파르게 가져갔고, 팔로스루는 모래에 깊게 임팩트되어 볼이 벙커를 탈출하였기 때문에 낮게 그대로 머무르게 하거나 허리 높이 정도가 되게 한다.

머리가 뒤에 있어야 하는 것은 턱이 있기 때문이다.

클럽이 모래를 빠져나갈 수 있다면 피니시를 하는 것이 좋다.

TIP

한 발의 중심이 전체적인 스윙을 리드해야 하기 때문에 체중 분배에 따른 균형감이 상당히 중요하다. 머리의 위치가 좌우로 많이 흔들리면 실수를 많이 하게 되므로 스윙의 중심축이 되고 있는 발 위로 머리를 두어야 한다. 긴 거리 샷이 불가능하고 우선은 벙커를 빠져 나오는 것에 중점을 두어야 한다.

벙커에서의 스페셜 샷

굳은 모래에서의 샷

모래가 굳은 벙커에서 볼의 위치는 스탠스 중앙에서 오른쪽으로 볼 한 개만큼 이동한 지점이 적합하다. 평소보다 스탠스를 적게 오픈하며 셋업한다. 가급적이면 볼 가까이에서 임팩트를 해야 하고, V자 형태의 가파른 스윙을 유도해야 좋은 결과를 얻을 수 있다.

모래가 굳어 있으므로 모래에 발을 묻고 스탠스 하기가 힘든 상황이다. 하체의 리드를 부드럽게 해야 중심이 흔들리지 않고 안정되므로 스윙을 부드럽고 작게 해야 한다. 빠른 스윙은 금물이다.

모래가 단단하게 굳어 있다면 굳이 샌드 웨지를 선택하기보다 9번이나 8번 아이언을 이용해 칩 샷을 할 수도 있다. 이 샷을 할 때는 클럽 헤드가 손보다 먼저 볼 밑을 지나가야 하며 볼만을 살짝 걷어내는 듯한 임팩트가 가장 좋다.

볼이 움푹 패인 곳에 있을 때

어려운 벙커 샷으로 볼 뒤에 모래 턱이 있어서 임팩트 시 저항이 매우 크다. 가장 중요한 것은 볼이 모래면에 얼마만큼 가라앉아 있는가 살피는 것이다. 이것을 점검해야 떠내야 하는 모래의 양을 알 수 있기 때문이다. 모래의 양이 결정되면 클럽 선택은 물론 저항을 이겨내기 위한 클럽의 스피드와 힘을 결정할 수 있다.

볼을 스탠스 중앙에 두고, 클럽 페이스는 스퀘어나 닫혀 있는 상태가 좋으며, 강하고 빠르게 스윙하여 모래의 저항을 이겨내야 한다. 여성 골퍼들에게는 모래에 파묻혀 있는 볼을 처리할 때보다 사실은 더 어려운 플레이가 될 것이다. 볼이 모래에 파묻혀 있을 때보다 볼에 가까이 임팩트되기 어려우므로 반드시 팔로스루로 볼을 띄워주어야 한다.

스탠스의 발자국에 볼이 들어갔을 때

앞에서 플레이하고 있는 팀이 벙커를 정리하지 않고 가거나 벙커에서 실수를 하여 자신이 스탠스 한 자리에 볼이 들어가는 경우가 종종 있다. 이 경우는 볼이 어떠한 위치에 있는지 먼저 점검해야 한다. 볼이 발자국 앞쪽에 들어갔으면 클럽 페이스를 닫고 팔로스루를 생략하는 샷을 해야 한다. 그리고 스탠스는 오픈하기보다 스퀘어가 되게 하는 것이 좋으며, 볼이 모래에 묻혀 있을 때와 같은 테크닉을 구사해야 한다. 발자국 뒤쪽에 볼이 들어갔으면 클럽 페이스를 오픈하여 V자 형태의 가파른 스윙을 구사하며 팔로스루를 한다. 이러한 경우 외에도 볼이 여러 가지 상황에 놓일 수 있으므로 상황에 따른 스윙 기술을 익혀 두도록 한다.

Part

6

트러블 샷

Chapter 01

로브 샷

정의

가까운 거리에서 장애물을 넘기거나 그린의 스피드가 빠르고 핀의 위치가 앞에 있을 때 볼을 최대한 높이 띄워 탄도로 멈춰 세우는 샷을 의미한다.

클럽 페이스를 최대한 열어 놓아라

높은 탄도가 나야 하지만 거리를 적게 보내야 하는 어려운 기술이 필요하다. 클럽 페이스 조절이 탄도를 결정하기 때문에 최대한 클럽 페이스를 오픈해야 한다. 클럽 페이스를 지면과 수평을 이루는 정도로 열어 두어 볼밑으로 최대한 오픈한 클럽 페이스가 지나가야 한다.

볼의 위치를 스탠스 중앙이나 왼발 쪽으로 이동시켜라

볼의 위치도 탄도에 영향을 준다. 볼을 오른발 쪽에 두면 볼이 가파르게 내려가 빠르게 튀어 나갈 수 있으므로, 볼을 스탠스 중앙 또는 왼발 쪽에 두고 부드럽게 띄워야 한다. 즉 볼의 위치로 탄도를 내야 한다.

몸의 정렬선은 15도 정도 오픈하고 무릎을 안정되게 구부려라

클럽이 열린 만큼 몸의 정렬선을 왼쪽으로 오픈해야 한다. 아웃투인의 궤도로 스윙하기 때문에 몸을 오픈해 두어 클럽을 그 궤도로 리드하게 한다. 이때 오픈된 클럽 페이스의 리딩 에지가 스퀘어로 찾아 들어오는데, 스윙이 진행되는 동안 하체가 능동적으로 움직여야 한다.

그립을 가장 부드럽게 잡아 클럽 헤드의 무게를 최대한 느껴라

그립을 강하게 하면 임팩트 시 클럽이 볼 밑을 지나가기 전에 볼이 먼저 튀어 나가는 결과가 생긴다. 스윙 시 클럽 헤드의 무게감을 얼마나 많이 느끼며 볼 밑면으로 깊게 넣느냐가 관건인 샷이다.

그립은 칩 샷보다는 길게 잡아라

평소 칩 샷이나 피치 샷은 리딩 에지가 볼에 예각으로 임팩트되어 볼을 가격한다. 하지만 로브 샷은 예각보다는 클럽 페이스를 볼 밑면으로 깊게 넣어야 하는 샷이기 때문에 클럽을 길게 하여 볼 밑으로 충분히 들어갈 수 있게 해야 한다. 그립을 길게 해야 클럽 헤드의 무게감을 느끼며 스윙을 더 쉽게 할 수 있다.

라이 상태에 따라 클럽을 U자 모양으로 크게 들어 클럽 헤드를 볼로 깊게 가져가라

강하고 빠른 느낌보다는 완만하고 부드러운 스윙이 필요하다. V자 형태의 스윙은 가파르게 볼을 띄우는 데는 효과적이지만, 역회전이 많아 거리를 맞추기는 어렵다. 라이가 좋은 상태에서는 부드러운 U자 형태의 완만한 스윙이 효과적이다.

충분한 다운 블로로 클럽은 내리고 볼은 튀어 오르는 느낌이 들도록 샷을 하라

웨지 클럽을 열어 볼을 띄우는 데는 몸이 하는 역할이 매우 크다. 클럽 헤드의 로프트로 볼이 충분히 뜰 수 있기 때문에 가급적이면 몸이 들리는 현상을 피해야 한다. 그러기 위해서는 다운 스윙으로 리드할 때 다운 블로로 클럽이 완벽하게 내려 와야 한다. 큰 로프트가 볼을 높이 날아오르게 한다.

피니시 자세에서 클럽을 어깨 뒤까지 보내라

볼을 부드럽게 그린에 안착하게 하는 마지막 동작이다. 완벽한 피니시가 좋은 결과를 만들므로, 클럽을 부드럽게 어깨 뒤까지 리드한다. 모든 동작에 힘이 빠져 있어야 한다.

Chapter **02**

플롭 샷

정의

로브 샷과 거의 비슷한 거리와 상황에서 할 수 있는 테크닉이다. 다만, 라이가 좋은 상태에서 로브 샷을 하고 러프나 그 외에 좋지 못한 것들이 있는 상황에서는 플롭 샷을 하는 것이 좋다. 볼보다 클럽 헤드가 먼저 지나가는 느낌이 드는 샷이다.

하체를 단단하게 고정하라

러프나 경사도에서 샷을 해야 하기 때문에 안정감 있는 스윙 축을 만드는 것이 중요하다. 로브 샷보다는 빠르고 가파르게 해야 하기 때문에 스탠스를 조금 더 넓게 하며, 어드레스를 단단하게 해야 한다.

클럽 페이스를 최대한 오픈하라

페이스 조절이 중요한 샷이다. 볼을 띄워야 하고 볼보다 클럽 헤드가 먼저 움직이도록 빠르게 스윙해야 하기 때문에 반드시 클럽 페이스를 오픈해 두어야 한다.

왼쪽으로 정렬선을 만들며 오픈 스탠스를 하라

로브 샷과 마찬가지로 클럽을 최대한 열어둔 상태이다. 가파르고 빠르게 스윙을 해야 하기 때문에 오픈된 몸의 정렬선을 따라 스윙 궤도를 만드는 것이 중요하다.

볼의 위치

볼의 위치는 스탠스 중앙 또는 오른발 쪽으로 볼 한 개 정도 떨어진 지점이 적당하다. 클럽을 빠르게 움직이므로 볼을 오른발 쪽에 두어야 임팩트가 되기 때문이며, 클럽이 볼보다 먼저 지나야 하기 때문이다. 오른쪽에 있는 볼은 임팩트 후 왼쪽의 볼보다 회전이 많이 생긴다.

트위너 샷을 연상하라

좁은 공간으로 핀을 공략할 때 쓰는 기술 중 하나가 트위너(tweener)인데, 어쩌면 이 기술과 가장 근접해 있는 테크닉이다. 손목을 최대한 활용하며 클럽 페이스도 원만하게 예각으로 볼에 근접시켜야 한다. 트위너 샷은 골프 헤드의 토쪽으로 임팩트를 약간 가져가고 플롭 샷은 볼보다 먼저 빠르게 진행되는 것이 차이일 뿐이다.

스윙은 몸에 붙여서 하라

원만한 U자 형태의 스윙은 크고 부드럽게 해도 좋지만, 가파른 V자 형태의 스윙은 가급적이면 조금 작으면서도 빠르게 진행함으로써 회전율을 더 많이 높여주어야 한다. 플롭 샷을 구사할 때는 백 스윙과 팔로스루를 가능하면 몸에 붙여 빠르게 해야 한다.

클럽 페이스의 로프트를 일정하게 유지하라

어드레스 시 열어두었던 클럽으로 임팩트를 하는 동안 로프트에 변화가 없어야 한다. 러프에서는 클럽이 잔디에 감길 수 있는 상황이 벌어지기도 하며, 임팩트가 너무 깊게 되면 클럽 헤드가 회전되어 로프트가 바뀌는 경우도 생긴다. 플롭 샷과 로브 샷에서 로프트의 변화는 실수를 의미한다.

피니시에서는 손목을 릴리스하라

플롭 샷은 간결하고 빠르게 스윙하기에 볼의 회전이 로브 샷보다 많이 생긴다. 하지만 볼이 부드럽게 떨어져야 하는 것은 로브 샷과 같다. 볼의 부드러운 안착을 위해 빠르게 진행했던 스윙을 피니시에서는 어느 정도 릴리스하고 부드럽게 해야 한다.

Chapter 03

로우 펀치 샷

정의

피칭 기술이 약간 변형된 동작으로 볼의 탄도는 매우 낮지만 백 스핀이 많은 샷이다. 50~80야드의 맞바람에서 많이 구사한다.

셋업 시 왼발에 체중을 두어라

낮은 볼을 구사해야 하기 때문에 체중을 왼발에 두어 다운 블로 샷을 해야 한다. 거리가 길지 않은 샷이기 때문에 체중 이동을 많이 하지는 않는다.

볼의 위치는 스탠스 중앙에서 오른쪽으로 볼 한 개 정도 떨어진 지점에 두어라

임팩트 접점을 미리 가져가고 체중을 왼발에 두고 클럽을 내리며 샷을 해야 하기 때문에 볼의 위치는 스탠스 중앙에서 오른쪽으로 볼 한 개 정도 떨어진 곳이 이상적이다.

핸드 포워드 프레싱을 하라

낮은 탄도를 내기 위해서는 그립이 볼보다 타깃 방향 앞쪽에 위치하는 것이 이상적이다. 정면에서 바라보는 어드레스를 소문자 y의 형태로 만들어야 하며, 그립은 강하고 짧게 잡아야 한다.

빠른 속도로 임팩트하며 셋업 자세로 돌아와 볼이 앞으로 튀어 나가게 하라

낮은 탄도의 스윙이나 펀치 샷, 넉다운 샷은 모두 강하고 빠르게 해야 하는 샷들이다. 하지만 팔 스윙이 주가 되는데, 정확한 방향으로 볼을 보내기 위해서는 어드레스 자세로 돌아와 임팩트를 해야 한다. 몸 동작이 볼의 방향을 결정해주기 때문이다. 팔을 빠르게 움직이는 스윙을 하지만 견고한 스윙을 만들기 위해 바디 턴과 같은 몸 동작이 함께 이루어져야 한다.

어깨와 상체의 회전으로 팔을 움직여라

빠른 스윙을 할 때 몸이 주가 되기는 어렵다. 낮은 탄도를 내는 이 기술에서도 역시 팔과 상체의 회전이 주가 되어야 한다. 하체를 단단하게 고정하여 상체의 빠른 스윙을 도와주어야 한다는 것을 잊어서는 안 된다.

스리쿼터 스윙을 하며 코킹을 일찍 가져가 백 스윙 궤도에 곧바로 들어가게 하라

무리한 긴 백 스윙은 필요하지 않다. 백 스윙이 길면 몸 전체의 움직임이 일어나기 때문에 정확하게 이 기술에 맞는 스윙을 하기가 어렵다.

임팩트 순간까지 손목 각도를 유지하라

빠르게 코킹된 손목이 풀리면 왼쪽으로 심하게 훅이 난다. 코킹된 손목의 각도를 이용하여 같은 궤도로 스윙을 리드하는 것이 좋다. 임팩트 순간까지 손목의 각을 풀어서는 안 되고 내려야 한다.

임팩트 후 가슴을 완전히 회전해서 목표선를 향하게 하라

임팩트 후 몸이 같이 회전하여 릴리스를 도와야 한다. 빠른 진행을 위해 백 스윙과 다운 스윙 그리고 임팩트 순간까지 팔과 상체를 움직였다면 임팩트 이후 팔로스루나 피니시까지는 몸이 타깃 방향으로 같이 회전하여 체중 이동을 도와야 한다. 볼의 비구선을 위해 몸 동작에 릴리스가 필요하다.

Chapter 04

맨땅에서의 샷

볼이 놓인 상황을 점검하라

볼이 맨땅 위에 놓여 있는 트러블 샷을 하기 전에는 볼의 위치와 라이, 흙 상태를 먼저 파악해두어야 한다. 라이가 좋은 상황이라면 흙이 고운지, 땅이 단단하지 파악하는 습관을 길러야 한다.

어드레스

지면이 잔디가 아니므로 상당히 느낌이 다른 상황이다. 단단한 맨땅이라면 오히려 크게 문제가 되지 않는다. 하지만 흙의 입자가 고운 지면이라면 페어웨이 벙커를 응용해보는 것이 좋을 것이다.

어드레스 시에는 클럽을 잡은 양팔의 상태를 가장 부드럽게 해야 한다. 스윙의 축을 확실히 하체에 두고 무너지지 않도록 안정감 있게 자세를 낮추는 것이 좋다. 스윙 시 몸이 위아래로 흔들리거나 좌우로 스웨이가 되지 않는 어드레스가 처음부터 필요하다.

볼의 위치

볼을 스탠스 중앙에서 한 개 정도 오른쪽에 두어 임팩트를 두껍게 하는 것이 웨지로 하는 맨땅 플레이에서는 이상적이다. 클럽 페이스도 오픈하기보다는 스퀘어가 되게 하는 것이 이상적이다.

클럽 선택

단단한 맨땅은 제거리의 클럽을 선택해도 좋다. 하지만 지면이 소프트한 경우는 한 클럽을 긴 것으로 선택하여 흙의 저항을 이기는 것이 현명하다. 상황에 따라 미들 아이언을 선택하여 볼만을 클린 히트해 낮게 굴리는 경우도 있다.

체중 분배

체중은 왼발에 두고 다운 블로로 볼을 가격해야 한다. 그립은 조금 강하게 쥐며 스탠스는 오픈하여 조금 좁게 하는 것이 유리하다.

스윙

업라이트한 스윙이 좋으며 클럽 헤드를 곧바로 들어올려 백 스윙의 톱을 만들고, 클럽 헤드가 볼을 향해 수직으로 내려가게 하여 가파른 다운 블로로 스윙하는 것이 좋다.

임팩트

클린 히트가 되어야 한다. 그립은 강하고 짧게 잡고 클럽 헤드가 지면에 닿지 않을 정도의 느낌으로 볼만을 히팅하는 임팩트가 필요하다. 페이스를 약간 덮어서 볼을 히팅하는 것도 좋은 방법이다.

팔로스루

팔로스루는 낮고 길게 가져가며 완벽한 피니시를 하기보다는 볼을 깨끗하게 임팩트한 후 스윙의 크기로 피니시 높이를 결정하는 것이 좋다.

Chapter 05

디벗에서의 플레이

볼의 위치 점검이 가장 중요하다

볼의 위치에 따라 클럽 선택이나 구사하는 기술이 달라진다. 볼이 앞쪽으로 놓인 경우는 크게 문제가 되지 않으므로 정상적인 샷을 구사할 수 있다. 문제는 디벗 한가운데와 오른쪽에 놓인 경우인데, 이 경우 가장 어려운 샷을 하게 될 수 있다.

볼이 앞쪽에 놓인 경우

볼은 디벗 안에 있지만 볼 앞쪽은 일반적인 페어웨이기 때문에 그렇게 큰 문제가 되지 않는다. 단지 웨지 클럽이라 깊게 임팩트되면 잔디가 시작되는 접점에서 볼이 디벗 끝에 걸려 부상이 생길 수도 있으며, 디벗이 더 깊게 파여 실수가 발생할 수도 있다. 볼만을 치는 것이 좋고, 상황에 따라 피칭 웨지로 샷을 하는 것도 잔디의 저항을 이길 수 있는 좋은 방법이다.

볼이 중간에 놓인 경우

볼이 일반적인 디벗에 들어간 상황이다. 클럽을 한 개 또는 두 개까지 선택해야 한다. 볼만을 치는 타법이 가장 좋지만, 조금이라도 깊은 디벗인 경우는 클럽을 달리해 볼을 그린에 최대한 가까이 가져가야 한다. 체중은 왼발에 실어두며 볼의 위치도 오른발 쪽으로 가져간다. 그립은 강하고 짧게 잡아야 하며, 임팩트 순간 롤링을 선택해도 좋지만 디벗이 깊지 않다면 한 번 더 디벗을 파준다는 느낌이 드는 샷을 해야 한다.

볼이 오른쪽에 놓인 경우

디벗 플레이 중 가장 어려운 샷이다. 정확하게 임팩트되어도 볼 앞쪽에 모래가 있어 지면의 힘을 받기 어렵기 때문이다. 한 클럽 길게 잡아야 하고, 체중은 왼발에 많이 실어야 하며, 볼은 오른발 쪽에 두어야 한다. 볼의 라이가 좋다면 볼만을 치는 샷을 구사해야 하고, 그렇지 않으면 디벗 위에 새로운 디벗을 내듯 강하게 볼을 쳐내야 한다. 스윙 시 몸을 들어 올리지 말아야 하며, 다운 블로를 좀 더 강하게 하는 느낌이 반드시 필요한 샷이다. 탄도에 신경 쓰기보다는 우선은 좋은 임팩트를 만들어 볼을 그린 주변에 올려놓거나 굴려서 올려보내는 듯한 기술을 구사해야 한다.

TIP

웨지를 선택한 상황에서는 같은 실수가 많이 나오게 된다. 흔히 뒤땅을 쳤을 때처럼 썩 좋지 않은 기분이 들고, 경기하는 동안 분위기를 다운시키기 쉬운 샷이기 때문에 조심해야 한다. 디벗이 상당히 깊게 파이는 상황도 벌어지고 타깃 방향과 엉뚱한 곳으로 나기도 한다. 볼의 위치를 오른발 쪽으로 옮기거나 체중을 왼발에 실어두는 것이 디벗 플레이에서는 기본이다.

손목 부상도 각별히 신경 써야 한다. 경기도 중요하지만 신체를 다치지 않도록 관리하며 주의해야 한다.

에필로그

이제 또 다른 끝이다. 두 번째 책을 끝마치는 지금, 잘할 수 있을까 하고 처음에 느꼈던 두려움은 사라지고 담담함이 앞선다. 경험이 주는 여유가 이런 느낌 일까.

지난날보다는 여유로운 마음으로 또 다른 시작을 준비해야겠다. 무엇인가를 다시 시 작하겠다는 의욕이 있는 것을 보면 그래도 글을 쓰는 내내 열정은 식지 않았나보다.

고마움의 표현은 또 다른 시작을 하기 전에 꼭 해야 할 일이라고 생각한다. 나를 사랑 하고 도와주신 분들에게 지면을 통해서나마 감사의 말을 전하고 싶다.

먼저 항상 미소를 잃지 않는 중앙 방송 김문연 대표에게 감사를 드린다. 중계가 끝나 면 전화를 해주시는 자상함에 그분의 팬이 된지도 오래다. 레슨 프로그램은 참 오래 진 행한 편이지만, 중계 해설은 중앙 방송 J골프에서 시작하였다. 생중계를 처음 한 그때를 시간이 흐른 지금도 잊을 수가 없다. 많은 실수가 있었지만 나를 믿고 오랫동안 지켜봐 주신 은혜에 다시 한 번 감사를 드린다.

알게 된 지 얼마 되지 않아 많은 이야기를 나누지 못했지만 마음에서 우러나는 추천사 를 써주신 중앙 방송 성백유 본부장님, 친구라 하면서 아직까지 개인적인 자리에서 소주 한잔 못한 박희상 팀장, 자신의 이미지를 꼭 만들라고 늘 스스럼없이 조언해주는 김범수 팀장, 모든 사람들이 이런 사람만 있으면 좋겠다고 이야기하는 정도를 걷는 성기석 팀 장, 그리고 마음에 들어도 아직 배고프다고 하면서 실력을 더 쌓으라고 하루도 안 거르 고 주문하는 곰돌이 박재홍 피디, 지금도 편집실에서 밤잠 설치며 프로그램을 만드는 조 범희 피디 외 많은 중앙 방송 식구들에게 지면을 통해서나마 고마움을 전한다.

중앙 방송에 처음 왔을 때 제일 먼저 마음을 열고 지금까지 좋은 벗이 되어준 기술팀 의 박수진 차장과 기술팀 식구들, 방송을 하면서 내가 크고 작은 실수를 했을 때 자신 들의 경험을 이야기하며 이해해주었던 이경연 · 이원정 · 오창석 · 김동연 아나운서에 게도 감사를 드린다. 무엇보다도 내가 그들의 중계 파트너였다는 사실이 무척 행복했 음을 전하고 싶다. 또한 그들은 내게 아주 많은 것을 가르쳐준 방송계 스승임을 이야기 해야겠다.

큰 결심을 하며 다시 한 번 책을 만들게 해준 가림출판사 강선희 대표와 직원 여러분

에게도 감사를 드린다. 상업적인 것을 추구하기보다 가치와 실력으로 평가받고자 하는 마음을 헤아려주었기에 두 번째 책을 쓰겠노라 감히 결심하게 되었다. 나의 믿음을 이해해준 것에 감사하며 기약 없는 다음 출간도 약속해본다.

외길 인생을 걸으며 내 인생의 좋은 본보기가 되어준 풀스윙 스크린골프의 이인현 형과 처음 만나는 자리에서 인연의 물꼬를 터주신 이글룩스의 계관호 대표께도 지면을 통해서나마 감사의 인사를 드린다.

나와 한 오랜 약속을 지키며 내 인생의 반을 같이 해온 미즈노(Mizuno) 식구들에게도 고마움을 표현한다. 한국 미즈노를 담당하고 있는 덕화산업의 김창범 대표, 사업하시는 분 같기보다는 옆집 형 같은 느낌이라고 하면 실례가 될지 모르겠지만 한국에 온 후 지금까지 모든 것을 지원해주신 마음 씀씀이는 오랫동안 기억될 것 같다.

방송과 바쁜 스케줄 때문에 자주 못 본다며 불평하는 사랑하는 주니어 제자들에게도 고마움을 전한다. 나는 그 아이들에게 늘 자신에게 부족하지 않은 삶을 살라고 가르친다. 잔소리처럼 들리겠지만 가끔은 아이들을 진심으로 아끼는 내 마음이 전해져서 교감이 이루어진다. 그래서 나는 아이들을 가르치는 일이 내가 맡은 가장 큰 소명이라고 믿는다.

병상에 누워 1권 『더 퍼펙트』를 보시고 눈물과 기도로 화답해주셨던 아버님의 열정, 귀가 들리지 않는 어려움을 이겨내고 계시면서도 나를 응원하시는 어머님의 사랑에 고개를 숙인다. 존경하고 사랑하는 두 분에게 이 책이 다시 한 번 크나큰 힘이 되기를 바란다. 내가 병상에 눕는다 해도, 귀가 들리지 않는다 해도, 당신들이 그러셨던 것처럼 열정을 다해 세상을 살아갈 것을 약속드린다.

"To my Harris and Nicole,

　sorry too much, but I love you."

서점 가판대의 수많은 골프 서적들 사이에 내 책이 놓여 있는 것만으로도 어쩌면 내가 가진 골프 경험과 기술을 전해야 하는 임무를 다 했다고 말할 수 있을지는 모르겠다. 하지만 이 책의 마침표를 찍는 지금, 식지 않은 나의 열정을 누군가에게 인정받고 싶다면 그것마저 큰 기대일까. 긴장은 이래서 시작되나 보다.

문 학

바늘구멍
켄 폴리트 지음 / 홍영의 옮김 / 신국판 / 342쪽 / 5,300원

레베카의 열쇠
켄 폴리트 지음 / 손연숙 옮김 / 신국판 / 492쪽 / 6,800원

암병선
니시무라 쥬코 지음 / 홍영의 옮김 / 신국판 / 300쪽 / 4,800원

첫키스한 애기 말해도 될까
김정미 외 7명 지음 / 신국판 / 228쪽 / 4,000원

사미인곡 上·中·下
김충호 지음 / 신국판 / 각 권 5,000원

이내의 끝자리
박수완 스님 지음 / 국판변형 / 132쪽 / 3,000원

너는 왜 나에게 다가서야 했는지
김충호 지음 / 국판변형 / 124쪽 / 3,000원

세계의 명언
편집부 엮음 / 신국판 / 322쪽 / 5,000원

여자가 알아야 할 101가지 지혜
제인 아서 엮음 / 지창국 옮김 / 4×6판 / 132쪽 / 5,000원

현명한 사람이 읽는 지혜로운 이야기
이정민 엮음 / 신국판 / 236쪽 / 6,500원

성공적인 표정이 당신을 바꾼다
마츠오 도오루 지음 / 홍영의 옮김 / 신국판 / 240쪽 / 7,500원

태양의 법
오오카와 류우호오 지음 / 민병수 옮김 / 신국판 / 246쪽 / 8,500원

영원의 법
오오카와 류우호오 지음 / 민병수 옮김 / 신국판 / 240쪽 / 8,000원

석가의 본심
오오카와 류우호오 지음 / 민병수 옮김 / 신국판 / 246쪽 / 10,000원

옛 사람들의 재치와 웃음
강형중 · 김경익 편저 / 신국판 / 316쪽 / 8,000원

지혜의 쉼터
쇼펜하우어 지음 / 김충호 엮음 / 4×6판 양장본 / 160쪽 / 4,300원

헤세가 너에게
헤르만 헤세 지음 / 홍영의 엮음 / 4×6판 양장본 / 144쪽 / 4,500원

사랑보다 소중한 삶의 의미
크리슈나무르티 지음 / 최유영 엮음 / 신국판 / 180쪽 / 4,000원

장자-어찌하여 알 속에 털이 있다 하는가
홍영의 엮음 / 4×6판 / 180쪽 / 4,000원

논어-배우고 때로 익히면 즐겁지 아니한가
신도희 엮음 / 4×6판 / 180쪽 / 4,000원

맹자-가까이 있는데 어찌 먼 데서 구하려 하는가
홍영의 엮음 / 4×6판 / 180쪽 / 4,000원

아름다운 세상을 만드는 사랑의 메시지 365
DuMont monte Verlag 엮음 / 정성호 옮김

4×6판 변형 양장본 / 240쪽 / 8,000원

황금의 법
오오카와 류우호오 지음 / 민병수 옮김 / 신국판 / 320쪽 / 12,000원

왜 여자는 바람을 피우는가?
기젤라 룬테 지음 / 김현성 · 진정미 옮김 / 국판 / 200쪽 / 7,000원

세상에서 가장 아름다운 선물
김인자 지음 / 국판변형 / 292쪽 / 9,000원

수능에 꼭 나오는 한국 단편 33
윤종필 엮음 / 신국판 / 704쪽 / 11,000원

수능에 꼭 나오는 한국 현대 단편 소설
윤종필 엮음 및 해설 / 신국판 / 364쪽 / 11,000원

수능에 꼭 나오는 세계단편(영미권)
지창영 옮김 / 윤종필 엮음 및 해설 / 신국판 / 328쪽 / 10,000원

수능에 꼭 나오는 세계단편(유럽권)
지창영 옮김 / 윤종필 엮음 및 해설 / 신국판 / 360쪽 / 11,000원

대왕세종 1 · 2 · 3
박충훈 지음 / 신국판 / 각 권 9,800원

세상에서 가장 소중한 아버지의 선물
최은경 지음 / 신국판 / 144쪽 / 9,500원

건 강

아름다운 피부미용법
이순희(한독피부미용학원 원장) 지음 / 신국판 / 296쪽 / 6,000원

버섯건강요법
김병각 외 6명 지음 / 신국판 / 286쪽 / 8,000원

성인병과 암을 정복하는 유기게르마늄
이상현 편저 / 카요 샤오이 감수 / 신국판 / 312쪽 / 9,000원

난치성 피부병
생약효소연구원 지음 / 신국판 / 232쪽 / 7,500원

新 방약합편
정도명 편역 / 신국판 / 416쪽 / 15,000원

자연치료의학 오홍근(신경정신과 의학박사 · 자연의학박사) 지음
신국판 / 472쪽 / 15,000원

약초의 활용과 가정한방
이인성 지음 / 신국판 / 384쪽 / 8,500원

역전의학
이시하라 유미 지음 / 유태종 감수 / 신국판 / 286쪽 / 8,500원

이순희의 순수피부미용법
이순희(한독피부미용학원 원장) 지음 / 신국판 / 304쪽 / 7,000원

21세기 당뇨병 예방과 치료법
이현철(연세대 의대 내과 교수) 지음 / 신국판 / 360쪽 / 9,500원

신재용의 민의학 동의보감
신재용(해성한의원 원장) 지음 / 신국판 / 476쪽 / 10,000원

치매 알면 치매 이긴다
배오성(백상한방병원 원장) 지음 / 신국판 / 312쪽 / 10,000원

21세기 건강혁명 밥상 위의 보약 생식
최경순 지음 / 신국판 / 348쪽 / 9,800원

기치유와 기공수련
윤한홍(기치유 연구회 회장) 지음 / 신국판 / 340쪽 / 12,000원

만병의 근원 스트레스 원인과 퇴치
김지혁(김지혁한의원 원장) 지음 / 신국판 / 324쪽 / 9,500원

김종성 박사의 뇌졸중 119
김종성 지음 / 신국판 / 356쪽 / 12,000원

탈모 예방과 모발 클리닉
장정훈 · 전재홍 지음 / 신국판 / 252쪽 / 8,000원

구태규의 100% 성공 다이어트
구태규 지음 / 4×6배판 변형 / 240쪽 / 9,900원

암 예방과 치료법
이춘기 지음 / 신국판 / 296쪽 / 11,000원

알기 쉬운 위장병 예방과 치료법
민영일 지음 / 신국판 / 328쪽 / 9,900원

이온 체내혁명
노보루 야마노이 지음 / 김병관 옮김 / 신국판 / 272쪽 / 9,500원

어혈과 사혈요법

정지천 지음 / 신국판 / 308쪽 / 12,000원

약손 경락마사지로 건강미인 만들기
고정환 지음 / 4×6배판 변형 / 284쪽 / 15,000원

정유정의 LOVE DIET
정유정 지음 / 4×6배판 변형 / 196쪽 / 10,500원

머리에서 발끝까지 예뻐지는 부분다이어트
신상만 · 김선민 지음 / 4×6배판 변형 / 196쪽 / 11,000원

알기 쉬운 심장병 119
박승정 지음 / 신국판 / 248쪽 / 9,000원

알기 쉬운 고혈압 119
이정균 지음 / 신국판 / 304쪽 / 10,000원

여성을 위한 부인과질환의 예방과 치료
차선희 지음 / 신국판 / 304쪽 / 10,000원

알기 쉬운 아토피 119
이승규 · 임승엽 · 김문호 · 안유일 지음 / 신국판 / 232쪽 / 9,500원

120세에 도전한다
이권행 지음 / 신국판 / 308쪽 / 11,000원

건강과 아름다움을 만드는 요가
정판식 지음 / 4×6배판 변형 / 224쪽 / 14,000원

우리 아이 건강하고 아름답게 롱다리 만들기
김성훈 지음 / 대국전판 / 236쪽 / 10,500원

알기 쉬운 허리디스크 예방과 치료
이종서 지음 / 대국전판 / 336쪽 / 12,000원

소아과 전문의에게 듣는 소아과 119
신영규 · 이강우 · 최성항 지음 / 4×6배판 변형 / 280쪽 / 14,000원

피가 맑아야 건강하게 오래 살 수 있다
김영찬 지음 / 신국판 / 256쪽 / 10,000원

웰빙형 피부 미인을 만드는 나만의 셀프 피부건강
양혜원 지음 / 대국전판 / 144쪽 / 10,000원

내 몸을 살리는 생활 속 웰빙 항암 식품
이승남 지음 / 대국전판 / 248쪽 / 9,800원

마음한글, 느낌한글
박완식 지음 / 4×6배판 / 300쪽 / 15,000원

웰빙 동의보감식 발마사지 10분
최미희 지음 / 신재용 감수 / 4×6배판 변형 / 204쪽 / 13,000원

아름다운 몸, 건강한 몸을 위한 목욕 건강 30분
임하성 지음 / 대국전판 / 176쪽 / 9,500원

내가 만드는 한방생주스 60
김영섭 지음 / 국판 / 112쪽 / 7,000원

몸을 살리는 건강식품
백은희 · 조창호 · 최양진 지음 / 신국판 / 384쪽 / 11,000원

건강도 키우고 성적도 올리는 자녀 건강

김진돈 지음 / 신국판 / 304쪽 / 12,000원

알기 쉬운 간질환 119
이관식 지음 / 신국판 / 264쪽 / 11,000원

밥으로 병을 고친다
허봉수 지음 / 대국전판 / 352쪽 / 13,500원

알기 쉬운 신장병 119
김형규 지음 / 신국판 / 240쪽 / 10,000원

마음의 감기 치료법 우울증 119
이민수 지음 / 대국전판 / 232쪽 / 9,800원

관절염 119
송영욱 지음 / 대국전판 / 224쪽 / 9,800원

내 딸을 위한 미성년 클리닉
강병문 · 이향아 · 최정원 지음 / 국판 / 148쪽 / 8,000원

암을 다스리는 기적의 치유법 케이 세이헤이 감수
카와키 나리카즈 지음 / 민병수 옮김 / 신국판 / 256쪽 / 9,000원

스트레스 다스리기 대한불안장애학회 스트레스관리연구특별위원회 지음 / 신국판 / 304쪽 / 12,000원

천연 식초 건강법 건강식품연구회 엮음 / 신재용(해성한의원 원장) 감수
신국판 / 252쪽 / 9,000원

암에 대한 모든 것
서울아산병원 암센터 지음 / 신국판 / 360쪽 / 13,000원

알록달록 컬러 다이어트
이승남 지음 / 국판 / 248쪽 / 10,000원

당신도 부모가 될 수 있다
정병준 지음 / 신국판 / 268쪽 / 9,500원

키 10cm 더 크는 키네스 성장법
김양수 · 이종균 · 최형규 · 표재환 · 김문희 지음
대국전판 / 312쪽 / 12,000원

당뇨병 백과
이현철 · 송영득 · 안철우 지음 / 4×6배판 변형 / 396쪽 / 16,000원

호흡기 클리닉 119
박성학 지음 / 신국판 / 256쪽 / 10,000원

키 쑥쑥 크는 롱다리 만들기 롱다리 성장클리닉 원장단 지음
4×6배판 변형 / 256쪽 / 11,000원

내 몸을 살리는 건강식품
백은희 · 조창호 · 최양진 지음 / 신국판 / 368쪽 / 11,000원

내 몸에 맞는 운동과 건강
하철수 지음 / 신국판 / 264쪽 / 11,000원

역학

역리종합 만세력
정도명 편저 / 신국판 / 532쪽 / 10,500원

작명대전
정보국 지음 / 신국판 / 460쪽 / 12,000원

하락이수 해설
이천교 편저 / 신국판 / 620쪽 / 27,000원

현대인의 창조적 관상과 수상
백운산 지음 / 신국판 / 344쪽 / 9,000원

대운용신영부적
정재원 지음 / 신국판 양장본 / 750쪽 / 39,000원

사주비결활용법
이세진 지음 / 신국판 / 392쪽 / 12,000원

컴퓨터세대를 위한 新 성명학대전
박용찬 지음 / 신국판 / 388쪽 / 11,000원

길흉화복 꿈풀이 비법
백운산 지음 / 신국판 / 410쪽 / 12,000원

새천년 작명컨설팅
정재원 지음 / 신국판 / 492쪽 / 13,900원

백운산의 신세대 궁합
백운산 지음 / 신국판 / 304쪽 / 9,500원

동자삼 작명학
남시모 지음 / 신국판 / 496쪽 / 15,000원

구성학의 기초
문길여 지음 / 신국판 / 412쪽 / 12,000원

소울음소리
이건우 지음 / 신국판 / 314쪽 / 10,000원

법률일반

여성을 위한 성범죄 법률상식
조명원(변호사) 지음 / 신국판 / 248쪽 / 8,000원

아파트 난방비 75% 절감방법
고영근 지음 / 신국판 / 238쪽 / 8,000원

일반인이 꼭 알아야 할 절세전략 173선
최성호(공인회계사) 지음 / 신국판 / 392쪽 / 12,000원

변호사와 함께하는 부동산 경매
최환주(변호사) 지음 / 신국판 / 404쪽 / 13,000원

혼자서 쉽고 빠르게 할 수 있는 소액재판
김재용 · 김종철 공저 / 신국판 / 312쪽 / 9,500원

"술 한 잔 사겠다"는 말에서 찾아보는 채권 · 채무
변환철(변호사) 지음 / 신국판 / 408쪽 / 13,000원

알기쉬운 부동산 세무 길라잡이
이건우(세무서 재산계장) 지음 / 신국판 / 400쪽 / 13,000원

알기쉬운 어음, 수표 길라잡이
변환철(변호사) 지음 / 신국판 / 328쪽 / 11,000원

제조물책임법
강동근(변호사) · 윤종성(검사) 공저 / 신국판 / 368쪽 / 13,000원

알기 쉬운 주5일근무에 따른 임금 · 연봉제 실무
문강분(공인노무사) 지음 / 4×6배판 변형 / 544쪽 / 35,000원

변호사 없이 담당히 이길 수 있는 형사소송
김대환 지음 / 신국판 / 304쪽 / 13,000원

변호사 없이 담당히 이길 수 있는 민사소송
김대환 지음 / 신국판 / 412쪽 / 14,500원

혼자서 해결할 수 있는 교통사고 Q&A
조명원 지음 / 신국판 / 336쪽 / 12,000원

알기 쉬운 개인회생 · 파산 신청법
최재구(법무사) 지음 / 신국판 / 352쪽 / 13,000원

생활법률

부동산 생활법률의 기본지식
대한법률연구회 지음 / 김원중(변호사) 감수 / 신국판 / 472쪽 / 13,000원

고소장 · 내용증명 생활법률의 기본지식
하태웅(변호사) 지음 / 신국판 / 440쪽 / 12,000원

노동 관련 생활법률의 기본지식
남동희(공인노무사) 지음 / 신국판 / 528쪽 / 14,000원

외국인 근로자 생활법률의 기본지식
남동희(공인노무사) 지음 / 신국판 / 400쪽 / 12,000원

계약작성 생활법률의 기본지식
이상도(변호사) 지음 / 신국판 / 560쪽 / 14,500원

지적재산 생활법률의 기본지식
이상도(변호사) · 조의제(변리사) 공저 / 신국판 / 496쪽 / 14,000원

부당노동행위와 부당해고 생활법률의 기본지식
박영수(공인노무사) 지음 / 신국판 / 432쪽 / 14,000원

주택 · 상가임대차 생활법률의 기본지식
김운용(변호사) 지음 / 신국판 / 480쪽 / 14,000원

하도급거래 생활법률의 기본지식
김진흥(변호사) 지음 / 신국판 / 440쪽 / 14,000원

이혼소송과 재산분할 생활법률의 기본지식
박동섭(변호사) 지음 / 신국판 / 460쪽 / 14,000원

부동산등기 생활법률의 기본지식
정상태(법무사) 지음 / 신국판 / 456쪽 / 14,000원

기업경영 생활법률의 기본지식
안동섭(단국대 교수) 지음 / 신국판 / 466쪽 / 14,000원

교통사고 생활법률의 기본지식
박정무(변호사) · 전병찬 공저 / 신국판 / 480쪽 / 14,000원

소송서식 생활법률의 기본지식
김대환 지음 / 신국판 / 480쪽 / 14,000원

호적 · 가사소송 생활법률의 기본지식
정주수(법무사) 지음 / 신국판 / 516쪽 / 14,000원

상속과 세금 생활법률의 기본지식
박동섭(변호사) 지음 / 신국판 / 480쪽 / 14,000원

담보 · 보증 생활법률의 기본지식
류창호(법학박사) 지음 / 신국판 / 436쪽 / 14,000원

소비자보호 생활법률의 기본지식
김성천(법학박사) 지음 / 신국판 / 504쪽 / 15,000원

판결 · 공정증서 생활법률의 기본지식
정상태(법무사) 지음 / 신국판 / 312쪽 / 13,000원

산업재해보상보험 생활법률의 기본지식
정유석(공인노무사) 지음 / 신국판 / 384쪽 / 14,000원

처세

성공적인 삶을 추구하는 여성들에게 우먼파워
조안 커너 · 모이라 레너리 공저 / 지창영 옮김 / 신국판 / 352쪽 / 8,800원

益 이익이 되는 말 損 손해가 되는 말
우메사마 미요 지음 / 정성호 옮김 / 신국판 / 304쪽 / 9,000원

성공하는 사람들의 화술테크닉
민영욱 지음 / 신국판 / 320쪽 / 9,500원

부자들의 생활습관 가난한 사람들의 생활습관
다케우치 야스오 지음 / 홍영의 옮김 / 신국판 / 320쪽 / 9,800원

코끼리 귀를 당긴 원숭이-히딩크식 창의력을 배우자
강충인 지음 / 신국판 / 208쪽 / 8,500원

성공하려면 유머와 위트로 무장하라
민영욱 지음 / 신국판 / 292쪽 / 9,500원

등소평의 오뚝이전략
조창남 편저 / 신국판 / 304쪽 / 9,500원

노무현 화술과 화법을 통한 이미지 변화
이현정 지음 / 신국판 / 320쪽 / 10,000원

성공하는 사람들의 토론의 법칙
민영욱 지음 / 신국판 / 280쪽 / 9,500원

사람은 칭찬을 먹고산다
민영욱 지음 / 신국판 / 268쪽 / 9,500원

사과의 기술
김농주 지음 / 신국판 변형 양장본 / 200쪽 / 10,000원

취업 경쟁력을 높여라
김농주 지음 / 신국판 / 280쪽 / 12,000원

유비쿼터스시대의 블루오션 전략

최양진 지음 / 신국판 / 248쪽 / 10,000원

나만의 블루오션 전략-화술편
민영욱 지음 / 신국판 / 254쪽 / 10,000원

희망의 씨앗을 뿌리는 20대를 위하여
우광균 지음 / 신국판 / 172쪽 / 8,000원

끌리는 사람이 되기위한 이미지 컨설팅
홍순아 지음 / 대국전판 / 194쪽 / 10,000원

글로벌 리더의 소통을 위한 스피치
민영욱 지음 / 신국판 / 328쪽 / 10,000원

오바마처럼 꿈에 미쳐라
정영순 지음 / 신국판 / 208쪽 / 9,500원

여자 30대, 내 생에 최고의 인생을 만들어라
정영순 지음 / 신국판 / 256쪽 / 11,500원

명상

명상으로 얻는 깨달음
달라이 라마 지음 / 지창영 옮김 / 국판 / 320쪽 / 9,000원

쇼트 게임 바이블

2019년 10월 15일 제1판 1쇄 발행

지은이 / 이신
펴낸이 / 강선희
펴낸곳 / 가림출판사

등록 / 1992. 10. 6. 제 4-191호
주소 / 서울시 광진구 영화사로 83-1 영진빌딩 5층
대표전화 / 02)458-6451 팩스 / 02)458-6450
홈페이지 / www.galim.co.kr
이메일 / galim@galim.co.kr

값 25,000원

ⓒ 이신, 2019

ISBN 978-89-7895-421-1 03690

이 도서의 국립중앙도서관 출판예정도서목록(CIP)은 서지정보유통지원시스템
홈페이지(http://seoji.nl.go.kr)와 국가자료종합목록 구축시스템(http://kolis-
net.nl.go.kr)에서 이용하실 수 있습니다. (CIP제어번호 : CIP2019038129)

이 책은 ≪더 퍼펙트 쇼트 게임≫을 제호 변경한 도서입니다.